# 歪められる日本現代史

秦　郁彦

Collection of Essays
Opposing the Many Arguments
that Wrongfully Interpret
Modern Japanese History.

Ikuhiko Hata

PHP研究所

歪められる日本現代史 ✹ 目次

## 一　反日の「語り部」・大江健三郎

## 二 中国・南北朝鮮とどう向き合うか

## 三　朝日新聞は反日派の広告塔か？

## 四　昭和天皇と戦争責任

## 五　歴史を読むまなざし

装丁――上田晃郷

# 一　反日の「語り部」・大江健三郎

# 『沖縄ノート』の大いなる虚構部分

多くの日本人は辻褄のあったユーモアを好む。奇怪なイメージを好まない——筒井康隆

「還暦」を迎えた戦後六十年のふし目に当るこの夏、メディアのキャンペーン特番や識者の追憶エッセーでひとしきり賑わったが、後半は「小泉劇場」演出の解散と総選挙の狂騒で、かき消されてしまった観がある。

六十年目ともなると新鮮な話題や視点は払底《ふってい》して、ありきたりの二番煎《せん》じばかり、七十二歳の私でさえ八・一五の思い出を聞かれても、歴史家として仕入れた後知恵との分別がつかず浮かぬ返事しかできなかった。

そこでこの夏は新聞の投書欄を精読してみようと思いたった。登場者は老若男女にばらけ、体験も意気ごみもいろいろ、それに八・一五がらみのテーマだと、常連風の投書マニアは出る幕がないとあって、意外に面白かった。

たびたび見かけたのは、「戦争の記憶を風化させるな」「若い世代に語り継ごう」「平和が何より大事だ」といった型どおりの呼びかけである。変りばえしないなあと思ったが、ひめゆり部隊生き残りの語り口が巧みすぎてか、「言葉が心に届かない」とか「無念の思いを語り継ぐ責任」感が伝わらないことにいらだつ人もいた。

語り手と聞き手の感度にギャップが生まれるのは、いつの時代でも避けられぬところだが、そもそも忘却という能力は天の配剤なのかもしれない。いつまでも恩怨《おんえん》の情をひきずっていては、自由で闊達な人間関係は再開できないからだ。それに語り継ぐべき体験者の記憶なるものが、六十年もたつとあやふやになってくる。読んでいて気になった投書を二つほど紹介してみよう。

ひとつは「太平洋戦争開戦日、私は小学2年生でした。担任の先生は、既に敗戦をほのめかす話をしてくれていました……。小さな声で」（〇五年八月二十三日付毎日）という七十一歳、無職男性の投書である。小学校三年生だった我が身をふり返ると、その頃の先生の言動は何ひとつ覚えていないから恥かしさが先立つが、聞き違いでなければスゴイ先生がいたものよと感心したあと、待てよと考え直した。

その十日ばかり前に正反対の記憶を持つ七十四歳、無職男性の「開戦の臨時ニュースに大人たちは『ついにやった』と叫び意気盛んだった……反対した人は私の周囲にはいなかった」（〇五年八月十四日付朝日）という投書があったのを思い出したからだ。

比べると、私の実感は後者に近い。何しろ開戦当日に米太平洋艦隊全滅のニュースが流れているから、よほどの変人でないかぎり戦勝気分に浮かれたのではと思うのだが、もちろん断定はできない。

もうひとつは、少し前になるが憲法記念日の五月三日、両親に連れられ早稲田大学で大江健三郎氏の講演会を聞きにいった小学生の投書である。ノーベル賞作家と十歳の少女という取り合わせの妙にひかれたせいもあるが、「戦争みつめた大江さんの話」と題した投書から一部を引用したい。

（前略）10歳当時を振り返り、大江さんは話しました。校長先生に「天皇へいかに死ねと言われたらお前はどうする」と聞かれ、すぐに返事ができないと、さんざん殴られたそうです。こんな体験を何回もしたそうです。なぜ殴られなければならなかったのか、変だと思います（後略）。（〇五年五月八日付朝日、傍点筆者、以下同）

このあと、十歳の少女が「戦争をなくすために小学生は何をしたらいいのでしょうか」と質問状を出すと、大江氏は「そういう問いかけを、大人になってもずっと考えることが大事です」と答えてくれたそうである。

## ◆常習的な「語り部」か？

微笑ましい対話と受けとる人もいようが、私は何となない違和感をぬぐえなかった。一九三五年生れの大江氏が「10歳当時」と言えば終戦直前の頃だろうが、担任の先生抜きで生徒にこんな質問をして殴る校長がいたのだろうか。小学生の聞き違いかとも考えたが、両親のチェックを経ての投書だろうから大学生の講義ノートよりはたしかであろう。

そのうち、どこかで似た話を読んだ気がしたので本棚を探してみると、やはりあった。「戦後世代のイメージ」（一九五九）と題した大江氏のエッセーに「ある日のこと、ぼくは教師にたずねてみたのである。天皇制が廃止になると大人がいっているが、それはほんとうだろうか？　教師はものもいわず、ぼくを殴りつけ、倒れたぼくの背を、息がつまるほど足蹴にした。そしてぼくの母親を教員室によびつけて、じつに長いあいだ叱りつけた」と書いているくだりである。

前後の関係から時期は終戦直後の頃とわかるが、いくら四国の山村とはいえ、こんなことで暴力をふるう教師がいたのだろうか。そのころ瀬戸内海をへだてた山口県沿岸の小都市に住んでいた私は、八・一五を境に学校から一切の暴力が影をひそめ、中学最下級生の身にはありがたい極みだったことを覚えているからだ。

しかも数ページ先には、終戦と同時に極端な軍国主義者から一八〇度豹変した教頭が「みなさん、進駐軍が村へ入ってきたら、大きい声で《ハロー》といって手を振りながら迎えましょう」と生徒一同へ訓示する情景が出てくるのである。

似たような話はもうひとつ見つかった。一九九四年の上智大学講演（『あいまいな日本の私』、岩波新書、一九九五に収録）だが、ここでは戦時中に校長が「君たちも私も天皇陛下の赤子《せきし》であります」と訓示したのに拍手したら殴られたことになっている。他にも終戦後、中学入試の口答練習中に女教師から殴られた話がある。

殴る人がそのつどちがい、殴られる理由も不自然なので作家の創作かと思えてきたが、そうだとすれば上智大生はともかく憲法記念日の講演で十歳の小学生に語りかけるのは、いささか罪深い所業ではある。

ひょっとすると、大江氏は何らかの目的で、子ども向けに創作した「童話」を実体験として流布させている常習的な「語り部」ではないか、という疑念が湧くのを押さえられなかった。

そんなときに目にしたのが「『自決強制せず』元軍人らが提訴　大江氏ら相手取り」（〇五年八月六日付毎日、他紙も同様）という新聞報道である。

要旨を読むと、どうやら私の疑念は当らずといえども遠からずらしいことがわかった。そのあたりは後半で詳しく論じることにして、前半では訴訟の対象となった沖縄戦での集団自決事件の大要と論争の経過を報告したいと思う。

### ◆慶良間諸島の特攻ボート

沖縄戦は一九四五（昭和二十）年三月二十六日、米軍の座間味《ざまみ》・阿嘉《あか》両島への上陸に始まり六月二十三日、沖縄本島南端の摩文仁《まぶに》ガマ（自然壕）における牛島第三二軍司令官の自決によって終った。

来攻した米軍は兵員五五万、艦船約一四五〇隻、航空機約一〇〇〇機という圧倒的な大兵力で、三カ月にわたる惨烈な戦闘ののち約八万の軍人と十数万の住民が玉砕した。米軍も五万人に近い死傷者を出している。

沖縄戦の特質は多数の住民が戦火に巻きこまれ、計一〇〇〇人近いとされる集団自決者を出したほか、スパイ容疑の処刑者、日本兵に食糧や壕を強奪されるなどの被害者が出たことである。現在でも、その全貌は必ずしも明らかでなく、とくに自決者が個人か集団かの別、消息不明か逃避中の死者かの仕分けがつきにくい。

集団自決では離島の渡嘉敷島《とかしき》（三〇〇余人）、座間味島（一七二人）、慶留間島《けるま》（五三人）、伊江島（一二〇人）や沖縄本島のチビチリガマ（八三人）などが有名だが、今年六月十四日から沖縄タイムスが連載した「〈集団自決〉を考える」シリーズは、最近知られるようになった前川壕（二十数人）や糸満カミントウ壕（五八人）の概略を紹介した。

座間味の場合を見ると、住民約八〇〇人のうち自決をふくむ戦没者三五八人、うち集団自決と村当局が認定した者は一七二人となっている。

ここでは訴訟の対象になった渡嘉敷と座間味の両事件に絞りたいが、前者はすでに曽野綾子『ある神話の背景』（文藝春秋、一九七三）がほぼ全容を解明しているので、一九八七年頃から断片的に報道されながら、あまり注意を惹いてこなかった後者に焦点をあてたい。

舞台となった両島をふくむ慶良間《けらま》諸島は、那覇の西方二〇～四〇キロ付近に位置する。慶良間は大小十数個の島々から成り、最大の渡嘉敷島でも南北一〇キロ弱、幅二キロ前後にすぎず、山地が多いため食糧の自給は困難で、住民は漁業や出稼ぎによって生計をたてていた。

米軍の沖縄本島への来攻を予期した日本軍は、敵艦船を背後から襲撃する目的で、四四年秋に渡嘉敷島へ海上挺身第三戦隊（長は赤松嘉次《よしつぐ》大尉）、座間味島へ同第一戦隊（長は梅沢裕《ゆたか》少佐）、阿嘉島（および隣接の慶留間島）に同第二戦隊（長は野田義彦少佐）を配備した。

いずれも少年兵を主体とした一〇四名（定数）の兵が、ほぼ同数の特攻ボートを与えられ、その整備や揚げ下ろしを担当する基地隊員や軍夫が配属されていた。

ボートはベニヤ製の船体（重量一トン半）に七五馬力の自動車エンジンを載せ、時速三〇キロで夜陰に乗じ艦船に体当りして搭載の爆雷もろとも爆発させるという奇襲兵器だった。

戦局の悪化に焦慮していた陸軍は、㋹（マルレ）艇と命名したこの特攻ボート二〇〇〇隻を急造し、フィリピン、沖縄、日本本土の各地に配備したが、戦果をあげた事例はほとんどない。フィリピンでボートの存在に気づいた米軍は、事前の砲爆撃で破壊したり、艦船の在泊海域にネットを張ったりする予防策を講じたからでもある。

海軍も同型のボートを「震洋」と命名、奄美大島には島尾敏雄中尉（のち作家）、南九州には田英夫少尉（のち政治家）が待機していたが、出番のないままに終戦を迎えている。

一九四五年三月下旬、侵攻した米軍は四月一日の本島上陸に先だち、猛烈な爆撃と砲撃で叩いたのち三月二十六日に座間味と阿嘉島へ、翌二十七日に渡嘉敷島へ上陸してきた。慶良間への先攻を予期していなかった各挺身戦隊は、出撃準備中にボートの過半を破壊され、本来は任務外であった島の守備隊へ変身せざるをえなくなる。

とは言っても、地上戦用の兵器は数挺の機関銃、ピストル、軍刀、手榴弾ぐらいしか持ち合わせず、弾薬、食糧も乏しかったので、山中に急造のタコツボ陣地を掘って潜み、海岸を占拠した米軍へ夜間の斬りこみ攻撃を加える程度の抵抗しかできなかった。

住民の集団自決は、こうした絶望的な戦況下で起きたのだが、その前に終戦までの経過を戦史叢書『沖縄方面陸軍作戦』によりざっと追うと、渡嘉敷の赤松隊は六月末までゲリラ戦で米軍を悩ませた。七月に入ると食糧事情が悪化し、蘇鉄《そてつ》の澱粉、雑草から蛇、とかげ、蛙などを食いつくし、栄養失調による死者が続発する。

それでも米軍の投降勧告を拒否して終戦後の八月二十四日まで抵抗をつづけた。隊員一七〇名のうち戦死者は約六〇名。

座間味と阿嘉の状況は少し違った。ゲリラ的抵抗や食糧事情は同じだったが、座間味の梅沢隊では、いち早く投降した日本兵の手引きにより米軍は重傷で動けなかった梅沢少佐を捕える。そして説得の結果、少佐は部下に対し投降命令を発出する。太平洋戦線では、ニューギニアの竹永大隊と並ぶ稀な集団投降であった（詳細は拙著『日本人捕虜』下、原書房、一九九八を参照）。

その梅沢は米軍の依頼で、陸士五二期の同期生である野田少佐への説得工作に応じ、六月二十六日、阿嘉島のビーチで担架に寝た梅沢と野田との会談が実現する。

「島民の投降は認めるが、軍人・軍属は降伏しない」というのがその時の野田の回答で、彼が部下をひきつれて降伏したのは八月二十二日だった。座間味では兵力の約五割、阿嘉では約六割が戦没している。

## ◆渡嘉敷神話の背景

さて集団自決の多くは、米軍が上陸する前日と当日に起きた。生存者の証言とそれを下敷きにした沖縄戦記は少なくないが、初期の諸著作は一九五〇年に沖縄タイムス社の記者たちが書いた『鉄の暴風』(初版は朝日新聞社、のち沖縄タイムス社刊)からの子引き、孫引きで書いたものが多い。そこで、この本の初版から集団自決を描いた核心部分を引用する。

○渡嘉敷島

「恩納《おんな》河原に避難中の住民に対して、思い掛けぬ自決命令が赤松(大尉)からもたらされた。『日本の必勝を祈って、自決せよ。軍は最後の一兵まで戦い……全員玉砕する』というのである」

「手榴弾は、あちこちで発火した……阿鼻叫喚の光景が、くりひろげられた。死にそこなった者は、互いに棍棒で、うち合ったり、剃刀で、自らの頸部を切ったり、鍬で、親しいもの、頭を、叩き割ったりして」

○座間味島

「米軍上陸の前日、軍は忠魂碑前の広場に住民をあつめ、玉砕を命じた……ほとんど各自の壕で手榴弾を抱いて自決した……隊長梅沢少佐のごときは、のちに朝鮮人慰安婦らしきもの二人と不明死を遂げた」

沖縄タイムス社編『鉄の暴風』

『鉄の暴風』は広く読まれ、その後も版を重ねたが、梅沢少佐の生還を知ったせいか、第九刷（一九八〇）以降は傍線の個所を削除しただけで、内容はほとんど変えていない。その後に出た上地一史『沖縄戦史』（一九五九）、中野好夫他『沖縄問題二十年』（岩波新書、一九六五）、山川泰邦『秘録沖縄戦記』（一九六九）、『沖縄県史』第八巻（一九七一）などは、いずれも『鉄の暴風』と同工異曲の書き方である。中学、高校の教科書も軍命令説を踏襲したものが多かった。

渡嘉敷に比べると、なぜか座間味の記述は村役場の三役（村長、助役、収入役）一家が全滅したせいもあってか、記述が簡略にすぎたため、いつとはなく、集団自決といえば渡嘉敷というイメージが定着したようだ。

曽野綾子氏が、この島の集団自決に関心を持ったのは、ひめゆり部隊の取材に沖縄と往復していた一九七〇年頃、慰霊祭に出席しようと訪れた赤松元大尉の一行が那覇空港で抗議団の怒号に迎えられ、島へ渡るのを断念した事件を新聞報道で読んだのがきっかけらしい。

そのさい「責任追及にうなだれる」と沖縄タイムスに書かれた赤松氏が「私は自決命令は下さなかった……自決をきいて早まったことをしたと怒ったほどだ」と釈明したのを知った彼女は、関係者や赤松隊の生存者を探し調査を始めた。

すると生き残った当時の村長も、軍と村長の連絡役だった安里巡査も健在なのに戦後の二十数年、会いに来たジャーナリストは皆無だったこと、つまり『鉄の暴風』は伝聞だけで書かれたという事実が判明した。

そして安里巡査は実にあっさりと、赤松隊長から「あんたたちは非戦闘員だから……生きられる限り生きてくれ」と言われていたのに、米軍の攻撃と日本軍の応戦が始まるや半狂乱の村民たちは次々に自決してしまった状況を語ったのである。

大江氏がやはり現地調査なしに書いた『沖縄ノート』(岩波新書、一九七〇)の記述に対しても、曽野氏はきびしい視線を向けた。彼女は大江氏が赤松をアイヒマンになぞらえ、「慶良間の集団自決の責任者も、そのような自己欺瞞と他者への瞞着の試みを、たえずくりかえしてきたことであろう。人間としてそれをつぐなうには、あまりにも巨きい罪の巨塊のまえで……」と書いたくだりをとりあげた。

そして「人の罪をこのような明確さでなじり、信念をもって断ずる神の如き裁きの口調に恐怖」を感じた彼女は、「実はほんとうの悪人というものを、私はまだこの世で見たことがなかった」（『正論』〇三年九月号の曽野稿）ので、好奇心も手伝って赤松氏に会い、副官だった知念少尉（沖縄出身）など元隊員たちからヒアリングを重ねることになる。赤松隊の陣中日誌も残っていて、結果は安里巡査や元村長の証言を裏づけるか補強するものばかりだった。

今では「戦傷病者戦没者遺族等援護法」（以後は援護法と略称）の適用範囲を一九五八年に集団自決者まで拡大したさい、村当局が兵庫県で家業の肥料商を継いでいた赤松元大尉に頼みこんで、「軍命令で自決」という形式をととのえ、当時の厚生省へ申請した事実が判明している。

久しく赤松隊の人々が沈黙を守っていたのは、「遺族の受けられる年金がさしとめられるようなことになるといけない」という事情を察知してのことらしい。

しかし皮肉にも赤松氏を悪人として指弾した心ない仕打ちが、神話を壊す機会を作ってしまった。第一級の歴史家と呼んでもよい曽野綾子氏は、渡嘉敷の集団自決をめぐる諸事情を究明する過程で得た感慨を『ある神話の背景』で、次のように述べている。

このあたりで、私はそろそろ沖縄のあらゆる問題を取り上げる場合の一つの根源的な不幸にでくわす筈である。

それは、常に沖縄は正しく、本土は悪く、本土を少しでもよく言うものは、すなわち沖縄を裏切ったのだ、というまことに単純な論理である。沖縄をいためつけた赤松隊の人々に、一分でも論理を見出そうとする行為自体が裏切りであり、ファッショだという考え方である。

だが、もうひとつの「座間味の神話」のほうは生き残った。それがゆらぎだすまでには、さらに二十年近い年月を必要とした。

### ◈「偽証」を悔やむ座間味の母

座間味の神話にまつわる長い物語は、ある意味で宮城（旧姓宮平）初枝、晴美という母と娘の生き方に凝縮されているともいえよう。初枝さんは一九九〇年に亡くなったが、十年後に娘の晴美さんは、師事した作家澤地久枝氏に激励され、母の遺稿と遺言をふくむ『母の遺したもの――沖縄・座間味島〈集団自決〉の新しい証言』（高文研、二〇〇〇）を刊行した。

渡嘉敷に比べ情報量が極端に少なかっただけに、著者の沖縄原理主義的傾向を割り引いても、当時の実情を知るには最適の文献と言ってよい。

そこで座間味村役場の職員で女子青年団長でもあった初枝さん（当時二十四歳）の日記体で書かれた体験記を少し長くなるが、私なりに要約して紹介したい。

三月二十四日

終日の空爆、米兵に捕まると、婦女子はさんざん弄《もてあそ》ばれた上に刺殺され、男は道に並べられてローラーの下敷きにされてしまう、という話を思い出す。

三月二十五日

空襲で村は焼きつくされ、艦砲射撃も始まった。島を十重、二十重に囲んでいる米艦船を見て、住民は錯乱状態となり、壕にひそむ。友人のつる子さんと一緒に死にましょうねと約束した。

宮里（盛秀）助役に呼びとめられ、村の収入役、校長、役場吏員の四人と一緒に部隊本部壕へたどりつき、梅沢隊長に会った。助役は隊長に、若者たちは軍に協力させ、老人と子供たちは軍の足手まといにならぬよう、忠魂碑の前で自決したいので、弾薬をください、と申し出た。じーっと目を閉じて聞いていた隊長は沈痛な表情で、今晩は一応お帰り下さい、と申し出を断った。

ところが帰る途中に、助役は吏員に各壕をまわって忠魂碑の前へ集めるよう命じた。私たち若い男女五人は、軍の弾薬を運んでから自決しようと決めたが、砲火を浴びて動けず谷間に身をひそめた。梅沢隊長と会った四人をふくむ村の三役や家族などが集団で自決したことは、あとで知った。

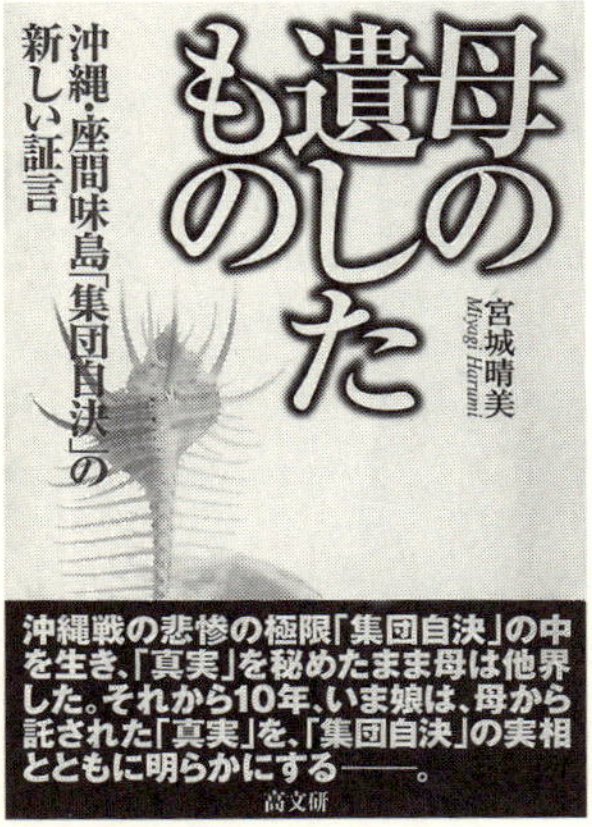

宮城晴美著『母の遺したもの』

三月二十六日
朝、米軍の上陸始まる。山頂の部隊壕に入る。夜、斬りこみ隊が出撃、私たち五人は弾薬箱をかつぎ、道案内として途中まで同行した。明け方に手榴弾のピンを抜いて自決をはかったが、不発に終る。
断崖から飛び下りようとしたが、米軍の舟艇が直下にいたので捕虜にされるのを怖れ断念。その後は梅沢隊の陣地で炊事や伝令を引き受けた。
四月十一日
米軍の総攻撃。陣地は寸断されたが地隙に身をひそめ生きのびた。
四月十七日
十二日に砲弾で負傷した傷が悪化し、四人の仲間に担がれ、米軍へ投降した。野戦病院に運ばれ、全身麻酔の手術で弾片を取り出してもらう。
三月二十五日に自決を試みた父母と妹は重傷だが助かり、病院で再会。米軍の人道的処遇に感動、宣伝は嘘だったと覚る。

このように初枝さんの手記は、当今の若い世代には理解しがたいであろう当時の住民心理を、虚飾抜きで生々しく描き出した貴重な記録である。
しかし彼女が雑誌『家の光』の一九六三年四月号に体験手記を投稿したときは、「梅沢部隊長

(少佐)から……老人子どもは全員、今夜忠魂碑前において玉砕すべし、という命令があった」と書いていた。村役場から厚生省への陳情に使われた文書を、そのまま引用したのだという。

その後、民宿のおかみさんになった彼女は、島を訪れる人たちのための〝語り部〟的存在になるが、村の都合で「偽証」したことを悔やむ気持になっていったようだ。

那覇で『沖縄県史』の手伝いをしていた娘に「偽証」せざるをえなかった事情を告白したのは七七年、母の気持を酌《く》んだ晴美さんの連絡もあって、梅沢元少佐が旧部下とともに島を訪問したのは、四年後のことだった。

晴美さんは、母が真実を語り、村の都合で「偽証」したことを詫びると、「(梅沢氏が)両手で母の両手を強く握りしめ……『ありがとう』『ありがとう』と涙声で言いつづけ、やがて嗚咽した」と記している。

ついで元少佐は週刊誌で集団自決の命令者とされ、仕事を転々とするなど、いかにつらい思いをしたかを語ったが、援護法の適用をめぐる村の内情を聞くと、「島の人を助けるためでしたら、私が悪者になるのはかまいません」と述べている。

この再会劇で一件は落着するかに見えたのだが、そうはならなかった。一九八五年になってこの件を知った神戸新聞が「日本軍の命令はなかった」(七月三十日付)という梅沢・宮城氏らの証言を掲載、翌年六月には、「『沖縄県史』訂正へ」と報じ、さらに八七年には東京新聞(四月二十三日付夕刊)が「村助役が命令」「弟が証言　補償得やすくするため」と報道した。

九月には教育評論家上杉千年氏が関係者に当ったうえ、『月曜評論』に事件の全貌を描いた論稿を発表した。つづいて本田靖春氏が現地調査のうえ『小説新潮』の同年十一月号から翌年二月号にかけ、より詳細な報告ルポを連載する。

二人は曽野氏と同じような役まわりを果したのだが、一過性の報告にとどまったせいか、反響は十分とはいえなかった。一方、『沖縄県史』の発行元である沖縄史料編集所の大城将保氏は、梅沢氏に要請して書いてもらった「集団自決の真相」と題した手記を『沖縄史料編集所紀要』第一一号に掲載した。

県当局は、こうした形で県史の誤記を訂正したとも言えるが、地元のマスコミや左翼運動体には無視された。

ところで梅沢氏は手記をまとめる直前に、座間味村遺族会会長宮村幸延氏の招待で軍民合同の慰霊祭に出席していた。

そして事件当時は北九州の部隊に召集され不在だったが、戦後は帰郷して村役場で援護関係の主務者となった宮村氏（自決命令を出した宮里助役の実弟）から聞いた厚生省への陳情工作の苦心談を記し、署名、捺印した宮村氏の「証言書」を受けとり、手記に添付した。

### ◆『鉄の暴風』の亡霊

梅沢手記の内容は、すでに紹介した宮城初枝さんの訂正証言と重なりあう。なかでも、宮里助役ら五人の村幹部から、自決するので爆薬か手榴弾か小銃の実弾を下さいと言われ、「戦国落城にも似た心底か」と愕然としたくだり、梅沢隊長が「決して自決するでない……壕や勝手知った山林で生き延びてください」と答えても三十分ばかり粘られ、ホトホト困ったと回想したシーンは、本人ならではの迫真性に富む。

梅沢手記にふくまれる宮村証言で浮かびあがってくるのは、村と島民にとって補償金（正確には「遺族給与〈年〉金」と「障害年金」）という名目の日本国政府による財政援助の重みである。

渡嘉敷の項でも触れたが一九五八年の法改正で、軍人・軍属の他に「戦闘参加者」とみなした一般住民のため「準軍属」というカテゴリーが新設され、戦闘補助の民間防衛隊員のみならず集団自決者（六歳以上が八一年以降は零歳以上に拡大）や壕の提供者まで範囲が広げられ、生き残りの障害者にも年金が支給されるようになった。

結果的に座間味の住民はほぼ全員が受給者となったわけで、八七年の村政要覧によると軍人・軍属の受給は一〇件、一五〇〇万円に対し、遺族給与（年）金は六七件、一億円余にのぼった。年金の支給は現在もつづき、対象者一人につき一九六万円（二〇〇四年、厚労省調べ）というから、かなりの厚遇と考えてよい。

ちなみに、沖縄県の準軍属向け遺族給与金の受給者数は三四九三名（日本全体の約四割）に達する。

それに八〇年代から慶良間の島々はダイビングなどの海洋リゾート地として、本土からの観光客で賑うようになっていた。赤松隊や梅沢隊の元兵士たちも、豊かになった島の姿を見て慰められたが、そろそろ長年の「汚名」を晴らしたいという思いが生れてもふしぎはない。
次に全文をかかげる宮村氏の証言書（二九ページの写真版も参照）は、このように「和解」の条件がほぼ熟した時点で書かれた。

証言　座間味村遺族会長　宮村幸延

昭和二十年三月二六日の集団自決は梅澤部隊長の命令ではなく当時兵事主任（兼）村役場助役の宮里盛秀の命令で行なわれた。之は弟の宮村幸延が遺族補償のためやむえ《ママ》得え《ママ》ず隊長命として申請した、ためのものであります

右当時援護係　宮村幸延㊞

梅沢祛《ママ》　殿

昭和六二年三月二八日

この「詫び証文」を交わしたさい、宮村氏は「こんなに島が裕福になったのは梅沢さんのお蔭です。無断で勝手に（軍命令と偽ったことは）すみません」と頭を垂れて謝罪したあと、二人は徹

宵して酒を飲みかわし「義兄弟を約し」たという。

だが本土、沖縄を通じ滲透し定着した赤松（一九八〇年死去）、梅沢の「汚名」を晴らし、名誉を回復する公的措置はまだとられていない。ひとつにはそうした動きに抵抗し、阻止しようとする勢力が依然として健在という事情がある。島での「和解」を目撃した本田靖春氏は、「本当に悪い奴は島の外にいるのではないか」（『小説新潮』八八年一月号）と直感したが、その勢力の筆頭格は地元有力紙の沖縄タイムスと『沖縄ノート』の大江健三郎氏かと思われる。

まずは沖縄タイムスだが、『鉄の暴風』の発行元であるだけに責任は重いはずなのに、現行の第一〇版第三刷（二〇〇一）に至るまで当用漢字に改めた程度で、半世紀以上も原型を変えていない。

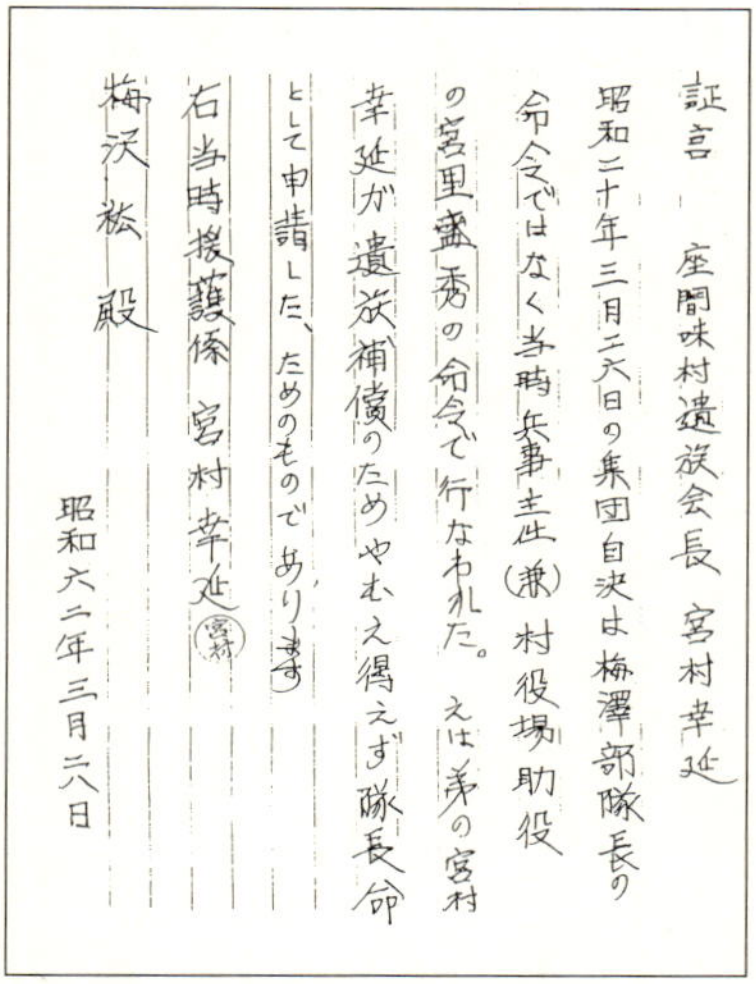
証言　座間味村遺族会長　宮村幸延
昭和二十年三月二六日の集団自決は梅澤部隊長の
命令ではなく当時兵事主任（兼）村役場助役
の宮里盛秀の命令で行なわれた。之は弟の宮村
幸延が遺族補償のためやむえ得えず隊長命
として申請した、ためのものであります
右当時援護係　宮村幸延（宮村）
昭和六二年三月二八日
梅沢裕　殿

宮村氏の“詫び状”（梅沢裕氏提供）

さすがに「誤記を数多く含んだまま版を重ねている」（大城将保＝嶋津与志『沖縄戦を考える』、一九八三）と地元からも批判の声は出たが、反省の色は見せない。

それどころか、『鉄の暴風』の執筆スタッフたちが一九八五年に発行した『悲哭――沖縄戦』（講談社）では、とくに、「総括・鉄の暴風」の項目を設け、『ある神話の背景』に言及しながら

「私としては改める必要はないと考えている」と書き、わざわざ二島の集団自決に関する『鉄の暴風』の記述を再録している。なぜこんなに挑戦的なのか理由は不明だが、沖縄タイムス社の役員が梅沢氏を訪ねて丁重に謝罪し、善処を約したことへの反発かもしれない。

それでも宮城初枝さんとの一問一答も載せている。

Q「軍の自決命令は出たのですか」

A「さあ……命令が出ようが出まいが、自決はあったわけです」

Q「当時の部隊長に対する責任追及は？」

A「座間味では……部隊のことを悪くいうことはありませんね……責任があるとすれば戦争をはじめた国に責任があるわけで、だれが国を裁くか……だれもできない」

といったやりとりを眺めると、記者の誘導質問がしっかりと民宿のおかみさんに切り返される姿が浮かぶ。

この新聞を呪縛している「沖縄のこころ」風のイデオロギー性は、前述した「〈集団自決〉を考える」シリーズでも濃厚である。連載の終りの四回分は「識者に聞く」として安仁屋政昭、石原昌家、林博史などの四氏を起用しているが、「集団自決は厚生省の〈援護用語〉で、〈強制集団死〉とよぶべきだ」とか「軍命令かどうかは、必ずしも重要ではなく……状況をつくったのは軍を含めた国家」のようなたぐいの見事なまでに画一的な教条論の羅列ばかり。

盧溝橋事件や南京虐殺事件の論争でいつも出てくる「第一発を誰が撃ったかは重要ではない」「虐殺の数にこだわるな」と同類の異議で、争点をそらす時に好んで用いられる論法ではある。

大江健三郎氏が、梅沢・赤松（弟）氏の提訴に対し「私自身、証言に立ちたい」と述べながら争点には触れず、「原告側の弁護士たちは、〈靖国応援団〉を自称する人たち」とか「自由主義史観研究会のメンバーたちのキャンペーンと、狙いの定め方も攻撃ぶりもまったく同じ」（〇五年八月十六日付朝日）だと〝陰謀論〟に逃げこむのもやはりおなじみの術策といえよう。

このたび、赤松元大尉は当時二十五歳、梅沢元少佐は二十八歳の若さだったことを知った。この若さで数百人の部下を統率し、最悪の条件下でも冷静な判断力を失わず、与えられた任務につくした器量はそれなりに評価されてよいと思う。住民側の記憶から見ても、二人は狂気じみた末期の日本陸軍では例外的に良質な将校だったと私は判定したい。

そうだとすれば、二人は今さら法的な名誉回復にこだわらず、耐えつづけてもよいのでは、との意見も出よう、実は私も最初はそう思っていた。しかし原告団が主標的にした大江『沖縄ノート』を読んで、考えが変った。

大江氏は慶良間の守備隊長を集団自決の命令者だという前提で、「ペテン」「屠殺《ママ》者」「戦争犯罪人」呼ばわりしたうえ、「ユダヤ人大量殺戮で知られるナチスのアイヒマンと同じく拉致されて沖縄法廷で裁かれて然るべき」と「最大限の侮蔑を含む人格非難」を「執拗に」（訴状から）くり返しているからである。

この本が一九七〇年の初版から修正なしに四九刷（二〇〇四）を重ねているのも、信じがたい事実だった。七〇年と言えば、沖縄が米軍統治から日本へ復帰した七二年よりも早い。三十年前の時事評論集を買う読者がいるのもふしぎだが、そのまま増刷を許す著者の心境も不可解のかぎりだ。となれば、必然的に大江氏の人物論＝人格論と作品論に踏み入らざるをえない。

## ◆防大生をめぐる大江流伝説

人物論や作品論と言っても、文学者・小説家としての大江氏の領域に立ち入るつもりはない。観察の対象は主としてエッセー、評論を通した「政治的人間」「進歩的文化人」の側面に限る。

その前に大江氏と私の接点はいつ頃だったのか考えてみたが、思いだせない。

彼が東大文学部フランス文学科の学生（一九五九年卒）だった頃に発表した「奇妙な仕事」「死者の奢り」「飼育」といった初期の短篇を読んで、「奇妙に皮膚に粘りつくような感覚」の文体にふしぎな魅力を感じた記憶はある。しかし芥川賞受賞（五八年七月）以降の観念的小説は、三年早く法学部を卒業して実務についていた私には縁遠い存在だった。

私が政治的人間としての大江氏を認識したのは、毎日新聞の「憂楽帳」に「女優と防衛大生」と題するコラムで「ぼくは防衛大学生をぼくらの世代の若い日本人の一つの弱み、一つの恥辱だと思っている」（五八年六月二十五日付夕刊）と書いて物議をかもしたときであったろうか。

当の女優の有馬稲子さんが書いた自伝によると、このコラムは彼女がラジオ番組のレポーターとして創立まもない防衛大学校を探訪し、「開校以来の大歓迎」に出会った感想を語ったのが引き金になっている。

彼のこの発言は、掲載直後の七月に二十三歳の若さで芥川賞をもらい、「いまや文壇の少女歌手……次にはどんな歌をうたうのだろうか。たのしみである」（『サンデー毎日』五八年七月二十日号）とからかわれる人気者になったこともあって波紋を呼び、様々なメディアで「防大生は誇りか、恥辱か」の論議を呼びおこす。

一カ月近く後に毎日新聞は、殺到した投書を仕分けして「七割強が、防衛大生を〝誇り〟と考える反論」と報告しているが、大江氏はひるまずに「同じ世代の若者の恥辱」とダメ押しした。

毎週一回ずつ三カ月にわたり「憂楽帳」に連載したコラムは、小説以外の分野では彼にとっておそらく初めてのアピールだろうが、「ドゴールの原爆」「ナジの処刑」「岸政府の動き」「静かな再軍備」のようにホットな政治的話題をとりあげ、いわゆる「進歩的文化人」路線への志向を予告している。

問題のコラムの末尾を「ぼくは、防衛大学の志願者がすっかりなくなる方向へ働きかけたい」と結んでいるのも、「口舌の雄」にとどまることなく反体制運動へ入っていく決意表明と受けとってよいだろう。

それに「恥辱」という「差別表現」も「エッセーも創作の一部」（鈴木健司）と心得て、虚実の境を気軽に行き来する大江氏の言語感覚では、さして深い意味はないのかもしれない。他にも類似の例がある。

「憂楽帳」シリーズの「半裸の娘たち」と題したコラムでは、ある雑誌の美人コンクール審査員をやったとき「若い半裸の娘たちを、疲れて厭世的な感情でみまもっていた……なんの因果でこの恥さらしと思う……彼女たちは恥かしくないだろうか」と軽く書き流している（何たる偽善！）。

雑誌『世界』の六六年一月号では、「端的に僕はこのような雑誌を持たない国民として日本人像を思いえがくことを恥のように感じた」よし。独特の裏返った修辞なのでピンとこないが、読み返すと、進歩的文化人たちの機関誌に対する最大級のお世辞になっていることに気づく。だが全学連が暴れまくり「アンポ反対」の怒号が渦巻いていた季節だったから、肩身の狭い思いに耐えていた防大生にとって同世代の芥川賞作家による「切り捨て御免」の悪罵はこたえたらしい。

その副産物かどうか、大江氏が防大の入試に落ち一年浪人したのち東大へ入ったという奇怪な伝説が生れた。噂の出所も時期も不明だが、『世界』の六七年九月号に本人が次のように書いて怒っているところを見ると、かなり早い時期からと思われる。

僕はかつて自分が大学を受験した年、級友のうちに防衛大学を選ぶ者たちがあらわれて、それが戦後における同世代のうちの、もっとも決定的な別れ……と、書いたことがある。僕はその年、東京大学を受験して落第したが、防衛大学を受験したY君やO君は、そこに合格してかれらの道を歩んでいる筈である。（中略）

ある雑誌で、村松剛が、僕について、かれは防衛大学を受験して落第したために東京大学に入ったと、絶対に事実に反する中傷をおこなっているからである。村松剛は、あたかもそれがY君の証言であるかのように匂わせているが、僕は、Y君がそのように卑劣な人間となったとは考えない。卑劣な中傷家は、村松剛である。かれは嘘を恥じない。

このあと防大生や自衛隊への悪口が延々とつづき、最後に核実験成功のキノコ雲を見守る中国の若い研究者や労働者の喜びの表情が、「いかにも美しく感動的であった」と結んだのがオチになっている。

もっとも原水禁運動が「アメリカの核」への反対派と「あらゆる核」への反対派がいがみあっていた時期で、『ヒロシマ・ノート』（岩波新書、一九六五）を書いて、反核運動にのめりこんでいた大江氏にとって、中国の核にエールを送るのはごく自然な反応だったのかもしれない。

ついでに書き添えておくと、防大受験をめぐるブラック・ユーモア風伝説は、今も防大の学生と職員の間に連綿と語りつがれているそうである。私自身も数年前に、他ならぬ元同級生のY氏から「無根の伝説だが、いくら打ち消しても消えないのです」と聞いたことがある。Y氏は大江氏が確信したように、「卑劣な人間」ではなかった事実を再確認しておきたい。

### ◆弘済会の娘から核戦略論まで

進歩的文化人（本人は「知識人」とか「戦後民主主義者」を自称するが）としての大江健三郎氏の言論活動は、岩波の月刊誌『世界』を主舞台として、一九六五年前後から本格化した。

この雑誌に彼が登場したのは、駅の売店で働く娘たちの生態をルポ風にまとめた「鉄道弘済会の娘たち」（六一年一月号）という記事が最初らしいが、そのうち当面の政治的争点に真っ向から取りくみ格調高く論旨を展開する常連の寄稿家に成長していく。

のちにノーベル文学賞の授賞対象となる『万延元年のフットボール』（一九六七）などの長篇小説を次々に発表する一方で、めまぐるしく変転する内外情勢を論評し、講演活動や海外知識人との交流をこなした超人的エネルギーには脱帽せざるをえない。そのかわり犠牲にした部分も少なくなかったはずだ。

砂川闘争（一九五六）、安保騒動（一九六〇）、日韓条約反対（一九六五）ではデモの隊列に加わる。七五年に韓国の詩人金芝河が軍事政権に死刑を宣告され、救援活動が広がったときは、数寄屋橋で四十八時間のハンストに座りこむなど直接行動も辞さなかったが、やがて文筆と講演活動の範囲へ自制するようになる。その埋めあわせか、論調は一段と過激度を高めた。アジテーターとしての要領を会得したゆえでもあろうが、六〇年代から七〇年代に深入りした広島と沖縄をめぐる政治闘争の過程で振りまわされ、傷ついたことも影響したろう。

反体制運動組織の多くは、表面とは違い冷酷な権力闘争、官僚的教条主義、臆面もないオポチュニズムが横行する世界であることは公然の秘密で、やわな進歩的文化人は弾きだされるしかない。

大江氏も「海千山千の運動のプロ」ではないから「かなり名の知られた小説家として集会やデモのかざりあつかいをされ」ていたが、かざりとしての有効性がなくなった大学紛争の時期以後は「集会に呼ばれることはなくなった」（大江『私という小説家の作り方』、新潮社、一九九八）とぼやきながら、それでも短調風の似たような歌をうたいつづけた。結果的に、彼は最後の貴重な進歩的文化人＝戦後民主主義者として生き残った形になる。

では戦後四十数年の長いあいだ、彼は何をうたってきたのか。思いたって彼の代表的な論調を拾い出し、トピック別に並べてみた（一部は要旨）。

**1　天皇制**――「日本人の未来にとって悪しき種子にほかならない」（『戦後世代のイメージ』、一九五九）
「天皇は非民主主義的な遺物で、第二次大戦の恐怖を想起させる」（『ニューヨーク・タイムス』九四年十一月六日付）

**2　文化勲章**――「戦後民主主義者には似合わぬから辞退する」（『東京新聞』九四年十月十五日

付）

3　憲法第九条と自衛隊――「戦争放棄はぼくのモラルの最も主要な支柱」（「戦後世代と憲法」、一九六四）

「自衛隊は違憲だから、中国や朝鮮の人民と協力して全廃を目指さねばならない」（ワシントンでの講演、『産経新聞』九五年四月三十日付）

4　対中国――「北京の青年たちは〈明るい目〉（近傍で一〇回反復）をしている。日本人は〈暗い目〉。人民公社はすばらしい」（『毎日新聞』六〇年六月二十九日付）

「私が恐ろしいと思うのは、中国の人たちが『もう日本に謝罪をもとめない』と言い出す日のことです」（『「自分の木」の下で』、朝日新聞社、二〇〇一）

5　つくる会の教科書――「各地の教育委員たちに採択しないよう訴える」（『世界』〇一年六月号）

6　広島・長崎――「国は犠牲者に過去の被害を受忍せよと押しつけた」（東京での「九条の会」講演、『沖縄タイムス』〇五年七月三十一日付）

7　沖縄戦――「絶対的な天皇制国家の〈国体〉を護持するために差別的に犠牲にされた沖縄島の、すべての非戦闘員をまきこんだ、潰滅的な戦闘」（『世界』七一年十月号）

読者諸氏のうんざりした表情が目に浮かぶので、改まっての論評は省略するが、ノーベル賞の記念講演で彼が「美しい日本」（川端康成）のイメージを否定した理由がわかるというもの。おそらく、極めつけは周辺事態法の成立に触発された、

8　反核運動――「もし北朝鮮による核兵器が現実化した時、日本は安保条約を廃止し、米の核兵器による北朝鮮への第一撃のみならず、第二撃の報復も要求しないと声明せよ」（『鎖国《さこく》してはならない』、講談社、二〇〇一）

という呼びかけだろう。

それこそ核廃絶をめざす「ヒロシマの心」にかなう「真の勇気」で安全性も高いというのだが、見込みちがいで一億が全滅しても高い倫理性を完うできるよと諭されても、老い先短い作家との心中は御免蒙りたいと思うのが人情ではあるまいか。

このようにサルトルにならってアウトサイダー宣言をした大江氏が、時流にさからう姿勢を愚直に貫いてきたのを評価する人もいよう。だが予測と提言のほとんどが外れるか無視されたことには、本人も空しさを感じないではいられまい。

天皇制、自衛隊、安保条約は安泰だし、核は廃絶どころか拡散を強め、つくる会の教科書はわずかながら採択がふえているからだ。

本人も「私の右の提案は、非現実的な小説家の空想と冷笑されるに違いありません」とか「な

かなか面白い小説を書くんだけれども、エッセイを書くと本当にばかだとわかる、ともいわれてきた」（『大江健三郎・再発見』、集英社、二〇〇一）と自嘲するが、それなりの逃げ道は作ってあるようだ。

## ◆大江少年のハロー

私見ではその逃げ道とは小説的領域への移動、もうひとつは少年、少女を対象にすえたメルヘンの世界への遁入かと見受ける。小説的と表現したのには理由がある。

どんな「虚」でも許容される小説、「実」であるべきエッセーのどちらでもない、虚実が混然と合体した新領域の造成を指す。

この性癖は若い頃から見られたが、あとになるほど強まっている。冒頭部で紹介した天皇にからむ先生の暴力物語が好例だろう。さして面白くもないのに彼が何度もエッセーや講演でくりかえすいわば定番なのだが、そのたびに尾ヒレがついたり飛んだりするので、もはや原作を探しだすのも、虚実を見定めるのも不可能に近い。

進駐軍兵士にハローと呼びかける話も、一九九六年に「もう幾度となく書いてきたこと」と断っているが、「ジープが来たのは一九四五年夏」とするのは明らかな誤り。『愛媛県史』によると、米軍が県都松山へ進駐してきたのが十月二十二日で、故郷の大瀬村へ問い合わせてみると、米軍のジープが初めてやってきたのは翌年になってからだという。

どちらでもいいじゃないかと弁護する意見もあろうが、このあたりは終戦による激変で自称軍国少年がアメリカ民主主義の洗礼を受け、変身して行く大江文学の原点だから、作家研究を志す後進ならずとも、なおざりにできない部分だと私は考える。

話を戻すと、大江少年はハローに応じジープの米兵が投げたチョコレートを拾い、「それを僕はかくしたいと思わない」（「戦後世代のイメージ」、一九五九）と書き、日本の対米従属を象徴するかのような寓話に仕立てているが、その日から五十数年を経たある日、話の筋をがらりと変えてしまった。

最新版だとジープが村にやってきて仲間たちは手製の星条旗を振りハローの声で迎えたが、この急変ぶりに抵抗する十歳の大江少年は、学校を抜け、森の高台からその情景を見下し「涙を流していたのでした」（「なぜ子供は学校に行かねばならないのか」『週刊朝日』、二〇〇〇年八月四日号）そして植物図鑑だけを持って森の中にかくれ、風雨に打たれ発熱してトチの木のホラのなかで倒れているのを消防団に救出される。医者も見放すほど衰弱していたのを母の寝ずの看病で回復、一カ月後には進んで学校へ行くようになったそうである。

本当なら人口稀薄な「閉ざされた谷間の村」では大事件だったはずだが、幼な友達の何人かに聞いてみても覚えている人はいない。「小説でしょう」と答えた人もいた。

この改変（あるいは追加）は反米に転じた大江氏の姿勢に合わせたものかと想像するが、この種の作り話を老人の教訓として読んだり聞かされたりするのが小中学校生だとなれば、悪影響が心配になってくる。

今や成人向けは断念して少年少女へ語りかけるようになった大江氏の趣向は、梅沢元少佐らの提訴に触れ、「私自身、証言に立ちたいとも思います。その際、私は中学生たちにもよく理解してもらえる語り方を工夫するつもりです」（八月十六日付朝日）というくだりにも露出している。

裁判の争点となる自決命令の有無については一言も言及せず、すでに引用したように当事者である原告（梅沢と故赤松大尉の弟である赤松秀一）がいかにも弁護士や黒幕に踊らされているかのような言辞を弄し、沖縄戦の性格論にすり替えようとしている大江氏は、果してプロの法律家たちを説得できるのだろうか。

## ◆裁かれる〝被告の人間性〟

訴状によると、名誉棄損で訴えられた被告は『沖縄ノート』の著者大江健三郎氏と故家永三郎『太平洋戦争』（岩波現代文庫）、故中野好夫他『沖縄問題二十年』などを発行した岩波書店。煩雑さを避けるためか、『鉄の暴風』を執筆、刊行した沖縄タイムス社やいくつかの教科書会社は外されている。

故人の名誉棄損は現存者に比べ適用条件がきびしく絶版ないし時効の著作もあるので、実質は梅沢対大江＝岩波の攻防になるものと予想される。請求は原告ら（二人）に対する全国紙への謝罪広告、岩波は各一〇〇〇万円、大江氏は各五〇〇〇万円の支払いという型どおりのものだが、さて見通しはどうか。

法的観点から検分すると、大江氏側は⑴専門外の小説家としては、『鉄の暴風』など沖縄に関する刊行物を信用しただけで悪意はない、⑵沖縄に対する長年の皇民化教育に責任がある、⑶村の幹部、とくに防衛隊長の指示は軍＝国家の命令と見なせる、といった抗弁理由を持ち出すと予想される。

⑴に対しては、曽野綾子『ある神話の背景』が出てから三十年以上、梅沢氏の言い分が公表されてからも二十年近くが経過している。

その間に『沖縄ノート』は四九刷を重ねているから、修正の機会は十分にあったのに怠った、という反論が出よう。また『鉄の暴風』などの先行文献は集団自決の事実経過を記述したのが主で、守備隊長らへの個人批判にまで至っていない。

ところが『沖縄ノート』は約八ページの記述の過半を、アイヒマンを引き合いにした著者特有の激烈な人身攻撃に費している。誹謗中傷の程度ではない。

とくに初版が出た一九七〇年頃のアイヒマンといえば、ヒトラーを上まわる極悪非道の大悪人というイメージだった。この個所だけで、名誉棄損は直ちに成立すると言ってよかろう。

⑵に対しては「1本の鉛筆で『切腹』を練習」と題した朝日新聞の投書（〇五年八月十三日付）が、恰好の反証になっている。投書の主は当時大阪の小学校三年生だった六十八歳の主婦で、担任の女教師が一本のエンピツを腹に立ててまわし、「皆さん、アメリカが攻め込んできたら、こ

うして潔く切腹しましょう」と教えた話だ。

また旧南洋群島のテニアン島では小学校の先生、女学校の生徒、病院のナースたちで編成された「ヒナゲシ女子挺身隊」の生きのこり十数人が最後の突撃に加わりたいと願い出て、若い将校から「いかん。軍人は戦争で死ぬのが任務だ。お前たちは死ぬことはない……まして大本営からも島民は絶対死なさないよう命令が出ているのだ」と諭された。

それでも彼女たちは「総攻撃の前に一斉に飛び出し敵の反撃をひきつけますから、そのすきに兵隊さんが突撃してください」と押問答しているときに米軍の砲弾が直撃し、もろともに四散してしまった悲話を生還者が伝えている（小菅輝雄『南洋群島昔今』の江森高一稿）。皇民化教育は沖縄だけの特異例ではなかったことが知れる。
(3)は煩瑣な法解釈になるので省略するが、命令者を守備隊長と特定しているので、責任の転嫁はむりだろう。
そうだとすれば、残された大江＝岩波側の逃げ道はすでに引用した沖縄タイムス流のはぐらかし論法しかないのかもしれない。これだと、地元や本土の左翼マスコミやＮＰＯの応援も期待できるというもの。

しかし原告側も「同じ日本人が自決を無駄死とし、軍に強制されたとすることに狂奔することは死者の死と選択を卑しめる」もので、「日本を貶《おとし》めるという意図に基づく出版活動の犠牲となった元軍人やその遺族の名誉を回復する」のが訴訟の目的だから「両者とも相手にとって不足はない」（主任弁護士の松本藤一稿、『正論』〇五年九月号）と意気ごんでいる。
大阪地裁の法廷で、近く両者の対決が始まる。問われているのは被告の人間性である。

原題＝法廷で問われる大江健三郎『沖縄ノート』大いなる虚構部分……『諸君！』二〇〇五年十一月号

## 「反日日本人」の見分け方——「住みよい日本の中心で反日を叫ぶ」輩たち

「日本国内の反日派」とは、どのような存在で、どんな特徴を持つのか。私は以下のように定義できると考えている。

《敵対的な外国勢力と陰に陽に連帯し、民主的手続きを経て形成された日本国の世論に背反する影響力を故意に行使しようとする日本人および組織》

また、必ずしも確固たる「反日」の理念や目的に裏打ちされたものばかりではないので、補足として以下の指摘を付け加えたい。

《政府を困らせたり、日本の対外的なイメージダウンを図ったり、利権を狙ったりする者。反日行動によって個人的トラウマを解消しようとする愉快犯も含まれる》

ポイントとなるのは「故意に」という点である。「国家」という単位の中で生きる普通の国民だと、「内争は水際まで」が常識だ。ところが日本国内の反日派は、中国や韓国から靖国神社や竹島、教科書問題などで攻撃されると、待っていましたとばかりに呼応して日本政府を責め立てる傾向がある。

また天皇制や、国旗としての「日の丸」、国歌としての「君が代」などは、憲法や法律に基づき、民主的手続きを経て成立している。持論を通すために、故意に「外国の圧力」を利用するのが「反日行動」と言ってよい。

## ◈「骨のある反日派」は少なくなった

さて、前記の定義を踏まえたうえで、具体的な例を示しながら、日本国内の反日派に共通して見られる主な特徴を観察してみたい。

多くの反日派は、「同志的貸借関係」のネットワークで結ばれ、主催するデモやイベントに、互いに動員し合うことで人数をそろえる例が多い。それでも勢力が退潮気味なので、初中等教育界、学界、マスコミを中心に限られた拠点を固めようとしている。日本共産党や日教組などの集会にはこの傾向が見てとれる。

では反日派を見分けるリトマス試験紙のような指標は何か。次にいくつかの具体例をあげてみる。

### ①匿名か、あるいは半公然と外国の力を借りて「第三者の意見」と錯覚させつつ、自らの主張を実現させようとする

さまざまな手法があるが、裏で外国政府に情報を提供してけしかけるという悪質な例もある。

例えば和田春樹・東京大学名誉教授は、二〇〇一年に扶桑社版歴史教科書の検定と採択に際し

て「韓国政府が（同教科書に対する）意見書を作成し、日本政府に送って下さった」ことに「日本人の一人として……心からの感謝を捧げ」ている。

しかも、和田氏らが指摘した同教科書の誤りが、「韓国政府の指摘とほとんどが重なっている」と、韓国の左派紙「ハンギョレ」新聞に寄稿した。*「重なっている」のも、高崎宗司・津田塾大学教授を含む和田グループの「ご注進」の成果なのだから不思議はない。

反日派の中には、先回りして外国政府を焚きつける人物もいる。その最たる例が中国での反日暴動の直後、インドネシア・バンドンでの小泉・胡錦濤会談を当日夜に控えた四月二十三日の朝日新聞朝刊で、首相の靖国神社参拝は「サンフランシスコ講和条約を踏みにじっている」ので「日米関係にも影響」とした、加藤紘一前衆議院議員の大論文だ。

加藤氏は以前から首相の靖国参拝に反対であったが、そのこと自体をとやかく言うつもりはない。だが、その直後に加藤氏は米大使館筋と会談したらしい。アメリカから苦情を言わせようとしたようだが、この「画策」は空振りに終った。米政府が靖国参拝にはノーコメントと表明したからである。

ともあれ、かつては首相の座に最も近いと言われた政治家の行動としては、信じがたいほどの愚挙である。

四年前、悪名高い「女性国際戦犯法廷」に外国人の判検事を迎えて「昭和天皇有罪」と判決させた故・松井やより女史（元朝日新聞記者、「バウネット・ジャパン」代表）と、同法廷の参謀役を務めた高橋哲哉・東京大学教授（靖国神社廃止論を唱えた『靖国問題』の著者）もここに入れておきたい。

## ②平然とダブルスタンダード（二重基準）を使い分ける

「反日」の一本槍で通す人物や組織はそれなりにわかりやすいが、意外に少ない。皮肉を込めて言えば、「骨のある反日派」は、今やほとんど存在しないのである。むしろ、日本の反日派たちに特徴的なのは、その論調が見え見えのダブルスタンダードでも平気なところにある。

わかりやすい例が、日の丸・君が代について否定的な論陣を張りながら、自らが主催する夏の高校野球では、日の丸掲揚、君が代斉唱を押し通す朝日新聞社だろう。数千人を数える球児たちから、「造反（＝日の丸、君が代反対）」の声が出ないのは不思議の極みで、事前にダメ押ししているとしか思えない。

反核運動や平和運動を進める団体も、ダブルスタンダードが露骨である。彼らはアメリカやフランスなどの核兵器や核実験には大声で反対しても、日本にとってはより深刻な問題であるはずの中国の核実験、さらには北朝鮮の核保有についてはあまり批判してこなかった。中国の核実験成功に祝意を表する人物さえいた。

教科書の検定制度に反対しながら、扶桑社の歴史教科書については、「厳しく検定せよ」などと注文をつける日教組系の運動体、たとえば「子どもと教科書全国ネット21」（俵義文事務局長）もこの類といえよう。

## ◆大江健三郎氏に見る反日派の「論点すり替え」

### ③単純な事実ミスを指摘されても決してそれを認めず、論点をすり替える

この点については、本稿企画の話を受けた直後に象徴的な報道があったので特に紙幅を割くが、八月十六日付の朝日新聞紙上で、作家の大江健三郎氏が見事なまでの論点のすり替え芸を披露している。

大江氏は八月五日、沖縄戦で慶良間《けらま》諸島の渡嘉敷《とかしき》、座間味《ざまみ》両島を守備していた旧日本軍の守備隊長や、その遺族から訴えられた。

原告団は、大江氏が著書『沖縄ノート』（岩波新書、一九七〇年発刊で現行版は四九刷）で、住民へ集団自決を命令し、今なお罪を償っていない二人の守備隊長として、座間味島の梅沢裕元少佐と渡嘉敷島の故・赤松嘉次元大尉の例を挙げ、口を極めて弾劾したことに対し、全くの虚偽で名誉毀損にあたるとして、謝罪と『沖縄ノート』の出版差し止めなどを求めて大阪地裁に提訴したというのが概要である。

すでに、渡嘉敷島で現地調査を行なった作家の曽野綾子氏が著書『ある神話の背景』（一九七三年）で、大江氏が現地調査を行なわずに『沖縄ノート』を書いたことを指摘している。しかも、曽野氏の調査によれば、赤松氏が住民に対して集団自決を命じたという証拠は得られず、逆に「赤松氏が自決しないよう押しとどめたが、軍命令がないと遺族年金が受け取れないので、村当

局が偽証した」という証言を得た。

座間味島の事情も同様で、梅沢氏の手には、「自決命令があった」と偽証した人物が一九八七年に書いた「詫び状」まで存在している。こうした事実から判断すれば『沖縄ノート』の記述が誤りであることは疑いようがない。

新聞でもそのつど報道されてきたので、大江氏と岩波書店は問題部分を削除ないし訂正する機会はあったのに、それを怠ったのだ。

ところが、大江氏は前記の朝日新聞エッセーでこの訴訟に触れ、以下のように反論している。

《原告側の弁護士たちは、「靖国応援団」を自称する人たち》

《自由主義史観研究会のメンバーたちのキャンペーンと、狙いの定め方も攻撃ぶりもまったく同じ》

《私としては、なによりも慶良間諸島から沖縄列島をおおって、どのように非人間的なことが「日本軍」によって行われたか、そしてそれがいかに読み変えられようとしているかの実態を示したいのです》

この訴訟の争点は、「梅沢少佐や赤松大尉が住民に集団自決を命令したかどうか」という一点に尽きるはずだ。

ところが大江氏は、《私自身、証言に立ちたいとも思います。その際、私は中学生たちにもよく理解してもらえる語り方を工夫するつもりです》と述べながら、自決命令の有無については一言も言及していないのである。当事者である原告（梅沢氏）がいかにも弁護士や黒幕に踊らされているかのような言辞を弄し、沖縄戦の性格論にすり替えようとしているのは、本来の争点で争えば、とても勝てないと見越しての戦術なのかもしれない。

大江氏のこうした語り口は、左翼運動家の手法としては決して珍しくない。日中戦争の発火点となった盧溝橋事件に関して「先に発砲したのは日中両軍のどちらだったか」という論争があったが、事実の検証から日本軍説が不利になると、「重要なのは日本の侵略政策だ」とはぐらかし、南京事件でも「虐殺された人数の問題ではない」と論点をそらす手法に私は何度も出会っている。

## ◆自民党造反組にも似た「甘え」の気分

ここからは紙幅の関係上、やや駆け足で進みたい。

### ④群れて行動する

シンポジウムやテレビ討論会に、反日派は決して一人では出てこようとしない。必ず二人以上の〝群〟で登場する。全体主義国家と同じパターンで、属する「群」の見解が優先し、個人の言論を発表する自由がない。これには相互監視という意味合いもある。

### ⑤〝甘え〟の構造

自民党造反組が郵政民営化問題で「(反対しても自民党の公認は得られるという)甘え」の夢を裏切られ、〝刺客〟を送り込まれて泣き言を繰り返していたが、反日派にも似たような〝甘え〟の気分が強い。

たとえば、公立校の卒業式での日の丸掲揚、君が代斉唱に抵抗してもこれまでは訓告程度ですんでいたが昨年、「今度は減給になる」という情報が流れるや、反対者が一挙に前年の一〇分の一程度にまで減ったと聞く。

かつては反体制運動は命を張るぐらいの覚悟が必要だったのに、「減給一割、一カ月」程度で「反体制の志」を引っ込めるとは情けない限りではないか。

「中国人を虐殺しました」という、全員が仮名の兵士一〇二人の怪しげな証言を集めた日中両文の本を刊行して、南京の虐殺記念館から表彰された公立小学校の女教師が、大手を振って何十回も両国を往来している例もある。

要するに「住み心地のいい日本で、安全な生活をしながら反日を叫びたい」という〝甘え〟が許されているわけだ。

他の指標としては、

⑥日本の過去の歴史に怒りを示す習性
⑦自らを「知識人」と自称する差別意識
⑧「反戦平和」を戦闘的な口調で叫ぶ
⑨同じ事象に対する反省と謝罪をくり返す
⑩反日派と呼ばれても平然としている
⑪「この道はいつか来た道」とくり返す

などが挙げられる。これらの指標に二つ以上該当する人物や組織であれば反日派と呼んでもよいのではないか。

東西対立が続いていた一九八〇年代までなら、ほとんどすべての反日派は「マルクス主義、共産主義あるいはそれに近いイデオロギーの持ち主」と考えてよかった。日本の反日派は〝本山〟のソ連や中国共産党の指令で動いていた。

ところが冷戦が終わり、右・左という区分け自体が曖昧となった結果、反日派の見分け方は難しくなっている。今こそ、われわれは目を見開き、耳を澄まして、彼らの動きを注視する必要があろう。

注

＊　これらの記述は和田氏の著書『日本・韓国・北朝鮮——東北アジアに生きる』（青丘文化社二〇〇三）に収録されている。

＊＊「イスラエル法廷におけるアイヒマンのように沖縄法廷で裁かれてしかるべき」人物とまで書いた。アイヒマンはユダヤ人絶滅の責任者として一九六二年に絞首刑。

原題＝「住みよい日本の中心で反日を叫ぶ」　これが「反日日本人」の見分け方だ

……『SAPIO』二〇〇五年九月二十八日号

# 二　中国・南北朝鮮とどう向き合うか

## 歴史認識という名の発火点

二〇〇五年の新春を歴史家としてどんな感慨で迎えたのかと自問してみた。いろいろな思いが去来するが、舞いこんだ賀状を眺めると、鶏をあしらったカットが圧倒的多数で、すべて世は事もなし、というのどかな気分に溢れていた。なかに「平和主義者たちが暴力を放棄できるのは、ほかの人々が彼らに代って暴力を行使してくれるからだ」というジョージ・オーウェルの辛辣な一句を引用した人があり、ぎくりとさせられた。

医者が血を見なれてしだいに鈍感となるのに似て、歴史家は一般人より過去のさまざまな事例に通じている。ぎょっとするような事件が起きても、まず似たような先例を記憶のなかから拾い出すのが習性になっているせいか、少々のことではおどろかない。

自戒せねばならぬところだが、翌一月二日の民放テレビに「ビートたけしの陰謀のシナリオ!! 日本を震撼させた戦後七大事件はアメリカの陰謀!?」と題する二時間番組を見つけてチャンネルをまわした。ビートたけしの司会で一〇人ばかりのゲストが並び、帝銀事件（一九四八）、下山事件（一九四九）、日航もく星号墜落（一九五二）から、三億円事件、ロッキード事件まで、戦後日本の怪事件はすべてアメリカ（ＣＩＡ？）の謀略らしいというシナリオになっている。

とは言っても、テレビ局は責任を問われても困るからだろう。全体を陰謀!?　と巧みにぼかし、七大事件の解釈も一応は両論併記の体裁をとっていた。びっくりしたのは、ゲストの感想ないしコメントで、一話終るごとに「信憑性をどう思いますか」と聞かれて九五％、九八％、一〇〇％と陰謀説を支持する人が続出したことだった。「謎は深まるばかり」とか「謎はさらに深まった」と合間に流れる間投詞の影響もあったろう。

だが帝銀、下山、松川、もく星号の米軍謀略説は、小説家松本清張の妄想に発したという主旨の一文を発表した（拙著『昭和史の謎を追う』文春文庫、一九九九、を参照）ことのある私は、あらためて陰謀史観の影響力と歴史家の無力さを痛感した。

しかり、陰謀史観は簡単には亡びず、日々新たに生産されつづけているのである。最近に話題となったものをいくつかあげると、ルーズベルト大統領は日本の真珠湾攻撃を知りつつ現地指揮官に通報しなかったというルーズベルト陰謀説、田中義一首相が東アジアと世界征服のプログラムを昭和天皇に上奏したとされる「田中上奏文」（中国語では田中奏摺）事件、日中戦争の発端となった盧溝橋事件の第一発は中国共産党の謀略工作員が放ったという説などがある。

本屋へ行くと、かならずフリーメーソンやユダヤの陰謀説を主題にした本を一冊か二冊は見かける。今年は源義経の大河ドラマが始まるので、「ジンギスカンは義経なり」のリバイバルが起きるだろうとにらんでいるが、ここまでオトギ話めくと人畜無害であって歴史家が気にする必要もない。しかしなかには、こうした作り話が巨額の賠償要求につながる一件もあるから用心するにしくはない。

例を田中上奏文にとってみよう。日中英独仏露語版が世界中に流布されたのは一九二九年である。日本政府が証拠をあげて誰かの意図的偽作と反論しても疑惑は消えず、東京裁判でも真偽が論議されたが、疑わしいと判定されたのか証拠には採用されなかった。

偽造となれば、偽作者を割り出す作業が必要になるが、一九六〇年になって「私が書いた」と名のり出る人が現われた。慶応大学出身で満州軍閥の張学良の秘書をつとめ、のちに三十歳で国民政府の外交部次長に就任した王家禎（一九〇〇—八四）である。

王が中国文史資料研究委員会編『文史資料集』に偽造の来歴を告白する手記を発表したのは一九六〇年だが、内部資料だったこともあり一般には知られず、私が中国の友人からコピーを入手したのは一九八〇年頃だった。

しかし中国、ロシア、モンゴル、台湾などの刊行物では、相変わらず田中上奏文が歴史的事実として登場しているのを見かける。私は前記の四カ国代表が顔を出す学術シンポジウムなどで、既定の史実であるかのようにこの偽造文書が語られるのを見聞してきた。そのたびに反論し、「百の説法より一つの証拠」と考えて王家禎手記のコピーをプレゼントしたが、さっぱり効果が見えない。ところが二年前に東京で日米中の研究者を集めた非公式のシンポジウムが開かれたさい、例のごとく中国代表が田中上奏文を持ち出したので、王手記を御存知ないのかと質問した。すると「そうした説もあるのは知っています」との反応が返ってきた。少なくとも初耳ではないことがわかり効果があったらしいと喜んだのだが、現行の中国の高校教科書（『中国の歴史』明石書店、二〇〇四）には、相変らず田中上奏文が七行にわたって堂々と書かれているのを知り、がっかりした。

古森義久産経新聞特派員によると、この教科書の教科用指導書（いわゆる虎の巻）には「日本帝国主義への深い恨みと激しい怒りを生徒の胸に刻ませよう。南京大虐殺の時間的経過と日本軍に殺された中国軍民の人数を生徒に覚えさせせよ」（『日中再考』産経新聞ニュースサービス、二〇〇一）と書いてあるというから、何をか言わんやである。覚えさせるべき人数とは「身に寸鉄も帯びない中国人住民と武器を捨てた兵士で虐殺された者の数は三〇万人以上」のくだりだろうが、史実を無視した宣伝文書のたぐいはどこかでほころびを見せるもの。

三〇万人はもちろん白髪三千丈式の誇大な数だが、そのまま信じるとしても、この表現では首都防衛戦で奮闘して死んだ兵士は皆無、全員が捕虜になって殺されたことになってしまう。彼らの名誉に関わると思うのだが。

## ◆「百人斬り」の世界

南京の虐殺記念館は全土で十数カ所あるこの種の抗日戦争記念館のなかではもっとも有名で、

日本の高校生が修学旅行によく訪れる観光スポットになっているが、入口の壁には「遭難３００００」と大きく刻みこんである。「この数字は何とかなりませんかね」とよく聞かれるが、「国定の数字だから現政権がつづくかぎり当分はむりでしょうね」と私は答えている。

　何しろ日本の親中派学者たちが中国の言い分に折れ合おうとして、「犠牲者の数は十数万以上、それも二〇万人近いかあるいはそれ以上の中国軍民」（笠原十九司『南京事件』岩波新書、一九九七）と涙ぐましい配慮を示しても、三〇万は一人も減らせないと猛反発される始末である。ついでながら笠原論文の英訳を見ると、「十数万以上」という表現は英語にないためか「一〇万以上」となっていた。笠原氏のホンネの部分はこのあたりなのかもしれない。

　同工異曲の話だが、年末にロンドン・タイムズ紙の中国支局長が訪ねてきた。「江沢民前主席が日中戦争の人的被害は三五〇〇万人と言い出し、今や定着していますが、どう思うか」と聞くので、「ちょっと簡単な計算をしてみましょう」とエンピツで数式を書いてみた。日本の中国駐屯兵力は八〇万人ぐらいだから、戦闘要員が半分と仮定して兵士の全員が「百人斬り」しないと計算が合いませんよね、と言うと「なるほど」とうなずき、にやりと笑っていた。

　三五〇〇万人（一九九五年）の前は二一〇〇万人（一九八〇年）、東京裁判では三二〇万人だったから、半世紀の間に一〇倍以上も膨張したことになるが、先日の新聞は日中首脳会談で温家宝首相が「中国人が何人死んだか知っているか。しかも中国は日本に損害賠償請求はしていない」などと「異例の激しさで詰め寄った」（産経〇四年十二月四日付）と報じていた。小泉首相がＯＤＡ援助をそろそろ「卒業」させたいと発言したことへの反発ないし牽制らしい。

従来も靖国問題をふくめ中国が歴史カードを切るのは、ODAの増額とか減額反対といった実利獲得にからんでのことが多いのだが、戦争を知らぬ世代への反日教育の薬が効きすぎて政府や党のコントロールも利きにくくなってきているのは、昨年の西安事件やサッカー騒動を見ても見当がつく。

「歴史を鑑《かがみ》として未来に向かう」（以史為鑑）は中国古典の「資治通鑑」が典拠とされるが、江沢民が訪日のさい何回も口にしていらい中国の指導者が日本人を見るとお経のようにくり返す常套句となってしまった。いかにも深遠な哲理に聞こえぬこともないが、わかるようでわからない含蓄に富むところがミソか。

その前にはヴァイツゼッカー西ドイツ大統領（当時）の「過去に目を閉ざすものは、結局のところ現在をも見ることができない」という演説の一句が、日本のマスコミや評論家にもてはやされていた。

だがどうにでも解釈できるこの種の殺し文句を政治家が持ち出す背景には、強烈な政治的思惑が秘められてのこと。「以史為鑑」も文化大革命時の「批林批孔」（林彪・孔子批判）のスローガンと同類だろう。林彪はわかるが、恐れ多くも孔子とは誰を指すのか、周恩来首相のことらしいと憶測が乱れ飛んだのを思いだすが、江沢民の思惑が日中関係の歴史解釈権は中国だけが持ち、日本には渡さないとする意思表示だったことは今や明白である。

同じ中国の古典でも「春秋に義戦なし」とか「天下でもっとも残酷な学問は歴史である」（魯迅）といった逆方向の殺し文句もあるのだから、日本側もそういう例をひいて切り返してもよさそうなものだが、憲法第九条の精神を信奉する戦後の日本政府や多くの学界人はおし黙るか、ごもっともと肯くばかり。

見かねて一部の政治家や歴史家が反撃すると、中国政府は右翼とか軍国主義者のレッテルを貼り、日本政府を叩き萎縮させるという構図がいつのまにか出来上がってしまった。だが同情すべき余地もある。

他国なら黙っていても盾の役割を買って出るプロの歴史家集団が無力なうえ、イデオロギー上の分裂が冷戦終結後も修復されていないからだ。この現象を「歴史学の知的ヘゲモニーの喪失」（吉田伸之）と片づける人もいるが、事態はもう少し深刻といえる。

戦後歴史学の主流となってきたマルクス主義とその亜流の歴史学者は今は表面的には失権したかに見えなくもないが、初中等教育界を最後の拠点として反君が代・国旗、右派教科書の排撃、過激なフェミニズムの推進など反体制的な政治闘争を進めている。

往時に比べ労働組合の多くが脱落、日教組も組織率が三割台にまで低落しているため戦線の全正面を維持するのはむりとなったので、彼らは同調者を動員しやすい教科書闘争を展開、当面の敵である新しい歴史教科書をつくる会編の日本史教科書（扶桑社版）の攻撃に全力を傾注しているように見える。例えば共闘態勢をとった中国・韓国両政府からの内政干渉がましい外交圧力を辛うじてかわした文科省が大幅に修正して検定を通過させると、つくる会反対派は方向を不採択運動へ転じた。採択権を持つ各地教育委員会にデモや威迫を加え、事務所に火炎放射攻撃を加えるなど、手段をえらばぬ妨害工作によって採択率を会の目標とする一〇%はおろか一%を下まわる全国数校の私立校だけに押さえこむことに成功した。

それから四年、情勢はかなり変った。今年の採択では東京都をはじめ全国各地で、つくる会の歴史教科書を採択する公立校がふえそうだと予想されている。中国や韓国の露骨な介入が日本国民のナショナリズム意識を刺激したからで、「過ぎたるは及ばざるが如し」の典型かもしれない。

私は以前から「つくる会」の教科書をどう思うかと聞かれることが多い。それに対しては、歴史観で違和感を覚える点は少なくなかったが、文科省の修正で国際的にもマイルドなナショナリズムと評してよいレベルになっている、それに他国に例を見ないほどの自虐史観で書かれた教科書が多数を占めているわが国の現状は異常で、せっかくの自由発行（検定はあるが）の利点を生かし、もう少し多様な史観に立った歴史教科書が並立するのが望ましいと答えてきた。

しかし、問題は中国や韓国が日本側の歴史認識に介入してくるのは、必ずしも本気とはいえない点にある。先方はプロパガンダと割り切っているからで、呼応してくれる日本のマスコミや歴史家がいなければ、政治カードどころか逆効果にしかならないと認識しているからだ。

もう十年以上も前になるが、慰安婦問題が狂騒のピークに達していたころ、盧泰愚《ノテウ》前韓国大統領が浅利慶太氏との対談で「（韓国人慰安婦問題は）実際は日本の言論機関の方がこの問題を提起し、我が国の国民の反日感情を焚きつけ、国民を憤激させてしまいました」と率直に語ったことがある（拙著『慰安婦と戦場の性』新潮選書、一九九九、を参照）。

日本と近隣諸国の歴史問題をめぐるトラブルの多くが、同様の契機と経路で大火事になったのは否定しようもない事実だし、「捕えてみれば我が子なり」と判明した時の後味の悪さは言うまでもなかろう。

自省を兼ねてでもあるが、もう少し「捕えてみれば」の実例を紹介したい。

## ◆捕えてみれば我が子!?

まずは江沢民の唱えだした被害者（死傷）三五〇〇万人についてだが、実教出版の現用高校教科書「日本史B」（執筆者は大江志乃夫、君島和彦、石山久男など）の巻末にある「〈大東亜共栄圏〉―日本の加害」と題した折りこみ地図（および本文一九九ページ）を見ると、地域別の被害者数（死者）が並んでいる。

計二二〇九万人のうち中国が首位の一〇〇〇万を占め、インドネシアの四〇〇万、インドの三五〇万がつづく。負傷者の数は不詳だが、死者の約三倍というのが常識だから足し合わせると中国は四〇〇〇万人になり、江沢民の数字を軽く超える。

私は以前に折りこみ地図の地域別被害者数を「白髪三千丈」型（中国）、「風が吹けば桶屋」型（ベトナム、インド）、「カン違い」型（インドネシア）、「取りかえばや」型（朝鮮、台湾）、「その他」

の五タイプに分けて論評したことがある（『諸君！』〇三年七月号の拙稿）。標題からおよその見当はつこうが、「カン違い」型のインドネシアの例で説明すると、ここでは最後まで戦争らしい戦争はなかったから戦死者は皆無に近い。

そのかわり四〇〇万人（日本政府の主張は一四万〜一六万）の労務者が動員され、数千人が死んだと同国の中学教科書が書いている。実教の教科書に出てくるインドネシアの死者四〇〇万は、どうやら動員数を不注意か故意かで取り違えたものと推察する。

このように、出所にかまわず手当りしだいに多そうな数字を積みあげていった「悪意」の産物が死者二二〇九万人かと思われる。数字だけではない。本文の記述ぶりもそれ相応だから省略するが、底に流れているのは「自虐」と「冷笑」だと要約すれば執筆者は怒るだろうか。

ちなみに私なりの計算をしてみると計二〇〇〇万人弱、実教本の執筆陣には申しわけないが一〇分の一以下に減ってしまう。文科省の検定官は何をしているのかという声も出そうだが、彼らを責めるのもやや気の毒というもの。一九八二年の宮沢官房長官談話に発する「近隣諸国条項」が検定基準に加えられ、アジア諸国に関する歴史教科書の記述は実質的にノーチェックという体制が今もつづいているからである。

その反面、日教組講師団による「ウラ検定」が採択を左右するようになり、教科書出版社は販売対策のためマルクス主義の残党史家を執筆者に起用してきた。気のきいた左翼史家は次々に「転向」したので、執筆陣のレベルがどんどん落ちこみ、検定官は初歩的な事実ミスの修正作業に追われ、史観の偏向チェックにまで手がまわらないと聞く。

こうした惨状を象徴する一例として、訴訟進行中の大学入試センター事件の概要を紹介したい。平成十六年一月十七日に実施されたセンター試験に不適切な設問があったため、不利益を蒙ったとして受験生の一人が地裁に仮処分を申請したのは直後の二月三日（却下）、早大新入生ら七人がセンターを相手どり提訴したのは七月七日だった。

係争のタネとなった設問は二つあった。ひとつは昭和初期の日本経済をマルクス経済学の手法で分析した『日本資本主義発達史講座』にマークさせるもの、もうひとつは日本統治下の朝鮮における「強制連行」を主題とするものだが、ここでは後者をとりあげてみる。

設問は次のような四つの選択肢から正しいものを一つだけ択ばせるもので、正解は④とされた。

①朝鮮総督府が置かれ、初代総督として伊藤博文が赴任した。
②朝鮮は、日本が明治維新以降初めて獲得した海外領土であった。
③日本による併合と同時に、創氏改名が実施された。
④第二次世界大戦中、日本への強制連行が行われた（世界史B）。

①の初代総督は寺内正毅、②は台湾、③は創氏改名の実施時期は一九四〇年なので、残る④を正解とするのが出題者の狙いだろうと、受験勉強ずれした生徒は迷わずマークしたようだ。

しかし強制連行の定義について論争があることを知っている受験生なら、「歴史的事実に反し思想良心の自由を踏みにじられた」（仮処分の訴状）とか、「一種の踏み絵」と不快に感じてもふしぎはない。

『歴史と教育』〇四年二月号によると、インターネットの掲示板にはセンター試験終了前から受験生による四〇〇〇件以上の書きこみがあったそうで、「空気を読み、④にマークしました。どうしても点数を稼がなくちゃいけないんです。許してください」とか「悩んだあげく④にしました」といった反応が多かったらしい。

いっぽう、「④だと思ったけど、『徴用で強制連行じゃない！』と私の心が④にマークするのを許しませんでした。センター得点率八割五分あったから別に良いですけど、こんな問題、間違ってると思いました」とか「受験生が過去問に取り組む年数分から消える頃を見計らって、若者を洗脳し続けるつもりなんだろう」と、出題者を手玉にとる醒めた若者もいたらしい。

今では国民徴用令による「徴用」のうち、朝鮮人だけを「強制連行」と呼び変える事例は前記の実教本をふくめかなりふえているものの、元来は在日の朝鮮大学校教員で『朝鮮人強制連行の記録』（未来社、一九六五）を刊行した朴慶植が創出した新造語だったことを突きとめたのは、鄭大均（東京都立大学教授）である。

韓国の国定教科書も「強制連行」は使っていないが、自由募集、官斡旋、徴用（一九四四年から）の三段階があり、法的強制の期間は数カ月にすぎず定義が困難という事情もあるらしい。センター試験にこの種の定義も確立していない俗語を持ちこむのは、本来ありえないはずで、やはり近隣諸国条項のもたらした副産物と見てよい。

## ◆逃げまわるセンター試験出題者

それ以上に問題なのは、受験生が提起し国会でもとりあげられた本件に大学入試センター（文科省の外郭機関）ばかりか文科省、問題作成者をふくむ歴史家たちが逃げまくるか、沈黙をきめこんでいることだろう。

とくに作成者の氏名を公表せよという要求にセンター側は渋り、怒った自民党議員グループに追及され「作成者が辞める時点で公表する」と約束したが、実行は期待できない。ほとぼりが冷めるまで作成者を引きとめかねないからである。

まともな作成者なら堂々と名のり出て弁明しそうなものだが、そうならないのは本人が不適切を承知で出題した「確信犯」で、「しまった。ばれたか」と舌打ちしつつも、支援勢力が守ってくれると安心しているからではあるまいか。

実際に、「氏名を公表するな」と圧力をかけた組織はいくつもあった。そのひとつは〇四年三月五日付で「東京大学史料編纂所教員有志」（二三名）の名義でネットを通じ公表した声明で、「歴史の研究と教育に携わる者として、私たちは重大な危惧をいだかずにはいられません」と大げさなわりに、「有志二三名」の氏名どころか代表者の名も出していない。

裁判はまだ準備書面交換の段階だが、センター側は「強制連行」が史実であるか否かは争わない、定義するのもセンターの職務ではない、相当数の高校教科書が記載していれば出題対象として可で、四割の教科書が記載していないから不当だという原告の言い分には同意できぬ、と反論している。

どう決着するか予見はできないが、秋の早大祭のシンポで四人の原告学生が自前の言葉で決意を語る場面に居あわせ、たのもしく感じた。彼らの世代が社会の中堅を占める頃には、不自然な自虐史観で書かれた教科書も少しは減るのではないかと期待している。

近代史学の祖ランケは歴史家の任務を「そもそも何が起こったのか、そしてそれはなぜ起こったのか」を探索することにあると定義した。前段は歴史における実証主義の宣言と解されている。問題は後段だが、私は因果関係の解明、それも直接の因果に限り、「風が吹けば桶屋」式の間接因果や拡大解釈を排す主旨と理解したい。

そして、この禁則を破り歴史を政治の具として悪用する動きを監視し、必要あれば遠慮なく指摘していく作業もまた、歴史家の任務だろうと信じている。

原題＝歴史認識が争われる時代……「学士会会報」№八五一／二〇〇五年三月

#「南京虐殺」で燃え尽きた本宮ひろ志とアイリス・チャン

ゲリラは負けなければ勝ちである――ヘンリー・キッシンジャー

二〇〇四年十一月八日から、イラク駐留米軍とイラク暫定政府の治安部隊（約二万人）がファルージャにたてこもるザルカウィ一派の武装ゲリラ勢力への「総攻撃」を開始した。

包囲態勢を固めたうえで、米軍側は「勝ち目はない。投降せよ」と呼びかけたが、武装勢力側は徹底抗戦を呼号、三〇〇人の「自爆テロ要員」が待機中と伝えられた。勇猛をもって鳴る米海兵隊員もびびったにちがいないが、蓋をあけてみるとさしたる抵抗はなく、親玉のザルカウィと幹部は直前に逃亡したらしいというしまらない結果になってしまった。

この経過を眺めて思い出したのは、今から七十年近く前の南京攻防戦である。両者を比較して気づいたいくつかの類似点を拾ってみよう。

### ◆南京戦に似たファルージャの……

中華民国の首都南京城を包囲した日本軍は一九三七年十二月九日、南京守備司令官の唐生智将軍へ降伏勧告状を送っている。しかし七日に奥地の漢口へ脱出した蒋介石主席から首都の死守を命じられていた唐は応じなかった。

そこで日本軍は総攻撃に踏みきり、激戦ののち十三日に南京城内へ突入したのだが、唐は前夜ひそかに逃亡してしまい、置き去りにされた守備兵は右往左往するばかりで、一両日のうちに城内は日本軍に制圧された。

類似点はそればかりではない。ファルージャの人口は約三〇万、事前の退避勧告で大多数は街を出た。日本で目の手術を受けた十歳のモハメド少年の一家も近郊に疎開したが、なぜか二割前後の住民は残留したらしい。武装勢力側が残留市民の間に紛れたり、人間の盾に利用するであろうことは予想されたのにである。暫定政府のアラウィ首相が「テロリストだけを殺せ」と訓示し、治安部隊の幹部たちが「承知しました」と答える情景をテレビで見たが、テロリストと一般民間人を見分けるほど至難のわざはない。

四、五人の海兵隊員が銃を構えて一軒ずつしらみつぶしに掃討するシーンも見たが、誰かがやられたあとの反撃になりがちで、きわめて危険度の高い手法だから、乱射乱撃のなかで傍杖を食う民間人が出るのは避けがたい。それはテロリスト側の狙い目でもあるだけに、米軍も頭の痛いことだったろう。

南京戦の「虐殺」も似たような状況下で起きた。ラーベを委員長とする国際委員会の管理下で二〇万人前後の南京市民を収容していた難民区の掃討作戦は、入城式を翌日に控えた十二月十六日、金沢の歩兵第七連隊が担当した。きっかけは難民区に沿う大通りが「支那軍の軍装で埋めつくされていた。弾薬も多数放置され散乱……おびただしい残敵が便衣をまとって好機を狙っているのかも知れない」（水谷荘日記『戦塵』）と判断されたからである。

軍服を脱ぎ棄て民間人の服装（便衣）に着がえた中国兵が逃げこむのは、難民区の民家以外にない。七連隊は区内を中隊ごとに分割、末端は数人ずつのチームがめぼしい建物をしらみつぶしに検分するローラー作戦をとった。ファルージャの米海兵隊と同じ手法である。

旅団命令には「文化財・老幼婦女子の保護、掠奪・放失火の厳禁」が明記されていたが、「青壮年はすべて敗残兵又は便衣兵とみなし、すべてこれを逮捕監禁せよ」という項目もあった。

それまでの掃討で便衣兵と良民の選別がむつかしく、さっぱり効果があがらないので、兵役適齢者全員を狩り出すという乱暴な手法になったものらしい。

それに逮捕監禁と言っても、日本軍には捕虜収容所もなく捕虜用の食料も欠乏していたので、拘束したあとは近くの空き地や揚子江べりに集めて殺害してしまった。水谷日記は「市民と認められる者はすぐ帰し」たが、「哀れな犠牲者（良民）が多少含まれているとしても、致し方のないことだろう」と書いている。多少がどんな割合だったかは、永久に分らないだろう。

では受難者側はこの狩り出しをどう受けとめたのか。幸運にも死骸の山からはい出して生還した楊紹栄（当時二十五歳）という老人の談話が、松岡環『南京戦・切りさかれた受難者の魂』（二〇〇三）に収録されている。彼は「至る所でかたっぱしから青少年を捕まえ」ていた国民党軍に、七十歳の父親が引っぱられそうになり、その身代りで兵士になって、戦ったのち日本軍の掃討にぶつかった。

「老人はそのまま相手にせず、若者や壮年の男たち」だけを集めて日本軍は皆殺しにしたと楊は証言しているが、七十歳の老人でも民兵に動員しようとしたくらいだから、「若者や壮年の男たち」はほとんどが戦闘員にされたろう。

国際法のルールを厳密に適用すれば、日本軍は選りわけた便衣兵容疑者を引きたて、憲兵隊や法務官の取調べを経て裁判に準じる軍律会議にかけ、処分を決めるべきであった。だが日本軍はこの掃討を軍事作戦の継続と見なし、公式記録である歩兵第七連隊の戦闘詳報は「敗残兵の刺射殺数六六七〇」の戦果を堂々と計上している。

南京戦ではこの第七連隊による難民区の掃討が最大規模だが、その他の類似例は拙著『南京事件』（中公新書）に詳述したので割愛しよう。

ファルージャの米・イラク軍は南京戦とちがい、国際社会やマスコミの注視下における作戦だから、日本軍のような乱暴な手法は慎しむだろうが、テロリストと民間人の選別が困難なことに変りはない。誤爆や傍杖食っての被害者は避けられぬだろうし、幼児でもないかぎり犠牲者の識別は永久に不可能かもしれない。

とくに反米、反イラク戦争のムードが高まっている時期でもあるから、いわゆる「民間人」の被害は、誇大に宣伝されるだろう。すでに十一月十一日の朝日新聞夕刊は、今年春の人質事件で有名になった高遠菜穂子さんが、ファルージャの学校再建プログラムに奔走しているようすを美談風にとりあげた。

そして彼女がバグダッドの友人から電話で聞いた話として、「拘束された人々の写真を見たが、民間人ばかりだよ」と語ったことを紹介している。

何を根拠に民間人と判定したのか説明はないが、「ファルージャの人々は占領軍にも外国人武装勢力にもやられている一番の被害者です」と彼女がしめくくったのは、対テロ戦争の本質をえぐる鋭い洞察と評せよう。

南京では幹部将校の多くが巧みにローラー作戦の網を逃れ、捕まって殺されたのは末端の小物と巻き添えを食った適齢期の青壮年だったが、ファルージャでも似たような結末になりそうな気配である。

## ◈アイリス・チャンの怒り

連鎖反応というわけでもあるまいが、ファルージャ戦さなかの十一月十一日から十二日にかけ、各新聞は「南京大虐殺」にからむ二つの話題を報じた。

偶然の鉢合わせだったが、一つは悪名高い『レイプ・オブ・南京――忘れられたホロコースト』（一九九七）の著者アイリス・チャン（三十六歳）がピストル自殺したというニュース、もう一つはマンガ週刊誌『ヤングジャンプ』に連載されていた本宮ひろ志「国が燃える」の休載問題が、出版社（集英社）と作者連名の「削除と釈明」公告で一応の決着を見た事件である。

かつて筆者はチャン本を歴史書としては「惨憺たる出来栄え」と評し、とくに使用された十数枚の現場写真の多くが「偽造」「すりかえ」「やらせ」のたぐいだと指摘したことがある。ところが本宮マンガは知ってか知らずか（この点はあとで検証する）、そのなかでもっとも悪質な「やらせ」写真をそっくり借用したのが祟って「削除とお詫び」に追いこまれたしだい。

それに筆者には七年前にプリンストン大学で開催された「南京シンポジウム」に於けるアイリス・チャンの初舞台に居あわせた、という個人的感慨もあった。よほど因縁が深いと思われていたのか、せっかちな週刊誌から「自殺の原因がわかりませんか」と聞いてきたが、もちろん寝耳に水で心当りはない。

アイリス・チャン（提供：共同通信）

ロサンゼルス・タイムス紙の追悼記事によると、彼女は第二作の『中国系アメリカ人の歴史』を昨年刊行したあと、次作の取材中にウツ症にかかったようだ。その次作は一九四二年のフィリピン戦で降伏した米軍捕虜の大群を収容所まで炎天下を歩かせ、多数の死者を出した、いわゆる「バタアン半島死の行進」が題材だったという。

生き残った主人公の米兵が収容所での過酷な生活を堪え抜いて……というシナリオらしいから、未刊のままにすんだのはわが国にとって幸運だったのかもしれない。

なにしろユダヤ人のアウシュヴィッツ、日本人にとっての広島・長崎、中国人の南京に似て、アメリカ人にとってのバタアンは、虚実を超えた「民族の神話的悪夢」にひとしく、それを蒸し返せば日米関係に暗影を投じたはずだからである。

チャイニーズ・アメリカン二世であるチャンにとって、第二作は彼女のアイデンティティを突きつめるそれなりに誠実な史書だったが、商業的には成功しなかった。十九世紀半ばに渡来した中国系移民の第一波は大陸横断鉄道の難工事で奴隷的な重労働に従事し、多数の死者を出している。それを描いた同書は白人たちにとっては、目をそむけたくなる悪夢の一つだったからだ。

目はしの利く彼女が次のターゲットに白人受けを狙ってバタアンを選んだのは肯《うなず》けるところだが、夫と二歳の幼児を残して自ら命を絶つ境地へ追いこんだ事情が何だったのか、彼女の代理人であるスーザン・ラビナーも「悲劇だった」とくり返すだけで見当がつかないらしい。

南京虐殺を世界中に知らしめた功績をくり返し讃えた代理人のコメントで私の関心をひいたのは、生前のチャンが「この本は一セントの報酬をもらえなくてもかまわないと決意し、『憤怒の思い』(sense of rage) で書きあげた作品だ」と語っていたというくだりだった。言われなくても、『レイプ・オブ・南京』の読者にはひしひしと伝わったのはたしかだが、怒りにまかせて歴史書を書くのは危険きわまりないとも言える。

わが国でもその例は珍しくない。かつて高校の歴史教科書検定で国と争った家永三郎教授を、アメリカの日本史研究者ベラー教授は「怒れる歴史家《アングリ・ヒストリアン》」と呼んだ。家永裁判で国側の証人として出廷した私は、家永氏の代表的著作である『太平洋戦争』(一九六八)には、たとえば沖縄の戦後について「沖縄県を平和の回復とともにアメリカに売り渡したのは、何という残酷な行為であったろう」式の、怒りをナマでぶつけた記述が多すぎるので、「次代の青少年を教育する教科書執筆者としては適当ではない」(法廷速記録)と証言したことがある。

皮肉にもトップクラスの採択率をほこっていた家永教科書(三省堂版)は、裁判の結審後はシェアが低下していき、採算がとれなくなって姿を消すが、それは内容の過激度で他社の教科書に追い越されてしまったせいだとされている。

この二十年ばかり文科省は検定基準をゆるめ、とくにアジア近隣諸国に対する日本の加害についてはフリーパスも同然としてしまった。その結果、「広島・長崎の被爆は、アジアの人びとから見れば、日本が長年にわたるアジアへの侵略政策を放棄しなかった結果ともいえるのである」(一橋出版・高校倫理)といったたぐいの記述も、大手を振ってまかり通るようになった。

ところでアイリス・チャンの怒りを「他虐」とすれば、家永氏や一橋出版教科書の怒りは方向違いの「自虐」だろうが、一部とはいえ自虐の過激度はますます加速しつつあるようだ。

前記の松岡本に、「日本軍が中国大陸でまさに国家テロによって、虐殺や強制連行を敢行し、殺し尽くす、奪い尽くす、焼き尽くすなどの〈三光政策〉を実施し、細菌を撒き、毒ガス弾を撃ち、明確に国際法に違反して多くの中国の人々を苦しめました」という上《うわ》ずった序文を寄せた田英夫参議院議員も、こうした自虐派の一人だろう。

## ◆脱線した本宮マンガ

それでは、もう一つの事例である本宮マンガの場合はどうか。本宮氏は、その世界では名の通った長老クラスのマンガ家らしい。大学院ゼミの学生に聞いてみると、五人のうち四人は『サラリーマン金太郎』シリーズをマンガあるいはTVドラマで知っているが、「国が燃える」はまだ読んでいないと答えた。

残る一人は以前からの本宮ファンで、「国が燃える」も、二年前の連載開始時から問題の第八九話まで読み、さらに単行本（昭和二年から八年までを扱った第七巻までが既刊）もそろえているとのことだった。

おくればせながら、筆者も全巻を通読してみたが、まだ読んでいない人のために、あらすじをざっと紹介しておこう。とは言ってもマンガの要約は簡単ではないし、作者のこめた意図となるとなおさらなので、まずは第一巻の裏表紙に印刷されたキャッチコピーを次に紹介する。

「人間によって過《あやま》った流れは、人間によって修正できるのか?」物語は主人公である若き商工官僚・本多勇介《ほんだゆうすけ》の問いから始まる。

未曾有《みぞう》の金融恐慌に始まり不況から脱しきれないまま軍部の台頭を招いた昭和初期の日本。時代の激動に翻弄されながらも、人間としての正直さを貫こうとする本多勇介の半生を描く。

本宮ひろ志《し》が二十一世紀に生きるすべての日本人へ贈る歴史巨編!!

各巻は一〇話前後を収載、裏表紙にその巻の要点を紹介するキャッチコピーがついている。昭和二年の金融恐慌から筆を起こし、張作霖爆殺、満州事変、武装開拓民の満州移住、国際連盟脱退、二・二六事件、盧溝橋事件と年を追って進み、三話にわたった南京虐殺で中断というしだいだから、目ぼしい昭和史前期の流れをほぼ網羅したことになる。

戦後で何度目かの昭和史ブームが来ているという。本屋をのぞくとベストセラーになった半藤一利、保阪正康両氏の著書と並んで全二四巻の『昭和ニッポン』と題したDVDブック(講談社)までが積んである。本宮氏が業界ではおそらく初めてと思われる、マンガ昭和史を描こうと思いたってもふしぎはない。

しかも数年がかりの連載だから、波乱万丈の時代と正面から向きあい、必要なら細部にも切りこめる利点がある。

通常の歴史書なら禁じ手とされる架空人物の活躍や「局所肥大」的描写も、マンガであるがゆえに許されるという計算も働いたろう。はからずも、南京虐殺での「局所肥大」がマンガには稀な筆禍事件を招来したわけだが、その前までの昭和史の描き方は正統派的な重厚さを失わず、所々に歴史専門家も啓発される鋭い切り口を見せ、決して悪くない出来栄えである。

多くは作中人物のセリフという形で表現されるのだが、満州に対する日本人の歴史的思い入れをめぐって「満州は支那人の国にして日本国に必要なし」を持論とする小日本主義者石橋湛山（戦後の首相）、「あの地は見てはならんのかもしれん。見てしまうと限りない夢がふくらんでしまう」と告白する開拓民の父加藤完治、「満蒙問題は日本がこの地を領有する事ですべて解決する……中国も落ち着く」と断じる満州事変のプランナー石原莞爾のセリフが交錯して、巧みなコントラストを造型したあたりは私もうなった。

架空の主人公である本多勇介は山形県の小作農の息子だが、秀才ぶりを見こまれて日本一の大地主だった本間家の養子となり、商工省のエリート官僚に採用される。上司の岸信介や椎名悦三郎が重工業路線を推進するのに対し、本多は農本主義者の道を歩むよう設定されている。そして石橋や石原に影響され、ゆれ動きながらも結局は加藤とともに開拓民を送り出した責任をとる形で、「満州人」として生きることになる。

参謀本部の責任者に栄進していた石原が、盧溝橋事件の直後に派兵を決断したシーンで「自分が派兵を決めておきながら、寝ても覚めても落ちつかん」と独白するあたりも、石原＝不拡大派の通説的イメージに挑戦した切り口と評せる。

日中全面戦争へ拡大する現実に幻滅する勇介は、石原が「満州だけは取るが、中国本土へは手を出さぬ」との往年の約束が守れなかったことを責めた。そして「刺し違えて下さい」と迫るが、石原は詫びながらも「生きながら見ろ!!　己《おのれ》のやった過《あやま》ちを見続けろ!!」と言い放つ。

第八五話のシーンだが、主人公も石原も夢に破れ「生きた死人」同然になってしまったのだから、物語としてはこの時点で終える手もあった。しかし、作者は第八七話の末尾で朝日新聞の「祝・敵首都南京陥落」の大みだしを出し、次号で「人類が絶対に忘れてはならない日本軍による愚行があった」のリードに始まる南京での荒々しい残虐シーンを、これでもかとばかり九〇コマも描きこんでしまう。

しかも第八八話の下欄外に「参考文献」として十数点の単行本、雑誌の特集や写真集、新聞の縮刷版などを並べた。全シリーズのなかで、なぜここだけに参考文献を列記したのか意図ははかりかねるが、前記の松岡本と彼女のもう一冊の著書『南京戦　元兵士１０２人の証言』(二〇〇二)など、レベルの低い左翼系の刊行物が主体で、洞富雄、藤原彰、笠原十九司、吉田裕など学者・研究者の著作は見当らない。

もちろん右ないし中間派とされる東中野修道、田中正明、鈴木明、板倉由明、ジョン・ラーベ、それに私の著書も登場しない。唯一の学術的史料集として、旧陸軍将校の親睦団体である偕行社が編纂した『南京戦史』がポツンと入っているのが何とも奇妙で、どうしてこんな組み合わせのリストになるのか理解に苦しむ。

推測するに、マンガの出来上りを見て心配になってきた編集部が、周囲にころがっていた南京関係の本や古雑誌を手当りしだいにつっこんだもので、写真は別として作者はほとんど目を通していないのではあるまいか。

## ◆井桁焼きに股裂きも？

筆者がそう推測するには理由がある。自伝風の『天然まんが家』（集英社文庫、二〇〇三）で、対談相手の北方謙三（作家）へ「俺なんかのやり方は、調べるというんじゃなくて、最初に仮説を立てちゃうんですよ。自分の仮説を証明できる資料だけを集める（笑）」（三〇二ページ）と語っているからだ。

『国が燃える』第三巻の巻末の西原春夫（元早大総長）との対談でも、「自分なりに立てた仮説に、後から編集者に集めてもらった資料を照らし合わせるというやり方で書いてるんですが、これが見事に当たるんです」と同じ主旨をくり返しているから、本宮氏の身についた手法なのだろう。

普通の物書きだと、こうした手口を公言するのは控えるだろうが、「物語に学問を持ち込まない」とか「しょせんマンガだからという、逃げ口がある」という計算もあってのことらしい。

それでも、昭和史の概説書ぐらいには目を通したのか、昭和十一年（一九三六）までは無難に乗り切れた。そこで脱線して南京にかかったのは、中だるみ気味の長編マンガに活を入れるための思いつきだったのかもしれない。
概説書では間に合わぬと見て、前記の〈参考文献〉を未消化のまま、空想力に任せて最大限にどぎつく描いたのが削除、修正を強いられた三十数カットかと私は推量している。では、単なる脱線、乱調の産物かと言えば、そうではなく残念ながら「故意犯」と断ぜざるをえない。いくつかの例証を示してみよう。
問題個所が集中する第八八話（四三号）には、発言者不明のまま次のようなセリフが乱舞している。

A「その頃ワシは南京城外にいたんだが片っ端から殺したよ。捕まえた連中を十人ぐらいずつ束にして鉄条網の鉄線で縛ってね……井桁《いげた》に積み上げ生きたまま油をかけて燃やしちまった……豚を殺すのと同じ気持ちだったなあ……」（八五ページのマンガ参照）
B「しかし女が一番の被害者だったな……年寄りから十二、三の子供まで片っ端から全部姦《や》っちまった……」（八五ページのマンガ参照）
C「股裂きをやったが女を柳の木に縛りつけてね　両足首をロープでくくって二頭の馬の鞍に結んでな」

いかにも参戦兵士の体験談をなぞったかに見えるが、全員を匿名にしてある一〇二人の生き残り兵士へのインタビュー証言（前記の松岡本）でも、やや似た話は登場するものの、井桁焼きや股裂きは出てこない。二十年以上にわたり「南京虐殺」とつきあっている私にも初耳の手口だから、おそらくマンガ家の空想の所産なのだろう。

それに「股裂き」とか「妊婦の腹割り」とか「放りあげた赤ん坊の空中刺殺」は、洋の東西を問わず残酷物語の定番になっている。前記のチャン本にも、女の腹を断ち割り、胸をスライスし、生きたまま壁に釘で打ちつけたとか「息子は母親をレイプするよう強制され……生き埋め、去勢、集団的火あぶり」や「鉄のフックを人々の舌にひっかけて吊し……ドイツ種のシェパードに噛みつかせバラバラに引き裂くのを見物する」といった中世の魔女裁判も顔負けの処刑風景が続出する。

日本訳があれば、本宮氏も借用してもう少し迫力を高められたと思うが、A～Cはいずれもチマチマした嘘っぽい技法にとどまってしまった。たとえば井桁焼きは大量の戦死者を火葬にするさい日本軍が用いた処理法で、生きた人間を井桁に積むのは物理的に不可能ではあるまいか。

元参戦兵士の東史郎が、中国人を捕まえて郵便袋に詰めこみガソリンをかけて火をつけ、二発の手榴弾を結びつけて沼へ放りこみ爆死……という「実見談」を出版したことがある。

ところが下手人とされた元上官に訴えられ、最高裁まで争ったが「物理的に不可能」として敗訴した。井桁焼きも、このたぐいだろう。

一番悪質で底が割れているのはBだろう。マンガのカット(1)と種写真(2)を見比べて頂きたい。

本宮ひろ志「国が燃える」より

(1)が構図といいトリミングといい、(2)を忠実に模写したものであることは疑いの余地がない。(2)の写真は、七年前にアイリス・チャンの『レイプ・オブ・南京』に登場し、その後もあちこちに転載されている有名な写真だが、元来は戦時中に中国が宣伝工作用に作った「やらせ写真」であるゆえんを拙著『現代史の争点』(文春文庫、一九九八)で検証したことがある。

チャン本には「レイプしたあと被害者とポルノ風記念撮影をする日本兵」というキャプションがついていたが、日本兵の軍服に肩章がついていないなど服装の違いから、日本兵ではなく中国人工作員と私は判定した。どうやら本宮氏も二年にわたり日本の軍人が続出する連載マンガを描きつづけただけに、このままではまずい、と気づいたのだろう。階級を示す肩章を描き足したのだが、余計な細工をしたばかりに、はからずも故意犯であることを証拠だててしまったのは皮肉である。

ここ数年、教科書検定、東史郎裁判、百人斬り訴訟や中国の政治的攻勢も織りまぜ、南京虐殺をめぐる論争はかつてない高まりを見せている。ネットの書きこみ掲示板を見ても、玉石混交ではあるが参加者の知的レベルや情報量は格段に向上している。本宮マンガの虚実を見きわめられるシロウトも少なくない。

あちこちから抗議運動が巻きおこったのも当然だろうが、次にその経過をざっと眺めてみよう。

(1)マンガのカット

(2)種写真

## ◆「国が燃える」は自爆した?

『ヤングジャンプ』四三号(十月七日号、九月二十二日発売)が店頭に並んだ直後から、「2ちゃんねる」などネット掲示板で、本宮ひろ志と集英社に対する批判の大合唱が始まり、編集部へ口頭や電話で抗議する動きがあいついだ。

そして「本宮ひろ志の歴史偽造を糾弾する会」「集英社の不買運動を検討する会」といった急造の抗議団体がキャンペーンを展開した。ついで全国各地の自治体議員四八人によって「集英社問題を考える地方議員の会」が結成され、代表の犬伏秀一氏(東京都大田区議)らが十月五日、集英社に出向いて抗議文を手渡すに及び、編集部と原作者も黙殺はむりと判断したらしい。

抗議文の要点は、

1、「南京大虐殺」はあったか、なかったかで諸説が分れている。
2、真偽定かでない写真を使っている。
3、史実ではない残虐なシーンを描いたことは次代を担う青少年の心を傷つけた。
4、日本国および国民の誇りを傷つけ、辱かしめた行為はフィクションと断ったマンガでも許されない。

といったところで、2を除くと、あとは人によって支持、不支持が分れるだろうが、「史実考証の稚拙さ」という全体評価には私も賛成する。

その後の抗議団体と集英社のやりとりは『創』二〇〇四年十二月号（十一月六日発売）の長岡義幸論文に詳しいので省略するが、長岡は「火付け役はネットだった。しかも〈南京大虐殺まぼろし派〉が圧倒的ともいえる様相になっている。その反映としてか、リアル世界でも、集英社と本宮さんを支援・応援する動きはほとんどない」と総括している。

私が眺めた範囲でも「まぼろし派」の優勢はたしかで、七〇万件以上のアクセスがある掲示板も見かけた。だが左派が不振なのは、苦手の「たかがマンガ」が題材になっているせいなのかもしれない。

このあたりはあとで論及してみたいが、「とりあえずの休載」決定を伝えた十月十四日付の各新聞も経過報告の域にとどまり、「しんぶん赤旗」（これは十五日付）でさえ、見出しは「南京大虐殺の漫画に圧力、自民・民主などの地方議員」とやや勇ましいが、記事内容は淡々として拍子抜けするほどだった。

思ったより低調な反響ぶりに観念したのか、最終態度を決めかねていた『週刊ヤングジャンプ』編集部（田中純編集長）は本宮ひろ志氏との連名で、十一月十一日発売号に「読者の皆様へ」と題した二ページの公告を掲載する。対象となる全カットを縮小して並べ、「削除します」「絵柄、セリフを修正します」と付言する異様なスタイルで、「ページ削除　論争見えず」の見出しで報じた十二日付の朝日新聞の計算だと、南京虐殺を描いた計二七ページのうち削除は一〇ページ、修正は一一ページにわたるから「この結果、単行本として発行される時には南京虐殺の場面はほとんど消える」とした解説もあながち誇張とは言えまい。

ただし「非戦闘員の殺害、略奪行為などがあったことは否定できないというのが日本政府の見解」とする外務省中国課のコメントや「抗議されたら削除すればいい、という安易な流れができると、表現の幅を狭めることになりかねない」という人権派弁護士の感想をそえ釘を刺しているのはさすが、と評すべきか。

ところで「しばらくの間、休載とさせて頂きました」あと、集英社と作者は「国が燃える」の今後をどう始末するつもりなのか、必ずしも明確ではない。「今後は、参考資料の選択、検証を含め作品の質を高めるべく鋭意努めていく所存」で「その作業を徹底するため、第四部（最終章）制作の準備期間」が必要だとしているが、すらすらとは運ばぬ障害がいくつかある。

第一は、単行本化に当ってズタズタになった南京虐殺をどう描き直すかだが、全面削除のページはともかく、絵柄、セリフの修正は直し方しだいで新たな火種になりかねない。テーマ全体を捨ててしまう法もあるが、そこまでは中々ふみ切れぬだろう。

第二は、主人公の活力がほぼ尽きてしまったのに、昭和二十年の終戦まで描き進める構想力と気力が作者にあるのかという疑問だ。休載直前の第四五号で、作者は時代設定を一九三八年初頭から四一年の真珠湾攻撃へ一挙にジャンプしてしまった。おまけに主人公の妻翔子の兄である海軍の戦闘機パイロットが米空軍基地の格納庫へ自爆するシーンで終らせている。その壮烈な最期に感銘した米軍が、慰霊碑を建立した二十八歳の飯田房太大尉がモデルだろうが、翔子の兄は四十歳ぐらいのはず。当時はこの年齢だと地上配置にまわされていたし、実際に真珠湾攻撃で三十歳以上の戦死者はいない。マンガ昭和史にしては、考証がしっかりしているので感心していた読者としては「作品の自爆か」と思わずつぶやいたくらい。連載を再開するとしても、前へ進むのか後戻りして出直すか、むつかしい決断を迫られそうだ。

## ◆南京論争の虚妄

本稿を書いている最中の十一月一日、中国政府の機関紙とも言うべき『人民日報』のネット版とされる「人民網」日本語版は、「南京大虐殺記念館が増築へ　面積が三倍に」というニュースを報じた。

国家発展改革委員会の決定で、増築プロジェクトの予定経費は五億四〇〇〇万元、現物資料を展示する記念館としては中国最大とのこと。よく知られているように、記念館の入口には「遭難者300000」と虐殺犠牲者の数が彫りこまれてある。中国政府の公式数字だから、中国人である限り異議をさし挟む余地はないし、まして日本人がかけあってみても、相手にしてはもらえない。

私が訪問したのは十年近く前だが、その頃の参観者はチラホラの程度だった。南京在住の商社マンでも、「行く気がしない」と気味悪がっていたが、そのうち日本人観光客や中高校生の修学旅行の人気スポットとなり、お詫びを兼ねて寄付金を置いていく人が多いと聞く。

別に「南京大虐殺60カ年全国連絡会」を筆頭とする親中反日的な日本人市民運動家たちの訪問も少なくない。連絡会代表松岡環氏（大阪の小学校女教師）なんかは南京訪問三十数回だという。

今年の三月、記念館が入場料を有料から無料へ切りかえたところ、中国人の入場者がどっとふえたこともあり、「新たな姿で国内外の参観者を迎えるため、陳列館の展示品も更新する」（人民網）のが増築と改装の主旨だとしている。新発見の史料が一〇〇〇点余もあるというが、ほとんどが怪しげなものではあるまいか。

それにしても、中国側が天安門事件や文革の惨劇などには知らぬ顔で、七十年近く前の南京にこだわるのはなぜか。理由はいくつか挙げられるが、一言で約せば「まだ外交カードとして使える」からだと断じてよい。

イギリスに阿片戦争の故事を持ち出し、ロシアに「アムール川の虐殺」（一九〇〇年）を責めても、ゆさぶり効果は皆無に近いことを中国はよく承知している。アメリカに朝鮮戦争を蒸し返しても同様、へたをすると数少ない親中派をさらに減らし、反中へ追いやるリスクさえある。

しかし相手が日本となれば、ゆさぶり効果はいぜんとして小さくないから、南京虐殺を筆頭とする「歴史認識」問題という打出の小槌はなかなか捨て切れない。数年前から台頭した馬立誠（人民日報評論員）らの「対日新思考」論者も、「網民（ネット利用者）」の猛攻撃を浴び、潰されてしまった（『新国策』二〇〇三年十二月十五日号の劉傑論文）。

南京事件は最近では完全な政治的争点に転化しているのに、日本のマスコミやネットでは依然として論争がつづいている。おそらく近代史の領域で、一つの事件についてこれほど多くの刊行物が書かれた例はなかろう。まさに「南京インダストリー」と呼ぶにふさわしいが、出版社は新奇のタイトル探しに難渋しているようだ。

この数年に続出した南京本の書名を検索すると、『南京事件の核心』『南京事件の全体像』『南京事件の真実』『「南京虐殺」への大疑問』『「南京事件」の探究』など苦心のほどがしのばれる。すでに『南京事件の総括』が一九八七年に刊行されているにもかかわらずである。

論客たちを「大虐殺派」（虐殺数二〇万人以上）、「まぼろし派」（ゼロ～数百人）、「中間派」（数千～五万人）の三つに仕分ける古典的手法は変らず、虐殺派をさらに大中小へ三分する意見も出ている程度だが、井上久士氏が『諸君！』二〇〇一年二月号のアンケートを援用しつつ「いわゆる虐殺派で、三〇万人説をとっている学者はひとりもいない」（『週刊金曜日』〇二年八月二日号）と書いているように、親中派の旗色は悪い。

本宮マンガをめぐるネット論争はこうした傾向を反映しているが、中間派は影が薄く四万人説の私には居場所がなさそうで、虐殺が「あった」「なかった」の両極端に分れている感がする。具体的な焦点は難民区の敗残兵（便衣兵）摘出と処刑が合法か非合法かに絞られ、前者が優勢気味なのは九・一一以後の対テロ戦略、なかでもファルージャの戦況に影響されてのことか。

もはや南京事件で画期的な新事実が出てくる可能性が乏しい以上、議論が一〇〇％の政治論争に終始するのは不可避とあれば、事実関係で弱味をかかえる中国が退勢を挽回すべく攻勢を強めるのは当然だろう。テコになるのは、毎年十二月の現地追悼式典へ招待され出かけていく「在日本の華僑、弁護士グループ、日中友好団体やJR東労組など」(『マスコミ市民』〇三年二月号の長沼節夫ルポ)の面々と見受けた。

中国の学者グループも動員されている。東史郎裁判の敗訴判決に対し、中国近現代史料学会が「一二億の中国人民は永遠に東史郎さんの強力な後ろ盾である」と声明しているのをみても、しばしば提言が出る「日中双方の学者による共同調査と研究」は幻想倒れと知れる。

十月二十一日、在日華僑向けの『中文導報』(連絡人は林伯耀)は「南京大屠殺60カ年聯絡会」の主催する聴證会を十二月四日から大阪、岡山、金沢、神戸、名古屋、東京で開くと報じ、「日本語通訳ボランティア」の募集広告を出している。

なぜ通訳が足りないのか不審に思ってよく読むと、証言する老婆は上海西郊にある宝山の出身なので、そのあたりの方言を理解できる人が必要らしい。南京の被害者だけではあきられるし、数にも難があるので範囲を広げようとしている最近の動向にそった新戦術と思われる。

今さら中国とアジアの覇権争いをする必要もないが、尖閣の領有権、東シナ海の海底ガス田、原潜の領海侵入など対日攻勢を強めている中国の戦略に対抗して、最低限の国益を守る必要がある。何よりも、歴史認識をもてあそぶ中国のペースに巻きこまれないよう戒心すべきだろう。

(二〇〇四年十一月十九日記)

〔追記〕本宮ひろ志氏の『週刊ヤングジャンプ』連載は再開されたが、南京事件から終戦直後までを数話で飛ばして完結させてしまった。単行本化は満州事変直後期を扱った第八巻が〇五年二月に刊行されたあと中断したままで、九月末現在で再開されていない。

原題＝「南京」で燃え尽きた本宮ひろ志とアイリス・チャン……『諸君！』二〇〇五年一月号

## 慰安婦問題の終末

「歴史（学）は過去に対する政治である」と喝破したのは、敗戦直後にもてはやされたマルクス主義歴史家の服部之総だが、この「金言」にそっくりあてはまる好モデルが慰安婦問題であろう。

ふり返ってみると、この問題の「ビッグバン」を一九九二年とすれば、すでに十一年の歳月が経過している。二〇〇二年七月二十日付の主要各新聞へ「アジア女性基金の償い事業への募金にご協力くださったみなさまへ」と題し、計二八五人の元慰安婦たちへの「償い金」支給事業が終了した公告が掲載された時点で決着したと見ることもできよう。

しかし、基金反対派による野党三党の「戦時性的強制被害者の解決の促進に関する法律案」（以後は「国家補償法案」と略称する）の国会審議が三日後の七月二十三日に始まり継続審議になっていること、基金の事業対象とならなかった北朝鮮、中国などに対する処理が将来的に浮上してくる可能性があること、アジア女性基金が被支給者への「アフターケア」、ＤＶ（ドメスティック・

バイオレンス）問題など「女性尊厳事業」に属する新事業への取り組みを理由に存続しつづけることから、完全に決着したとは言いきれぬ側面もある。

筆者は九九年六月に刊行した『慰安婦と戦場の性』（新潮選書）で九九年前半までの経過をたどったが、ここでその後の三年余にわたるこの問題の歴史的経過と主要な争点を概観したいと考える。その前に「ビッグバン」から九九年までのあらすじを簡単にたどっておきたい。

## ◆アジア女性基金の事業

第二次大戦期における慰安婦の存在は以前から知られていたが、長く戦記物の点景ないし色どり程度にしか扱われてこなかった。ところが一九九一年十二月、韓国人戦没者の遺族会が東京地裁へ集団訴訟したさい、直前に名のり出た元慰安婦三人が加わったことでクローズアップされた。

そして日韓双方のマスコミにより、彼女たちが日本軍と官憲によって強制的に拉致されたかのように報じられたため、翌年一月に訪韓した宮沢喜一首相は韓国世論の猛反発にあい謝罪に追いこまれた。日本政府は調査を約したが、強制連行を立証する客観的データが見つからなかったにもかかわらず韓国政府の政治的圧力に屈し、九三年八月四日「慰安婦の…募集・移送・管理等も、甘言、強圧による等、総じて本人たちの意思に反して行われた」との表現をふくむ河野（洋平）官房長官談話によって鎮静化をはかったが、玉虫色の表現はかえって論争をヒートさせる結果となる。

この間に内外のＮＧＯによるキャンペーンもあって、問題は他のアジア諸国やオランダにも飛び火し、九六年二月には国連人権委員会にクマラスワミ女史（スリランカ出身）が、河野談話を根拠に慰安婦（性奴隷）制度の犯罪性を指摘、日本政府の謝罪・補償と責任者の処罰を求める中間報告書を作成、提出した（最終報告書は二〇〇三年一月六日付）。

対応に苦慮した日本政府は、日韓条約（一九六五年）等によって戦時補償は終っているので、重ねての補償は困難だと判断した。そのかわり九五年七月、アジア女性基金を設立、国民から募った寄付金を「償い金」の名目で、首相のお詫び文を添えて名のりでた元慰安婦たちへ支給する方式により道義的責任を果すことになった。支給対象者を三〇〇人と想定、一〇億円の募金を見こんだが、実際に集まったのは約四億八〇〇〇万円にとどまった。

そこで、一人当り二〇〇万円の「償い金」に加え、政府予算から医療・福祉援助の名目で韓国、台湾は二二八万円（のち三〇〇万円へ増額）、フィリピンは一二〇万円を上積みした。基金は財団法人とはいえ人件費や事務経費に毎年三億〜四億円の予算を支出しているので、建前は民間でも実質は半官半民事業と言ってよい。

しかし法的責任を認めたうえでの国家補償という形式にこだわる一部の慰安婦や支援組織は、基金の「償い金」を受けとるのは筋が通らないという論理で日本の反基金派ＮＧＯと連係、受領したり、しようとしている慰安婦たちに圧力を加え、いじめさえ起きた。

韓国と台湾の両政府はこうした動きに押され、基金から受領しないとの誓約とひきかえに、基金とほぼ同額の一時金を元慰安婦たちへ支給することになった。またインドネシア、オランダの場合は医療・福祉援助（財源は政府予算）のみを受け入れた。支給の対象とならなかった中国や北朝鮮など、その他の諸国をふくめ国家としての体面、国内事情、技術的困難性などがからみ、複雑な政治問題に転化した例が少なくない。

ともあれ、対象者の所属国と合意しないまま事業をスタートさせたものの、順調に進行したのはフィリピンだけで、韓国、台湾では受領を拒否され、基金は困惑した。このままでは集まった募金を消化できないので、論議のすえ基金は両国政府が黙認をあてにした（結果的にはその通りとなったが）秘密支給を強行する方針にふみ切る。

## ◆三回の募金で積み残したもの

ところが一九九八年頃から反基金派の監視の目をかいくぐって韓国、台湾における秘密支給が始まると、聞き伝えた元慰安婦たちの支給要請が殺到した。四億八〇〇〇万円（二四〇人分）レベルで停滞していた募金はたちまち底をつきかけた。折しも基金の初代理事長だった原文兵衛氏（元参議院議長）の死去で、二〇〇〇年九月後任の理事長に就任した村山富市元社民党首は基金発足時の首相だった因縁もあり、橋本首相らを説得して「キャンペーン二〇〇〇」と銘うった追加募金に乗りだす。閣僚が各一〇万円（首相は二〇万円）を拠出、各省や自衛隊もそれにならい奉加帳方式で集めたほか、第一次に応募した人たちへ手紙を送り、再応募を呼びかけたが、二度目なのと、すでに冷めきっていた国民の熱意を引き出せず、総額七〇〇〇万円程度にとどまった。

それでも韓国政府が事業の停止を要望し、内外の反基金派による反対運動も衰えなかったため、またもや全額の消化が困難となった。そこで韓国の場合、当初の申請期限だった二〇〇二年一月を五月一日まで延長したところ、駆けこみ申請が続出した。最終的には募金収入総額五億六五〇〇万円（〇二年九月三十日現在）に対し、韓国、台湾、フィリピンへの「償い金」の総支出は五億七〇〇〇万円（二八五人分）となり、五〇七万円の赤字は基本財産の一部を取り崩したり、閣僚の追加寄付などで補塡せざるをえなくなった（基金のHP等より）。

このように紆余曲折を重ねた基金の事業には、反基金派のイデオロギー的批判は別にしても、各方面からさまざまな問題点が指摘されてきた。主要なものをいくつか列挙しておこう。

1　運営の不手際　政府予算に全面依存する特殊法人として特有の欠陥ともいえるが、最後まで反基金派（国家補償派）を説得することができず、逆に感情的対立を深めた。理事会や運営審議会をリードしたメンバーが、国家補償派からの転向者だったことで、近親憎悪的反発を招いた一面も否定できない。

そのせいか、基金側には意地でもお金を渡そうと、秘密支給という異例の手段までとり、しかも不足すると再募金という不手際を重ねた。閣僚から三回も寄付金を取りたてるに至っては呆れるしかない。

## 元慰安婦に対するアジア女性基金の給付状況（2002年10月現在）

| 国名 | 給付期間 | 被害申告者数（うち死亡） | 償い金（万円） | 医療福祉（万円） | 受給者数 |
|---|---|---|---|---|---|
| a. 韓国 | 97.1〜02.5 | 207（72） | 200 | 300 | 50数人 |
| b. 台湾 | 97.5〜02.5 | 58（21） | 〃 | 〃 | 10数人 |
| c. フィリピン | 96.8〜01.8 | 450（84） | 〃 | 120 | 210数人 |
| 小計（a〜c） | | | 計5.7億円 | 約7億円 | 285人 |
| d. インドネシア | 97.3〜06.3 | 2万人以上 | − | 計38,000 | 老人ホーム50か所 |
| e. オランダ | 98.7〜01.7 | | − | 計24,500 | 79人 |
| 計（a〜e） | | | | | |
| 北朝鮮 | | 218（21） | | | |
| 中国 | | 60+ | | | |
| マレーシア | | ? | | | |
| 東ティモール | | ? | | | |

出所：アジア女性基金「お知らせ」（HP. 2002/10）に、筆者の情報を加えて加工した。

2　**無責任性**　基金の所管は外務省と内閣府で、幹部は官僚OB、学者、NGOの寄りあい所帯、名のり出た元慰安婦の認定は相手国ないし支援団体に丸投げで、本人の身許、略歴さえ把握しないままに「償い金」を支払ってきた。

また二八五人の国別内訳も、受領者がいじめにあうという理由で公表を拒んできた。筆者の推定では韓国五十数人、台湾十数人、残りがフィリピンだが、韓国政府は黙認してきたことを明確に数字で示されると、反基金派に追及されるので、公表するなと圧力をかけたらしい。それにしても、事業が終了したあとまで内訳を発表しないのは、募金に応じた人々への説明責任を果していないのではあるまいか。

3　**積み残した慰安婦**　すでに書いたように、北朝鮮、中国のほかマレーシア、パプア・ニューギニア、ミクロネシア、東ティモールなどで名のりでた元慰安婦がいるにもかかわらず、各種の理由で事業の対象から外した国や地域がある。

なかでも北朝鮮は、韓国とは別に植民地時代の清算を要求してきている。慰安婦への補償も含むと考えられている。二〇〇二年九月の小泉訪朝時における日朝平壌宣言では、日本政府が国交回復後のODA方式による経済援助を約束した。基金の事業再開は無理だろうから、こうした積み残し分は政府が肩代りするか、個人の日本政府に対する訴訟による処理法へ移っていくのかもしれない。

なお、数の上では最多の日本人慰安婦は、一貫して無視されつづけてきた。基金はもし名のりでる人がいると認定などをどうするか、ひやひやしているが、幸か不幸か一人も名のりでる者がないまま事業が終了した。いずれにせよ基金は慰安婦問題をすっきり解決できず、厄介な部分は積み残し先送りしてしまったといえそうである。

## ◈国家補償派の動向

反基金派ないし国家補償派の動向は錯雑しているが、今後もくすぶりつづけると思うので、個人訴訟、女性国際戦犯法廷、国家補償法案の三つにしぼって概観したい。

1　乱訴気味の個人訴訟　一九九一年の韓国遺族会裁判いらい、日本政府を相手どり日本の裁判所に提訴した個人（集団）訴訟は九件、原告の国籍は韓国、フィリピン、在日韓国人、オランダ、中国、台湾と多様である。請求額は一人二〇〇〇万円が相場で、一部は高裁まで進んだが、すべて棄却されてしまった。棄却の理由はさまざまだが、（A）国家無答責、（B）時効、（C）国家間賠償ないし条約で解決ずみ、のいずれか、複合している。

法律家の常識では勝訴の可能性は皆無に近いが、訴訟が続発するのは支援組織が最初から政治運動と割り切っているからであろう。それなりの効果はないわけではなく、たとえば元慰安婦の悲惨な身の上話が事実かどうか被告（国）は争わないので、判決文に事実として引用されたり、裁判官が同情的感想を盛りこむ例も出たりするようになった。

また二〇〇〇年九月には韓国、中国、フィリピン、台湾の元慰安婦一五人が、日本政府の補償を求めワシントンの米国連邦地裁に提訴した例も見られるが、主権の壁を越えた判決が出る見込みは薄い。

2　女性国際戦犯法廷　反基金派の有力な一翼だったバウネット・ジャパン（松井やより代表、〇二年十二月死去により西野瑠美子《るみこ》が後任）の主催で、二〇〇〇年十二月東京で開催された。松井によれば「法廷」の目的は「慰安婦制度の責任者を明らかにして日本の戦争責任を問うこと」「戦時性暴力不処罰の循環を断つこと」の二点だという（『歴史地理教育』〇二年八月号の松井稿）。

東京裁判のやり直しとPRされた法廷には八カ国、六四人の「被害女性」が参加し、検事団（首席検事は米人）と判事団（裁判長は米人）の大多数は女性だが、歴史家・専門家証人の多くは日本人男性の伴走者だった。（A）事後法の採用、（B）一事不再理の否認、（C）弁護人なし、（D）

死者も裁く、（E）時効の不適用、（F）大赦の不適用、とギリシャ、ローマいらいの法体系をすべて否定する、いわゆる「カンガルー裁判」だったから、日本政府もマスコミも無視した。

朝日新聞出身の松井やよりは「一番こたえたのはメディアの黙殺、無視の暴力ね」（『週刊金曜日』〇二年十二月二十日号）と語っている。しかし日本の対外イメージを低下させる国際的効果はあったにちがいない。

東京の仮判決では昭和天皇有罪が宣告されたが、一年後にオランダのハーグで発表された「最終判決」には、天皇のほか東条英機ら九人の戦時指導者（すべて軍人）の有罪と日本政府に対する被害女性への国家賠償責任が判決されている。

3　国家補償法案　アジア女性基金による被害解決策は国が法的責任を回避するものとして、それとは別に公式謝罪と国家補償を軸とした議員立法によろうとする考え方は当初からくすぶっていたが、九八年四月の山口地裁下関支部判決が立法による救済を示唆したことに刺激されて、野党各党の法案づくりが進んだ。

二〇〇一年三月の民主、共産、社民の女性議員を中心とする三党案まで五回提出され、同年七月二十三日、参議院内閣委員会でやっと審議に入ったが、十二月に廃案となり先送りされている。法案の正式名称は「戦時性的強制被害者の解決の促進に関する法律案」と長たらしく、全一三条から成るが、骨子と問題箇所を要約すると、

第二条（定義）「旧陸海軍の直接または間接の関与の下に、その意に反して集められた女性に対して行なわれた組織的・継続的な性的な行為の強制」
第三条　政府による謝罪と金銭の支給
第四条　いまだ判明していない被害者の調査
第六条　プライバシーの保護

初期の論議の焦点となった「強制連行」はなかったとの認識に立ってか、軍人が利用する慰安所で働いた慰安婦のほぼ全員が対象となっている（ただし日本人女性、一回限りのレイプ、個人的売春は除外）。プライバシーを強調した第六条を考慮すると、最大限の幅をとったと考えてよい。問題は基金とのダブル受給を認めるかどうかで、明文の規定はないが、チェックのしようがないから結果的にはOKということになりそうだ。奇態なのは、基金を設立したときの首相が村山社民党首で現在も基金の理事長なのに、現在の社民党がアンチ基金の立場から法案づくりに加わっていることだろう。

もっとも岡崎トミ子議員（民主党）が「国会で多数を占める与党の理解がない限り法案成立の見通しは厳しい」（朝日新聞、〇二年七月二十三日付）と自認しているように、法案が成立する見こみはまずない。しかしながら、岡崎議員がインドネシア、中国、台湾、フィリピン、オランダなどの被害者団体から支援の声が寄せられていると強調しているところから見て、野党三党はこれら外国勢力と手を結んで政府へゲリラ的攻勢をかけつづけるのではあるまいか。

なお岡崎議員は二〇〇三年二月、ソウルの日本大使館前で開かれた慰安婦たちの反日デモに参加したことで批判され、党役員を〝引責〟辞任させられている。

## ◆神話の崩壊

慰安婦問題が「爆発」してから十数年、熱に浮かされたような狂騒の数年が過ぎると、かなり冷静な受けとめ方が支配的になっていった。一つは事実関係、もう一つは比較史的考察からである。一九九六年から約二年、アジア女性基金の資料委員会にも加わっていた私が事実関係について最終的に到達した結論は次の通りで、拙著『現代史の光と影』（グラフ社、一九九九）に収録したが、四年後の現在も修正する必要はないと判断している。

1　慰安婦の総数は**一万数千人**　断片的に残っている公的統計、衛生サック（コンドーム）の補給状況、経営者の採算などから推計するしかないが、主流は外地駐屯の兵力数に適正比率を掛ける手法であろう。諸説あるが、適正（実際）比率を平時の公娼統計なみに一五〇対一とすると、ピーク時の兵力約二五〇万に掛けた数が一万〜二万人となる。

クマラスワミ報告書が約二〇万人という数字を掲記して一時は通説化したし、蘇智良教授（上海師範大学）は、中国人慰安婦だけで一〇万人、全体で四〇万人と唱えているが、これだと一〇〇万人弱の在中国日本軍兵士は毎日慰安所通いしても追いつかぬ計算になってしまう。

2　民族比　概数だが四―三―二―一（日本人―現地人―朝鮮人―その他）と私は算定した。現地人とは中国戦場で中国人、フィリピンではフィリピン人を意味する。

3　生還率　九五％以上と推計。初期には大多数が戦（病）死、虐待死、置き去りにされ、生還者は少ないというイメージがあったが、日赤従軍看護婦の損耗率四・二％を上まわることはないと考えられる。また終戦後、彼女たちは連合軍により準戦勝国民扱いされ、別便でいち早く故郷へ送還されている。

4　強制連行はなかった　戦時中に済州島で慰安婦狩りをやったと称する吉田清治の著書を、一部マスコミが信じ流布させたため、日本軍か官憲による強制連行のイメージが定着した。名のりでた慰安婦たちの身の上話も、日本の軍人、官憲にだまされたり連行されてという話が多かった。しかし目撃者が一人も出現せず、逆に朝鮮人の女衒にだまされてとか、親に売られたりの話がふえてきた。

そうなると、補償や給付の根拠が薄れてくるので、反基金派の理論的支柱でもある吉見義明教授は「強制とは狭義の連行にとどまらず、慰安所で性サービスを強いられることもふくむ」と主張するようになった。

内外の反体制派も新吉見理論のほうが好都合と考えたのか、女性国際戦犯法廷で配布したパンフレットを見ると、朝鮮半島から来た二九人の来歴紹介では、だましたり連行したりしたのを日本人としているのは三人、朝鮮人としているのはゼロ、「誰が」の主語を省いて、だまされたり連行されたのは二四人となっている。今や「慰安婦の強制連行はなかった」という命題は定着したと言えよう。

5　慰安婦制は世界共通　時代別、国別の「戦場の性」の歴史は拙著『慰安婦と戦場の性』に詳述したので省略するが、この数年、アジア諸国における類似した制度の情報が一段とふえた。とくに韓国では以前から在韓米軍と専用慰安婦の存在は知られていたが、二〇〇二年二月二十四日、立命館大学での国際シンポジウムにおける韓国の女性研究者（金貴玉）の報告は関係者に少なからず衝撃を与えたと、山下英愛（立命館大講師、女性学）は書いている（『週刊金曜日』〇二年八月九日付）。

金貴玉は韓国軍が経営する慰安所があった事実を一九九六年頃から突きとめていたが、「日本の右翼に利用される」ことを恐れて発表を控えてきたのだという。彼女の発表によると、「（朝鮮戦争時に）慰安所を利用した」「軍に拉致されかかった」などという証言に加え、韓国陸軍本部が一九五六年に編さんした『後方戦史（人事編）』に、固定式慰安所―特殊慰安隊の記述を見つけたそうだ。

それによると、慰安婦は「第五種補給品」の名目で部隊にあてがわれ、五四年三月までに四カ所で八九人の慰安婦が年間二〇万四五六〇人の兵士を相手にしたとされる。〇二年二月二十四日付の朝日新聞も要旨を報道しているが、コメントを求められた藤目ゆき（大阪外語大助教授、女性学）は「韓国にいて韓国軍の暗部を問うのは難しい」と当惑ぶりをかくさない。

韓国のフェミニズムは強烈なナショナリズムを超えられないと言われていたが、成熟期にさしかかってきた気配もある。これまでタブーとされていた自己告発の風潮も見られるようになった。

慰安婦問題に最初から関わってきた山下は日韓混血の若い世代に属すせいか、かなり柔軟な感覚を持ち、金貴玉の「告発」について、韓国軍の慰安婦は強制ではなく自由意思だったとか、自国民同士のことで日本軍の例とは異なるといったたぐいの弁明に対し、「被害者中心主義」に立つべきだと批判している。

さらに一歩ふみこんだのは『親日派のための弁明』の著者である金完燮で、別の著書『娼婦論』の邦訳（二〇〇二、原著は一九九五年のベストセラー）に付加した最終章で、「慰安婦制は有用不可欠だった」「慰安婦の実数はおよそ一〇倍から二〇倍に膨らませている」「この問題を一種のイデオロギー煽動に利用している事実」などと、以前の韓国人の言論からは想像もつかぬ発想を示した。

しかし、韓国では金完燮の著書は依然として発禁扱いに近い。金大中大統領がハノイでベトナム戦争における韓国軍の非行に公式謝罪（二〇〇一年八月）したり、韓国人慰安婦の一人が政府から受けとった支援金をハンギョレ新聞の「ベトナム基金」に寄付する事実もある。しかし、その一方、韓国軍の残虐事件をあばいたこの新聞が、復員兵士たちに焼き打ちされる事件も起きた（『世界戦争犯罪事典』、文藝春秋、二〇〇二）。

歴史のトラウマは、ジグザグに進行していくものらしい。

〔**追記**〕二〇〇五年一月二十四日、アジア女性基金の村山富市理事長は償い事業が終るのを機に、〇七年三月をもって基金を解散する予定と発表した。

『政治經濟史學』第四三八・四三九合併号(二〇〇三年二・三月)

# 三　朝日新聞は反日派の広告塔か？

## 筑紫哲也「NEWS23」慰安婦報道の悪質

ブッシュさんお国の核はどうなのよ――〈仲畑流万能川柳〉より

突然、テレビの画面に若い女性のヌードが大写しになった。ぼかしの入らない全身像である。二〇〇二（平成十四）年十二月十二日夜十一時すぎ、筑紫哲也氏がメイン・キャスター兼編集長をつとめるTBSテレビの「NEWS23」で、「『慰安婦』衝撃の写真が語る歴史」の見だしが目にとびこんだ。

仕事の手を休めて凝視すると、ヌードは一枚ではない。五、六枚がたてつづけに出てくる。ニュース番組、しかも実在する元慰安婦の老女と並べて「若き日のヌード」姿を何回もクローズアップで見せるのだから、ただではすむまい、テレビ局に怒りと非難の声が集中して、局幹部とキャスターが深々と頭を下げるのではあるまいか、と想像して翌日の新聞を眺めたが、何の反響もなさそうだった。

「ＮＥＷＳ23」　画面より

## ◆「巡査」にだまされて

数日後に、この番組を見たゼミの学生からインターネットで論争が始まっていますよと知らせてきたので、私ものぞいてみた。論争は意外に面白い。なぜかヌードの是非を問う人はなかったが、番組の構成であちこちに不審な個所があるという指摘をめぐって、頻繁なやりとりが展開していた。要点はあとで紹介することにして、とりあえず十三分かかった番組のあらすじをビデオ録画から復元してみよう。

番組は、筑紫キャスターの重々しい次のようなナレーションから始まる。

第二次世界大戦中に、日本軍兵士の性のはけ口となった慰安婦と呼ばれる女性たちの存在はご存知と思いますが、今年の春、中国南部の雲南省《うんなん》で、この慰安婦と見られる大変ショッキングなポートレイトが見つかりました。ここは日本軍の部隊が玉砕、全滅した場所でした。フリー・ジャーナリストの西野瑠美子《るみこ》さんが、この写真のモデルとなった女性を追いました。

つづいてナレーターが「ワシントンの国立公文書館に保存されている一枚の写真。そこには中国軍によって捕虜にされた『四人の日本女性』と説明されています……お腹の大きな女性の姿が目を引きます。北朝鮮の首都・平壌《ピヨンヤン》にあるこのホテルのロビーには同じ写真が展示されていました」と説明する。なるほど画面に何枚かの写真を展示しているのが見えた。

くだんの写真（写真①参照）は、慰安婦問題が最初に「大爆発」した一九九二年頃からたびたび紹介されてきたから、記憶する人も多かろう。四四年九月、ビルマ・中国の国境に近い拉孟《らもう》（松山とも呼ぶ）の日本軍守備隊が玉砕する直前に中国軍の捕虜となったさい、米軍将校が撮影したもの（左端は米兵）で、九月三日の日付と四人とも朝鮮人の慰安婦だったとのコメントがついている。また米国立公文書館のファイルからは、彼女たちの名前、年齢、来歴などを記した簡単な尋問記録も見つかった。

右端の女性の身元が割れたのは一九九二年、西野氏が拉孟戦で捕虜となり生還した早見正則元上等兵にこの写真を見せてインタビューしたさい、「彼女は〈若春〉の源氏名で呼ばれた慰安婦で、本名は朴永心（Pak Yongshim）、銃弾をかいくぐって食料を運んでくれたりした。歌のうま

写真①

い勝ち気な女性だった」と語ったのがきっかけとなった。

それから八年後、二〇〇〇年十二月に予定された女性国際戦犯法廷のため、その年の五月に慰安婦の証人探しに平壌へ出かけた西野氏は、北朝鮮政府の対策委員会が見つけた朴永心にひき会わされた。そして身重の慰安婦本人と確認、八月には朝日新聞の本田雅和記者が訪朝して彼女のインタビュー記事を掲載する。

十二月には、あと二人の元慰安婦とともに朴は女性法廷に参加した。法廷のハイライトは「天皇裕仁有罪！」が宣告された瞬間で、裏方役の池田恵理子氏（NHKエンタープライズ21・プロデューサー）は「拍手と歓声が海鳴りのように響き渡り……あまりに嬉しく安堵して涙が出てきた……歴史的な瞬間だった」と、林博史氏（関東学院大教授）は「（性犯罪の）頂点にいた天皇を裁いたことは東京裁判の限界を大きく乗り越えたと評価できよう」と、書いている。
つまり彼女は支援のNGOグループの間では珍しい北朝鮮出身の慰安婦として知られていたのだが、一般には無名と言ってよい存在だった。TBSテレビに登場するまでには二年ばかりの空白があったのだが、番組はまず彼女の生いたちと慰安婦歴を簡単に紹介した。

十七歳の時、（*日本人の）巡査に「いい仕事があるから」とだまされ、日中戦争二年目の一九三八年春、南京の慰安所へ連れていかれる（＊ナレーションは「巡査」だけだが、同時に出た字幕はなぜか「日本人の巡査」となっている。なお当時の朝鮮半島にいた巡査の大多数は、朝鮮人だった）。

四年後にビルマへ、北部の辺地ラシオの慰安所で二年すごし四四年、最前線の拉孟へ移るというのが朴永心の足どりだ（上記地図参照）。数カ月後、拉孟は玉砕戦の戦場と化すのだが、画面では五十数年後の拉孟に突然、西野氏が出現する。

彼女が平壌で朴永心を米軍写真の慰

■中国雲南省

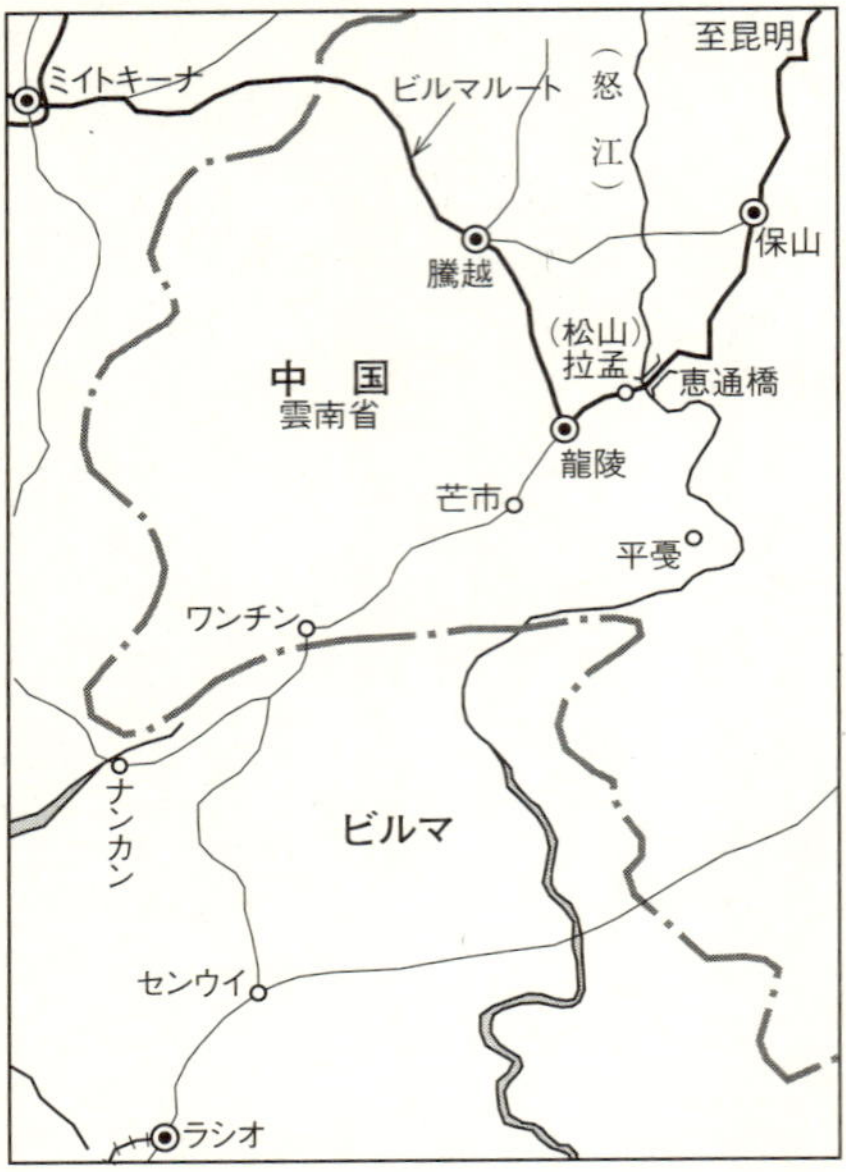

安婦と確認するや二〇〇二年十月に雲南へ飛び、ヌード写真を入手するや平壌へとって返し、その一枚を朴永心へ突きつける筋立てになっている。

実際はこの間に何年もかかっているのに、視聴者にはバタバタと一挙に片づいたかに見えるが、この程度はテレビの構成上やむをえないのかもしれない。

## ◆ハルモニにもう一度聞きます

さて雲南省を訪れた西野氏は、地元の人に案内されて日本軍陣地のすぐ近くにあった慰安所跡に立つ。番組では案内した老人が「慰安婦は二階に住んでいた。部屋は一つ一つ分かれていた」と証言、ナレーターが「部屋の中はベッドが一つ。仕切りはベニヤ板だけでした」と語り、日本軍の馬の世話をしていたという李正早老人との間で次のような問答を交わす。

**西野**　李さん、この写真見覚えありますか？……この三人は覚えている？

**李**　そうです（一一五ページ、写真①の右の二人と左端の女性を指しながら）。

**西野**　この人たちは誰ですか。

**李**　朝鮮人です。

**西野**　どうしてこの人たちの顔を覚えていたんですか？

**李**　長く一緒にいたから。

この李老人の証言で疑問なのは、米軍撮影の写真を見せられて朝鮮人と断言した点であろう。早見証言に依拠した西野氏の著書『従軍慰安婦と十五年戦争』（明石書店、一九九三）によると、拉孟の慰安所は朝鮮人一〇人ばかりでなく日本人も四人いたからである。ひょっとすると日本人慰安婦がいたことを出したくないために、李老人を誘導したのかもしれない。

また、慰安所は粗末な民家を改造した平屋だったとされるが、慰安婦は二階にいたという画面の証言と食いちがう。別の慰安所の話を持ちこんだ可能性がある。

ともあれ、番組の筋を追っていこう。場面は、拉孟とほぼ同時に十数倍の中国軍に包囲され日本軍守備隊が玉砕した騰越《とうえつ》へ移る。「今年の三月、同じ雲南省にある騰越で、慰安婦の写真が見つかったという情報が飛び込んできました」というナレーションが入る。登場したこの町の住人熊維元さんは父親が写真館を経営していたが、日本軍に接収され、慰安所に使われていたと語る。

戦後になって父親の遺留品の中から誰が撮影したか不明だが、慰安婦と思われる女性が「衣服を身につけず」に写っていたとして五枚のヌード写真（写真②③）を見せる。西野氏は拉孟に舞い戻りそれらを前記の李老人に示し、次のように問答する。

**西野**　（写真を指しながら）この人とこの人は、この女性と同じ人ですね。

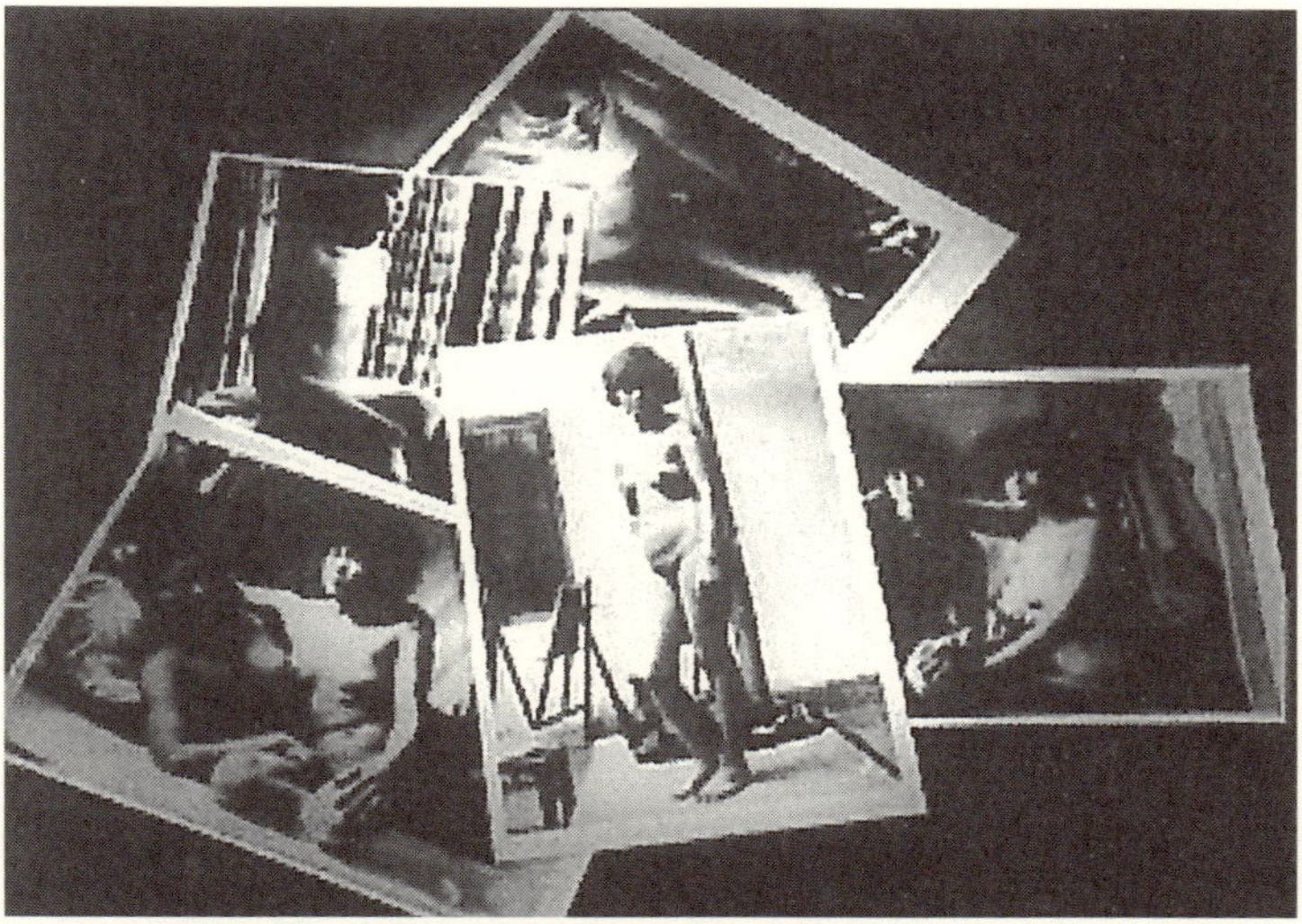

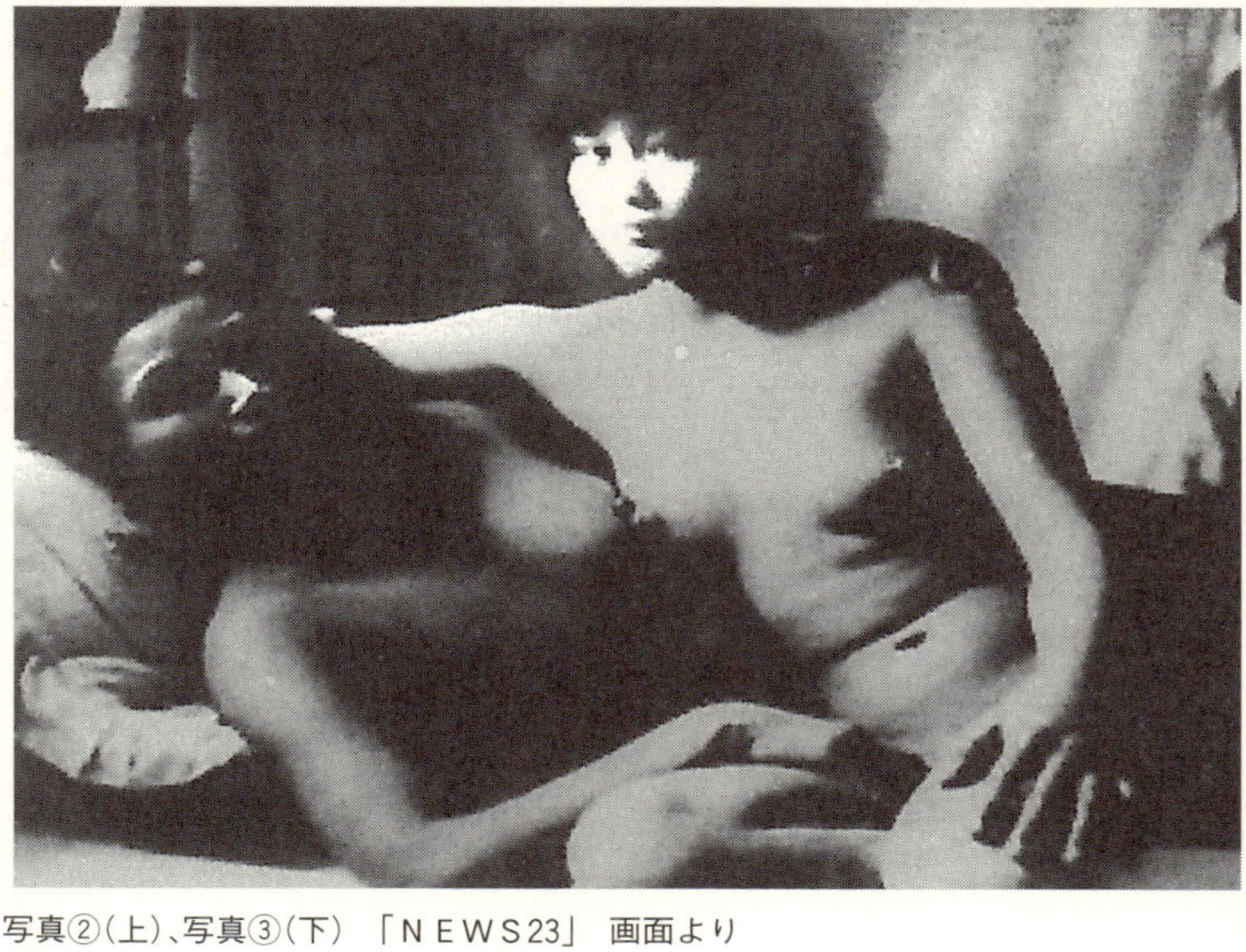

写真②（上）、写真③（下）「ＮＥＷＳ23」画面より

**李**　そうです。彼女だと思う（写真の誰かを指しているのはたしかだが、手もとは写さない。このあと場面は急に平壌へ飛ぶ）。

**西野**（私のことを）覚えてますか？　覚えている？

**朴永心**　覚えてます。

動画と見比べても、省略があるせいか、わかりにくいやりとりだが、李老人はやはり誘導されてヌード写真のメインとなっている女性が、顔見知りだった朴永心だと判定したととれる。疑問は残るが検分はあとまわしにして、番組のハイライト部分である西野対朴永心の迫真的な「対決」シーンに進もう。

**西野**　ハルモニにこの写真を見せようかどうか、とっても悩んで苦しみました。ハルモニ、この写真誰だか分かりますか？

**朴永心**　違うよ。（写真は若いのに）私はおばあちゃんじゃない？

**西野**　ハルモニにもう一度聞きます。あの写真はハルモニの若い時の写真ですか？

**朴**　はい、そうです（すすり泣く）。

**朴**　もうやめましょう（涙を拭きながら）。日本兵もかわいそう。家に帰れば両親、妻子、兄弟だっているのに――。

**ナレーター**　取材中、朴さんは何度も話を中断しました。甦る辛い記憶に、死にたいという言葉を何度も口にしました。

このあと、草野満代キャスターが「この写真のモデルと見られる朴永心さんのご了解を得て、写真をそのまま使っています」と断り、立像ヌードのパネルを背景にして筑紫メイン・キャスターと西野氏がありきたりのコメントを交わして、十三分の番組は終了した。

見終って「こりゃ何だ」というのが私の率直な感想だった。その半年前にアジア女性基金が七年かかった慰安婦に対する償い事業の給付終了を四大紙に公告したのを機に、マスコミはこの話題に見向きもしなくなっていた。その前から世論も冷めきっていただけに、給付の対象外だった北朝鮮の新たな攻勢かなと思わぬでもなかったが、それにしては粗雑な作りだなあ、あちこちから批判の声が出たら「ＮＥＷＳ23」はどう対応するんだろうといぶかしく思った。

恐らく、番組の狙いとしては、朴さんが日本の「国家権力」（日本人巡査）によって「拉致」され、無理やり慰安婦にさせられたという印象を視聴者に与えたかったのだろうか。妊娠させられ無惨にもヌードまで撮影された……と。そうすることによって、いわゆる九・一七以降の「拉致問題」を相殺し、日本人の反北朝鮮感情を弱めようとする意図があったのかもしれない。だが、後述するように朴が「日本人巡査に」だまされたというのも疑問だし、写真②③と同一人物かといえばこれも怪しいのである。

## ◆叩けば叩くほど埃が……

そんな思いでネットの掲示板を眺めていると、この番組をめぐる激しいやりとりが見つかった。ネット上の論議が表立って紹介されるのは珍しいと考えるので、次に一部を抜きだしてみよう。期間は放映の翌々日から十二月下旬にかけてで、抜きだした論議を私なりに要約した。発言者はすべてハンドルネーム（とそのイニシャル）で記す。最初の問題提起者はＪ（五十五歳、男）と「女流桂冠詩人」（詩人と略称）。

**Ｊ**　西野瑠美子のルポ見ましたか。

**Ｍ**　元慰安婦の「日本兵もかわいそう……」発言が胸に突き刺さった。

**詩人**　立像のヌード写真が不審だ。私は絵画教室でヌードをデッサンした経験があるが、女性の左背後にイーゼル（画架）二脚、左手前の高い位置に油絵用キャンバスの背面が見える。つまりそこでは裸婦モデルを囲んで最低三人が絵を画《えが》こうとしていた状況だろう。私は戦後生れだが、とても戦場の慰安所とは思えない。ＴＢＳのスタッフは気づかなかったのだろうか。

**Ｍ**　慰安婦の方々の声に耳を傾けるのが、加害者だった我々の務めだろ。

**Ｊ**　拉孟には日本人慰安婦もいたのに、強制を薄める効果になることを危惧したため、意図的に彼女たちを除外している。

**B**　メディアのよくやる手。北朝鮮の核開発と慰安婦問題を同時にとりあげると、核への意識が薄れてしまう危険性あり。

**詩人**　写真のようなイーゼルはオーソドクスな型で個人で買う人は少ないと思います。当時は油絵は特殊な人々の楽しみでした。慰安所とは思えない。

**M**　証言した慰安婦はモデルが自分で生活が悲惨だったと語っているが、写真の場所については言及していなかった。

**O**　彼女の証言を否定しようとしても無駄だよ。

**K**　韓国軍のベトナム人大量虐殺を世界中の教科書にのせるべきだ。

画歴のある詩人が、場所は慰安所ではないはず、と自信たっぷりで主張するのに対し、否定論は教条的で議論はあまり噛みあわない。別の論点を持ち出す人もいた。しかし第二ステージに移るとかなり活性化する。

**Z**　学校を慰安所に改造したのではないか。そうならキャンバスがあっても、ふしぎはない。

**E**　ヌードモデルは娼婦上りじゃないか。カメラ目線だし、キャンバスなどは小道具だろう。

**詩人**　学校とすれば美術学校だろうが、戦前の日本でも東京と京都くらいしかなかった。中国の辺境にあるはずがない。

**m**　『20世紀中国の油絵』を参照したが、戦前の中国には上海美術専科学校、南京高等師範学校、北平芸術専科学校など一二校もあった。

**b**　私の調べでは六校だ。

**詩人**　拉孟にはなかったでしょう。

**m**　生徒の家、つまり民家を慰安所にしたのではないか。

**詩人**　民家で二〇人の慰安婦を置くなら、大画家の大邸宅でしょう。

美術学校から画家の邸宅まで論議は白熱化していくが、こうしたやりとりをのぞいて私は考えさせられた。一日に五本、六本、時には十数本のメールが往復する水面下の論壇が、しかも複数で存在することを実感したからである。それに比べ大学ゼミの何という貧困さよ。先生に指名されてボソボソと口を開くが、全メンバーを巻きこむ白熱的論議に発展するシーンはまず見られない、と教師たちがぼやいているのが大方の実態なのである。

そこへ第三ステージを思わせる鋭い問題提起が出現した。うんざりしたという読者もいようが、もう少し我慢してほしい。

**C**　どこで撮られたかだが、私は騰越の熊さんの写真館だと思う。かなり上手に撮っているので撮影者は絵心のある熊さんの父親、詩人が主張する絵画セットは写真店の小道具ではあるまいか。それと十二月十二日の放映だが、その前に関連する事件がなかったか。マスコミには事前に考えたストーリーに合致する証拠だけを報道することがある。この番組の写真は怪しい。

**詩人**　同感、とにかく、うさん臭い。

**C**　拉孟の慰安所で撮られたというのは無理がある。地図で見ると、騰越とは七〇キロもある。戦時下でそう簡単に女性が行き来できる距離ではない。とにかく叩けば叩くほど埃のでる番組、チェック機能を厳重にやらないと、あの番組も長くはないかもしれませんね。

**詩人**　同感。写真館の主人が彼女に頼みこんでモデルになってもらったとすると、二人の間の取引で、慰安婦だったかどうかは二次的な問題でしょう。拉孟の写真ではないとわかったら、「でっちあげ写真」と断じてよいのではないでしょうか。何とか拉孟の慰安所の由来を調べられないかと思う。

**Y**　「(日本人の) 巡査にいい仕事が……」のくだりがポイントです。

どうやらネット上のチャットは、第三ステージで急展開して、問題の核心に踏みこんだと私は判断した。これから先はプロの歴史家の出番かもしれない、と私は軽い興奮を覚えたのである。

### ◈悩んで苦しみました

そこでC氏が提起した拉孟、騰越の距離と交通事情、次に拉孟と騰越の慰安所事情に当ってみた。地図（一一六ページ参照）は公刊戦史の戦史叢書からとった当時の軍用地図である。

北ビルマのラシオにあった第五六師団（龍兵団）の慰安所で働いていた「若春」こと朴永心が拉孟へ移ったのは一九四四年に入った頃だが、生き残りの木下昌巳元中尉の手記が、ここは「仙人の住む秘境」と形容したような辺地で、拉孟街という集落は民家が二〇軒あるかないかというサイズだった。九九年に訪問した品野実氏によると、露天の市場もできて少しは賑っているようだ。陣地は約二キロ離れた標高一七〇〇メートルの山頂に近い無人の地に構築され、約一三〇〇人の守備隊（隊長金光恵次郎少佐）が寝起きするバラック兵舎があり、慰安所はすぐ近くにあった民家を兵士たちの作業で改造した平屋建てで、中央に通路があり、両側に八室あったと早見正則氏は記憶する。

騰越に行くには龍陵まで戻り、トラックがやっと通れる悪路を北上するが、地図にはない怒江沿いの路ともいえぬ山路でも行けたという（現在は拡張され車も通行可）。C氏が推量するように、女性が簡単に行き来できる距離ではない。

騰越は拉孟に比べると周囲四キロの城壁に囲まれ、人口も一万人と拉孟よりずっと大きな町であった。城内、城外の二カ所に慰安所があり、いずれも朝鮮人夫婦が管理人をつとめていた。早見氏は拉孟へ行く前に三カ月半ほど騰越に駐屯していたことがあり、二十数人いた慰安婦の源氏名も音丸、アケミなど何人か記憶している。

南門を出てすぐの城外慰安所は二階建ての木造カワラぶきで数人の慰安婦がいたが、一階には持ち主の写真師が住んでいて記念写真を撮ってもらった兵士もいたらしい。この写真師が番組に出た熊さんの父親かどうかはたしかではないが、同じ家に住む慰安婦にポーズをつけて撮影したか、どこかで入手した無関係のコレクションの一部だった可能性はあるだろう。

いずれにせよ、くだんのヌードモデルがラシオ、ついで拉孟にいた「若春」＝朴永心である可能性はほとんどないと考えてよい。西野氏は拉孟の李老人へ尋ねる前に、騰越の住人に写真を見せて聞きただすべきだったのに、それをやった形跡はない。

もっとも、「このモデルは音丸かアケミです」と証言する騰越の老人が出てきたら、予定のシナリオは総崩れしかねない。両地の慰安所事情を知る早見氏に聞くのも、同様のリスクがあると思ったのかもしれない。

しかし、似ていないと言っても本人の朴永心が最初はためらいながら、結局は自分だと認めているではないかと反問されそうだ。この反問への確答はできないが、次のようなケースが想定される。

1　何度もヌード写真を見直しているうちに、本人しかわからない身体上の特徴を発見した。

2　思いつめた表情で迫る西野氏の気迫に押されたか、サービス精神で「はい」と言ってしまった。

3　二人のやりとりの間で、たとえば誰かが「認めなさい」と耳打ちしたが、そのシーンは編集過程で削除した。

4　事前に話がついていて、朴永心と西野氏のやりとりはやらせの演技にすぎなかった。

1〜4のなかで1の可能性はきわめて低いと思うが、いずれにせよ、前記のハイライトシーンでわかるように、彼女はヌードモデルかどうかで問答すること自体を好まなかったようだ。だからこそ、重ねての問に「はい、そうです」と答えたあとすすり泣き、朝鮮語で何かつぶやくと、隣の女性通訳が「もうやめましょうって」と日本語で伝えているのであろう。ナレーターが「朴さんは何度も話を中断」と語っているところから推察すると、彼女が肯定するまでには画像以上の紆余曲折があったのかもしれない。

もっとも、残酷シーンの前に「とっても悩んで苦しみました」(西野)と断っているから、大義名分は十分じゃないか、と筑紫キャスターも局プロデューサーも判断したのだろうか。

次に念頭に浮かぶのは、3、4と関連して北朝鮮当局はこの番組にどの程度コミットしたのか、という疑問である。何しろ西野＝朴対談が行われた平壌のホテルのロビーには、米軍の撮影した四人の慰安婦の写真（写真①）が飾られていたというから、TBSの番組製作に協力的だったらしいことは推察できる。それだけではない。北朝鮮当局の全面協力なしには、この番組自体が成りたたなかったといえよう。

◆日本兵もかわいそう

ここで北朝鮮の慰安婦問題がどう推移してきたのか、ざっとふり返ってみよう。

慰安婦第一号の金学順が名のりをあげたのは一九九一年八月である。そして十二月に彼女をふくむ三人の韓国人慰安婦が東京地裁に国家補償を求めて提訴し、フィリピン、中国、台湾、オランダ、インドネシアなど次々に慰安婦たちが名のりでて、世界的な話題となる（拙著『慰安婦と戦場の性』参照）。

北朝鮮に住む元慰安婦の身の上話が主として『労働新聞』で紹介されはじめたのは九二年六月頃からで、八月に日朝合同の調査団が訪朝したときには一二三人が名のりでていたとされる。

しかし彼女たちの申し立ては、韓国出身者に比べると残酷体験が数段上まわり、「一五〇人の慰安婦を並べ日本刀で斬首」（金大日）、「生首スープを飲まされた」（李福汝）、「妊娠した慰安婦の腹を裂き、胎児を引き出した」（李京生）といったたぐいの荒唐無稽なストーリーが多かった。そのせいか、日本や韓国のマスコミでさえ黙殺する場合が多く、そのうち立ち消え同然となってしまう。国交未回復もあって、九五年夏に発足したアジア女性基金の給付対象からも外れた。

北朝鮮の慰安婦が再登場したのは、二〇〇〇年十二月に東京で「バウネット・ジャパン」（松井やより代表、西野瑠美子副代表）の主催で開かれた「女性国際戦犯法廷」の場である。会場で配ったパンフレットは各地から参加した慰安婦六六人の略歴を記載しているが、北朝鮮から来た三人のうち朴永心、金英淑の二人は九二年頃には知られていない新顔だった。朴についてはは次のように紹介されている。

朝鮮南浦市在住、一九二一年生。三八年三月「工場で働けば稼げる」[*]と騙されて南京大虐殺・大強かん直後の慰安所「キンスイ楼」へ。一九四二年頃ビルマへ。ラシオでの名は「若春」。ついで拉孟へ。今回の法廷の証人さがしの過程で、朴さんが拉孟で捕虜となって写真に写された四人の「慰安婦」の一人と判明した。

（＊「日本人の巡査が」は入っていないことに注意）。

女性法廷の記録はすでに『女性国際戦犯法廷の全記録』（全六巻、緑風出版、二〇〇二）のシリーズで刊行されているが、それを見るとより詳しい来歴と周辺事情がわかる。

それによると、朴永心は数年前に脳溢血で倒れ回復したが、老化が進みつつあって一〇〇〇人の聴衆の前で語るのは無理と判断され、ビデオ証言に切りかえ、それが終ったあと舞台で紹介され拍手で迎えられたことがわかる。

またスタッフがホテルに泊まっていた朴を訪ね、同席した北朝鮮検事団の一人から了解をとり、ビデオ証言のなかで「一度も子を産んでいない」と話した事情を聞いている。捕虜になった彼女は昆明の収容所で騰越からの慰安婦や早見ら日本兵と合流するのだが、ここで流産してしまい中国人医師に手術してもらった。

スタッフはそのあたりを確かめたかったらしいが、彼女は「日本の奴の子供なのに、そんなこと恥かしくて言えるかい！」と吐きすてたという。怨み骨髄、といった風情だが、私は彼女が個人的には意外に温かい心情の人ではないかと推察している。

ハンドルネームM氏が彼女の「日本兵もかわいそう」という発言に胸を突き刺されたように、少なくとも拉孟では生死を共にした兵士たちと気持が通じあっていたのではないか。他にも理由があった。龍兵団の戦友会では、以前から流産した子供の父親は親密にしていたT軍曹らしいと噂されていた。そして数年前に北朝鮮ルートで「若春」が会いたがっていると連絡があり、困惑したT氏は雲隠れしてしまい、消息がつかめないという。

それとは別に私が注目したのは、北朝鮮が送りこんだ検事団は四人いて、いずれも「太平洋戦争被害者補償対策委員会」の幹部だということだ。彼らが三人の元慰安婦の日本滞在中にお目付け役を兼ねていたのは想像にかたくない。

証言内容も彼らの作った筋書き通りに言わされたせいだろうか。南京時代の体験として朴は、兵士が仲間に襲いかかり軍刀で腹を裂いた、そして胎児が引き出されたのを目撃したと語っているが、これは九二年当時の李京生証言と瓜二つである。

つまり、この番組の背後には拉致問題で硬化した日本のマスコミや世論をにらみながら、攻勢をかけてきた北朝鮮政府の思惑がちらついているといってよい。いくら攻勢をかけても、日本側に中継してくれる受け皿がなくては困るが、幸いにも受け皿は不足しないという奇妙な状況がある。なかでも筑紫キャスターがいるTBSと彼が編集委員を兼ねている『週刊金曜日』は、恰好の受け皿と思われているらしい。おそらく北朝鮮が望んでいるのは、各種の相殺論であろう。

戦時中の「強制連行」（日本人の場合は「徴用」と使い分けている例が多い）がメインだが、慰安婦問題が加われば、より強力になるのは間違いないからだ。そこで典型的な相殺論の例を二、三挙げてみよう。

○日本はあまりにも一方的ではないですか。横田めぐみさんは十三歳でさらわれた。ひどいですよね。だけど、日本の国家は、いったい何千人の十三、四歳の女性を朝鮮から拉致して「慰安婦」にしたんですか。拉致事件が起こったのも、そもそも日本がたくさんの朝鮮人を強制連行、拉致したのに、謝らずお金も払わないから、敵対関係がずっと続いたためでしょう（『週刊金曜日』二〇〇二年十二月二十日号の松井やより談。なお彼女は直後の十二月二十七日にガンで死去、西野瑠美子氏がバウネット・ジャパンの後継代表に昇格）。

○強制連行、「従軍慰安婦」が比較にならぬほどの規模と残酷さであったことを「理」ではわかっても目前の拉致被害者に涙してしまう「情」……当然、経済援助という名の賠償を払わねばならないが……（同前十月十八日号「風速計」の筑紫哲也コラム）。

○本誌の「曽我ひとみさんの家族単独会見が伝えられ、私も番組の『多事争論』で自分の見解を述べた（十一月十四日）……今、この国には『大政翼賛会』的な風が吹き荒れている……北朝鮮に『味方』『結託』『加担』といった非難である……あの会見も当局の承認なしには実現しなかったろうと……だれにもそれがわかるということは『宣伝』としては効果はあまりない……」（同十一月二十二日号、見だしは「北朝鮮になりたくない」）。

北朝鮮政府もたじたじの過激だがストレートな松井の論調（朝日の「声」欄で「市民は今、何に怒るべきか」を教えてくれた人だと追悼する人もいたが）に比べると、筑紫氏の言いまわしは、うじうじとまわりくどいが、それでも毎度おなじみの「多事争論」における生ぬるいお説教調よりは率直な言いまわしになっているとなると、論点は否応なしに筑紫哲也論へ移らざるをえない。

## ◆北朝鮮と何ら変らない国に

まずは、筑紫氏が弁明がてら開き直っている十一月十四日付の「多事争論」をめぐる論議について、もう少し補足説明しておきたい。

北朝鮮に残っている曽我ひとみさんの元米軍兵士の夫と二人の子に対する『週刊金曜日』記者の独占インタビューが、写真もろとも掲載されたのは十一月十五日号である。

発売も同日だが前日に要旨がマスコミに報道され、批判の声が巻きおこった。しかし、その日の「ＮＥＷＳ23」で筑紫キャスターは「被害者の動揺を誘う北朝鮮の戦術に乗せられているだけだ、という批判がある一方では、いくらコントロールを働かせても当人の肉声の中にはいろんなそれを超える情報があるという評価もあります。これは事実を知らせるという事を一番の仕事としている報道にとっての永遠のテーマ、『ジレンマ』だといえます」とコメントした。

私もたまたま聞いていて、相変らず器用に〈ジレンマ〉戦術で逃げたなと軽く受けとめたのだが、つづいて「国の方針に水を差す様な報道、取材はすべきではない……こういう議論になりますと……北朝鮮と何ら変わらない国に私たちはなってしまいます」（『週刊文春』十一月二十八日号より）と露骨な北朝鮮擁護論を展開したので、鼻白んでしまった。「世論」とすべきを「国の方針」にすりかえたのが、見え見えだったからだ。

あちこちで反発の声があがったのは当然だろう。とくに筑紫キャスターが、くだんの週刊誌の編集委員でもあることに一言も触れなかったことへの風当りが強かったようだ。それに答えたのが十一月二十二日号の「北朝鮮になりたくない」と題したコラムだが、同じ号にはオーナー格の本多勝一を始め佐高信、落合恵子（いずれも編集委員）各氏の弁明が掲載されている。

いずれも同工異曲の支持論だが、一人だけちがうのは落合氏で、事前に編集部からの相談はなかったが、曽我さん本人の事前了解を得ていないのは「人権をテーマにした雑誌の基本的姿勢」に反したもの、と正論を展開している。

おそらく世論の大勢は、大義のためには拉致被害者の人権など無視しても構わないという『週刊金曜日』同人たちの偽善的ポーズを嫌ったのだと思うが、その後の雑誌やテレビの動向を見ていると、どうやら開き直る方向へ突き進んでいるようだ。

『週刊金曜日』の十二月二十日号には「北朝鮮に対し日本は拉致と過去の清算をどう折り合わせればよいのか」（ゲプハルト・ヒルシャー）とか、「北朝鮮にばかりモラルを要求するのは首尾一貫していない」（吉田康彦）とか、「コメ支援は拉致問題と切り離し、人道的な立場から行なうべきだ」（岡田幹治編集長、元朝日新聞論説委員）といった論調が並んでいる。

筑紫氏については、十二月十八日夜の「報道スクープ」で「北朝鮮に核を持つなと言う資格は核大国のアメリカにはない」と新たな相殺論をぶっていたのにびっくりしたが、十二月二十三日の「ＮＥＷＳ23」では、とんでもないグロテスク番組を登場させた。

「年末ＳＰ　あなたの意見を生で募集、あなたの物語で番組を作る九十分間の実験」のふれこみで画面に登場したのは、前をはだけて人工肛門のゴム袋をぶらさげている若い女性だった。

しかも露わになった上半身の下腹部から突き出ているピンク色のゴムホースの如きものを、本人がにこにこ笑いながら指して「私の腸です。ここから便が袋に落ちるのです」と説明したのには仰天した。何とも後味の悪いシーンだが、上品と定評のあった「ＮＥＷＳ23」もエロ、グロとタブーを破った次はナンセンスの番かと期待の思いもないではない。

聞くところによると、ＴＢＳには報道倫理ガイドラインなるものがあるという。その中の「品位ある報道」という項目には「高い水準の礼節を守り、社会の価値観に敏感であること。人に不快感を与えるような報道や表現に陥らないこと」などと書いてある。

また「性に関する報道」には、子供を含めた家族で見ることを念頭に置いて取材編集にあたるように、と注意してあるよし。慰安婦や人工肛門の話題と描き方が、果して前記のガイドラインに抵触しないか、筑紫キャスターの見解を知りたいところだ。

もっとも、近著の『ニュースキャスター』（集英社新書、二〇〇二）で「キャスター・編集長」という絶対的権限を思わせる肩書は持っていても、「この編集長は最初から〈君臨すれど統治せず〉を宣言」していると予防線を張っている人だから、責任は企画を持ちこんだ西野氏たちにあると逃げられそうな予感もする。

あるいはお得意の相殺論をくり出して、「露骨な反北朝鮮キャンペーンを張っているなかで、〝栄光ある少数派〟でありつづけたい」と宣言するのかもしれない。

ここまで書いたところへ一月十二日、旧知の早見正則老人から連絡が入った。十年ばかり前に西野瑠美子氏へ「拉孟、昆明捕虜収容所で一年以上一緒だった〈若春〉の本名は朴永心だ」と伝え、朴探しの糸口を与えた人である。

私からヌード写真のコピーを送り、「若春」かどうかを確かめたのだが、「違う、別人です。〈若春〉ならわかります。騰越の慰安婦かもしれないが——」とのことであった。さらに「三カ月前の十月だったか、西野さんが来て同じ写真を見せられ同じ答えをしたのですが——。あなたは西野さんのお仲間じゃないんですか」と言うので「ＴＢＳテレビの番組は見ていませんか」と聞くと、「見ていません」と彼は溜息をつくのであった。

## 三　朝日新聞は反日派の広告塔か？

一月十三日は成人の日だったが、その夜の「多事争論」では筑紫キャスターが、式典が荒れなかったのが不満らしく、従順な大学生をふくめ「こういう良い子たちを作ってこの国はよいのでしょうか」とナンセンスな意見を吐いていた。

原題＝TBS筑紫哲也氏「ハダカの慰安婦報道」疑惑の十三分……『諸君！』二〇〇三年三月号

## 「朝日対ＮＨＫ」バトルを徹底検証する

一月十二日、いつもの習慣で目ざめたあと寝床で朝日新聞を広げると、一面上段に〈ＮＨＫ「慰安婦」番組内容改変　中川昭・安倍氏「内容偏り」　前日、幹部呼び指摘〉という特大活字の見だしに出くわし、眠気が吹きとんだ。

どれどれと読みはじめると、おなじみ本田雅和記者の署名記事ではないか。この人とは十数年前に慰安婦問題が噴出した頃から何度も取材を受け、旧知の間柄である。誘われて慰安婦問題の集会に出かけたこともあった。少しおくれて会場へ入ると、正面の雛段にずらりと中高年のおばちゃんたちが座っている。

思わず「たくさん慰安婦を集めましたねー」と洩らしたら、「シッ」と口に手を当てて「ちがいますよ。みんな慰安婦を救えと立ちあがった女性たちです」とたしなめられたが、そのやりとりを聞いていたのか、ふり返ってきっとにらみつけた中年女性記者の表情を今も忘れない。

それはさておき、かねてから強引な取材力、行動力という点では定評のある本田記者の記事だから爆発力がありそうだなと期待して読んでいくと、いささかがっかりした。朝日の「スクープ」でもあり、その後の大火事の発端にもなった記事なので、次に要所を引用しておきたい。のちに争点となった箇所には傍点を付けた。

（01年1月の）特集番組で、中川昭一・現経産相、安倍晋三・現自民党幹事長代理（当時は内閣官房副長官）が放送前日にNHK幹部を呼んで「偏った内容だ」などと指摘していたことが分かった。NHKはその後、番組内容を変えて放送していた。番組制作にあたった現場責任者が昨年末、NHKの内部告発窓口である「コンプライアンス（法令順守）推進委員会」に「政治介入を許した」と訴え、調査を求めている。

ここまでがリード部分だが、つづく本文と三四面の関連記事を見ても、内部告発者は「当時、同番組の担当デスクだった番組制作局のチーフ・プロデューサー」とあるだけで、匿名にしてある。実名で登場する中川・安倍との「差別待遇」が気になったが、本文に入ってみよう。

番組は「戦争をどう裁くか」4回シリーズの第2回として、01年1月30日夜に教育テレビで放送された「問われる戦時性暴力」。00年12月に東京で市民団体が開いた「女性国際戦犯法廷」を素材に企画された。

ところが01年1月半ば以降、番組内容の一部を知った右翼団体などがNHKに放送中止を求め始め……1月28日夜には44分の番組が完成……29日午後、当時の松尾武・放送総局長（現NHK出版社長）、国会対策担当の野島直樹・担当局長（現理事）らNHK幹部が、中川、安倍両氏に呼ばれ、議員会館などでそれぞれ面会した……（中川氏は）放送中止を求める発言もしたという。（中略）

番組改変指示は、中川、安倍両議員の意向を受けたものだったと当時の上司から聞き、「放送内容への政治介入だ」と（チーフ・プロデューサーは）訴えている。

このあと中川、安倍両氏が朝日の取材に対し事実関係を認めたかのような記述がつづき、最後にNHK広報局の「番組は、NHKの編集責任者が自主的な判断に基づいて編集した」というコメントで終っている。

しかし、ここでも中川、安倍の「政治介入」は内部告発者自身の見聞ではなく、「当時の上司から聞き」という伝聞の形となっていて、聞いた時期も明示していない。また「民衆法廷」の主催者だったバウネット・ジャパンは「市民団体」、NHKへ押しかけた右派の市民団体は「右翼団体」と使いわけしているのも目につく。

ともあれ、その翌日の一月十三日に、予定通りか、予定外だったのか不明だが、当の長井暁《さとる》チーフ・プロデューサー（当時のデスク）が名のり出て、記者会見を開いたのだが、記者会見の記録と照合すれば、朝日の記事とほとんど重複しており、彼がほぼ唯一のネタ元であることも推測できる。

政府・与党と正面から対決するにはいささか心もとない布石だが、朝日（一月十二日付）は三四面で放送の自律を定めた放送法（第三条）の精神に背き、「結果的に、憲法（第二一条）が禁じる検閲に近い事態」が起きていたことになり、憲法で保障された「表現、報道の自由を無視したもの」ときめつけ、背水の構えに打って出た。

そこで思い出したのが十三年前の九二年一月十一日、「慰安所　軍関与示す資料」「多くは朝鮮人女性」「〈謝罪を〉〈補償を〉の声さらに」の見だしで慰安婦騒動の口火を切った朝日新聞の大報道である。

防衛庁防衛研究所図書館で資料を「発見」したのは吉見義明中央大教授だが、この資料は四十年前から公開されていて、研究者の間では周知の事実だった。私もその頃、図書館へ通っていて、前年末に旧知の吉見氏に出会い「発見」と「近く新聞に出る」話も聞いていたが、ニュースになるほどの材料かなあと首をかしげた。その後、一向に新聞に出ないので、どうしたのかなと思っていたところ、くだんの大報道となったしだい。

そして、このキャンペーン記事は狙いどおりの波紋を広げる。他の新聞が一日おくれで追随したのも今回と同じ。ひどい目にあったのは五日後に訪韓した宮沢首相で、空港で反日デモ隊の波にもまれ、日韓首脳会談では八回も謝罪と反省の弁をくり返すはめとなった。

材料を温めておいて、おそからず早からずのタイミングで記事を出した朝日の思惑どおりになったわけだが、こうした前例があるので四年後の今ごろになって内部告発者が出現し、新聞が大キャンペーンを張るのは、何かの思惑があるにちがいないと私は直感した。

似ている点は他にもある。戦場の慰安婦に軍が関与していたことは、元兵士たちにとっては常識だったように、NHK予算の承認権を持つ国会議員がNHKに影響力を持つのも視聴者には常識といってよい。十三年前の韓国人慰安婦第一号（実は妓生《キーセン》出身）と今回の長井チーフ・プロデューサーがいずれも涙ながらで登場、不相応の同情を集めたところも共通している。

偶然だが、私は問題の番組に多少の関わりがあった。当時の記憶を呼び起こしつつ、「事件」の実態に迫ってみたい。

## ◆法常識を絶する「カンガルー裁判」

問題の番組に私が最初に関わったのは、四年前の二〇〇一年（平成十三年）一月二十六日夜である。NHK番組制作局教養番組部チーフ・プロデューサー（CP）の永田浩三と名のる人物から、四夜連続の教育番組のうち女性国際戦犯法廷（以後は女性法廷と略称）を扱う第二夜に緊急出演してほしいとの依頼が来た。

私は前年十二月に開催された女性法廷が判決を出した最終日を四〇〇〇円のチケット代を払って傍聴していたし、その後も主催者の「戦争と女性への暴力　日本ネットワーク」（略称はバウネ

## ■ NHK組織図（01年1月当時）

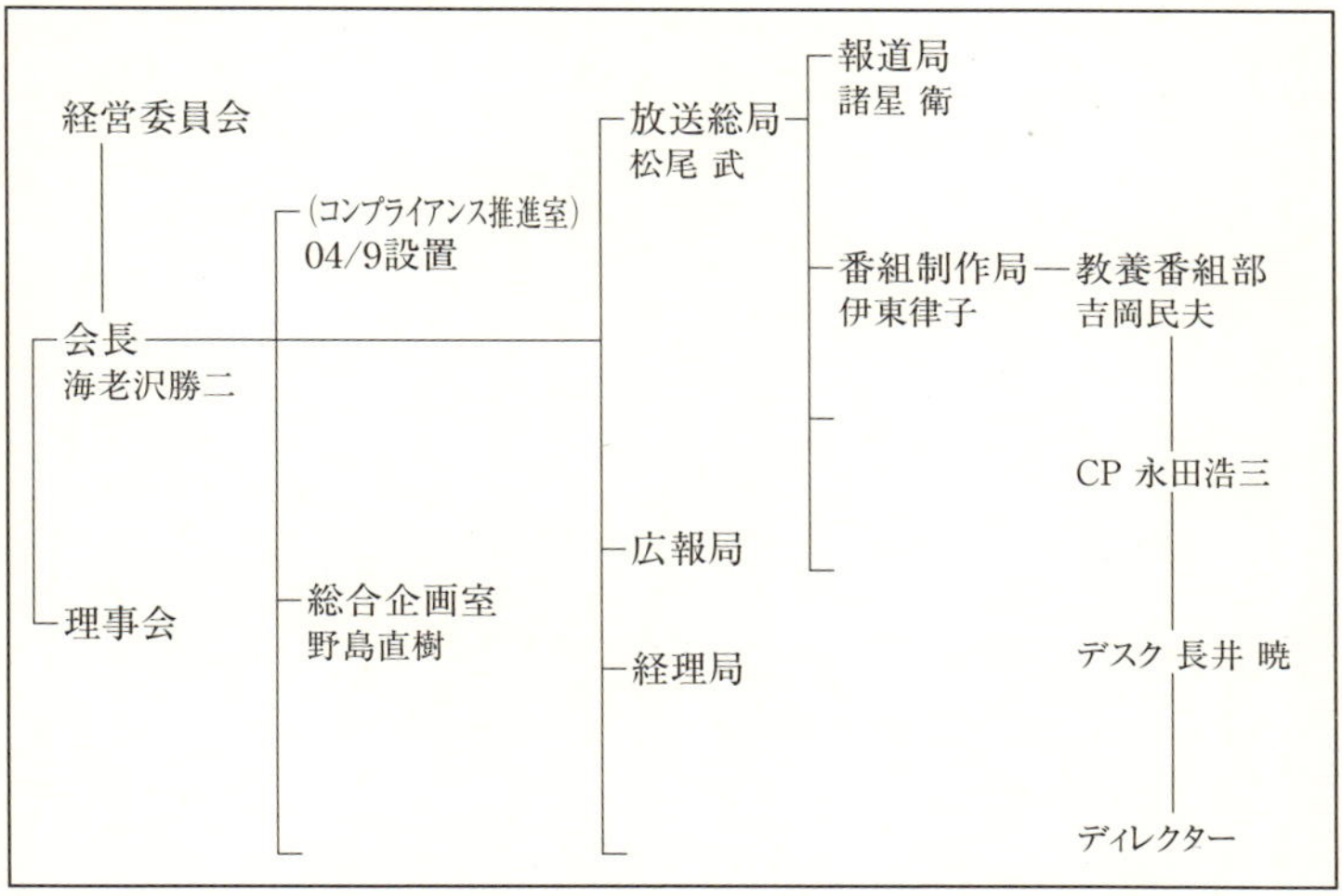


ット、松井やより代表＝当時）が、一月三十日夜にＮＨＫの教育番組（チャンネル３）で概要が放映されるので、ぜひ御覧くださいと宣伝していたのも覚えがある。また一月中旬ごろからネット上で放映に反対したり抗議する声があがっていることも、ゼミの学生から聞いていた。

どんなやりとりで出演を引き受けたのか、何しろ四年前の話だから記憶は薄れていたが、当時のファイルを探すと「検証　ＮＨＫ、直前に大改変」と題して本田記者が書いた記事（〇一年三月二日付）の切り抜きが見つかった。「出演依頼と異なる」（米山リサ・カリフォルニア大助教授）、「厳しく自己点検を」（高橋哲哉東大助教授）というコメントに並んで「ＮＨＫの担当者は二分間だけ撮りたいと言ってきた。上からの指示でいやいや来たという感じだった」という「秦教授の話」も入っているではないか。

どうやら本田記者に取材を受けたらしいと自覚したが、ほぼ一ページ全部を使った紙面で番組改変に至った経過を手際よくまとめているなかで、「右翼団体」などの抗議行動は詳しく紹介しているのに、「政治介入」の話はまったく出てこないことに気づいた。

ついでに〇一年七月、バウネットが原告、NHKと制作会社のNHKエンタープライズ21（以後はNEPと略称）、㈱ドキュメンタリージャパン（以後はDJと略称）の三者が被告となって、〇四年三月に地裁判決が出た裁判の記録も当たってみたが、やはり「政治介入」の話は見つからない。ひょっとすると、この話は今年の一月になって内部告発者長井氏の頭に突然浮かんだプロットではあるまいか、との疑念が生じたが、このあたりの詮索はあとまわしにしたい。

話を戻すと、永田CPがひきいる五、六人の撮影チームが我が家にやってきたのは一月二十八日であった。問題の長井氏もいたと思う。やはり記憶は薄れているが、博文館の三年連用当用日記には「一四〇〇に『フォーカス』より家永三郎教授のノーベル賞受賞（の噂）について取材。一四三〇NHKのカメラ着。韓国が弁護人をつけることに反対したくだりを永田CPが落したいと言うのを落すなと抗弁、渋々OKして三十分くらいインタビュー。終ったあとにやはり落したいというので公表するよとおどす。どうなることやら」とある。

ややわかりにくい部分を念のため説明すると、永田CPたちの姿勢に不安を感じたので、私は打ち合わせのさい、女性法廷の準備段階において日本の検事団がやはり弁護人は必要と唱えたが、不要論の南北コリア検事団に押し切られたというくだりだけは落すなと条件をつけ承知させた。それなのに録画終了後に永田CPはやはり落したいと粘り、物わかれに終ったと記憶する。

結果的には杞憂に終ったのだが、死者を裁く、時効なし、一事再理など法常識を絶するゆえに「カンガルー裁判」とやゆされた女性法廷の最大の弱味は、弁護人なしの裁きだった。制作サイドはそれを自覚していただけに、つつかれたくなかったのだろうと推察している。

撮影後にNHKが三十分ばかりのコメントをどう編集したのか、その曲折は知るよしもないが、幸い一月三十日の放映ビデオが手もとにあるので、「問われる戦時性暴力」と題した四十分番組のうち、秦（一分五十五秒）、内海愛子（一分四十秒）、秦（一分三十秒）とつづくコメント部分を再録しよう。なお司会は町永俊雄アナウンサー、同席した二人のコメンテーターは前記の高橋、米山両氏である。

**司会**　今回の試みを傍聴した二人の歴史家に聞きました。

**秦郁彦・日本大学教授**　重大なものについては、すでに戦争直後のBC級裁判において被害者が名乗り出て、当時は復讐裁判という色彩が非常に強かったわけですけど、約一〇〇〇人の日本人が死刑になり、五〇〇〇人近くが有罪にされています。つまり「一事不再理」という法の原則から言いますと、おおむねそこで裁かれているわけです、それをもう一回裁くというのは、法常識を絶した話ですね。

それから時効があります。もう五十年以上たっている。そうすると本人の申し立て以外に調べる方法がない。現に今回も約七五人の元慰安婦だった人が参加している。その人たちの被害記録というのが写真入りでずーっと出ておりますけれども、どれを見ても彼女たちの証人に立っている人が一人もいないんです。

非常に不自然で、普通の法廷では被害者の申し立てだけでは判決は下りません。人道を無視した行為を行なった人間の人権は一切考える必要がないというのか、これはそれ以上に問題ですね。事実関係をきちんと調べなければいけないのに、弁護人はいない、反対尋問もないということだと、まったく被疑者の人権を考えていないという問題になります。

私が聞いているところでは、日本の検事団は事前の打ち合わせ会議のときに、「やはり弁護人は付けるべきだ」と主張したんだけれども、韓国の検事団がそれに反対したそうです。*「弁護人なしでやるぐらいなら法廷はやめた」という態度を貫いてほしかったですね。

**内海愛子・恵泉女学園大学教授**　東京裁判で日本の旧植民地の女性に対する戦時性暴力は、ほとんど取りあげられていなかったが、女性法廷で裁かれたのは大きな意義があった（要約）。

**秦**　法廷のスローガンは、東京裁判でやり残したことをやるんだということです。そして第三者に検事と判事はやってもらうんだということなんですが、首席検察官と裁判長はアメリカ人の女性なんですね。東京裁判ですら、裁判長にはオーストラリア人を選んでいる。それをアメリカ人の女性が両方独占するというのはきわめて不可解です。**

慰安婦について言いますと、当時の状況では売春は合法的に認められた存在だったわけです。現在の価値基準からそれを遡及させるのは適切ではない。女性たちが喜んで慰安婦になったわけではないと思いますが、私の調べた範囲内で一番多いのは、たとえば親に売られて同国人、韓国の場合で言えば韓国人の女衒《ぜげん》によって慰安所に連れていかれてというういわば商行為なんですね。

一つ一つの事件はそれぞれ個別の背景をもってますんで、それを制度とかシステムということでなくて、個々の事情を調べて裁いていくのは当然のことだと思うんです。***

＊出所は〇一年一月二十日、早稲田のキリスト教会館で開催されたシンポジウムでの松井やより講演。

＊＊松井やより氏は〇一年二月六日付のNHK会長あて質問状で「二人ともアフリカ系アメリカ人」と抗弁しているが、私には一人は白人に見える。

＊＊＊秦の女性法廷見聞記は、拙著『現代史の対決』（文藝春秋、二〇〇三に収録）を参照されたい。

## ◆過激に仕立てたのは誰か

次に、「これを教育番組として放送しようとすること自体に疑問」（〇五年一月十八日産経社説）を持っても、ふしぎはない女性国際戦犯法廷の番組が実現するに至った経緯を探ってみよう（一四九ページの表1関係年表参照）。

重複をいとわず再言すると、番組発注と放映の責任者はNHK、担当部署は教養番組部（吉岡民夫部長）の永田CPと長井デスクのチーム、受注したのは子会社のNEP、実際に制作したのはDJ（広瀬涼二代表取締役）であった。

実際にはNEPはトンネルに近く、形の上では三者協議で進めたとはいえ、〇一年一月二十八日までは教養番組部の永田チームとDJの甲斐、坂上香の両ディレクターが協同で作業し、NEPの林勝彦CPは時に立ち会う程度だったようだ。

この間の内情を伝える情報源としては東京地裁の判決を含む裁判記録のほか、坂上香（『創』〇二年一・二月号）、高橋哲哉（『世界』〇一年五月号）、米山リサ（『世界』〇一年七月号）各氏の論稿や長井記者会見録などがあるが、裁判のからみもあって微妙に食いちがう。それをときほぐすのは容易ではないが、多少の推測も加え、
(1)誰が企画したのか
(2)第一次修正の過程（〇一年一月十九日〜二十八日）
(3)第二次改変の事情（一月二十九、三十日）
(4)放映の反響と裁判まで
の順にたどってみる。

まずは(1)だが、坂上論稿には「00年8月、私はNEP21のプロデューサーA氏（林CPを指す）から、12月に開催される〈法廷〉を舞台に番組を作ろうと持ちかけられた。……A氏は東大助教

## ■表1　関係年表

| | | |
|---|---|---|
| 平12 | 8/9 | NEP:NHKからDJへ番組制作を提案（吉見） |
| （00） | 9/26 | DJの坂上作成の企画書をNEPと永田CPへ提出（判決） |
| | 10/中旬 | 永田CP、吉岡教養番組部長と交渉して企画を通す（坂上） |
| | 10/24 | DJよりバウネットへ1月放映予定番組へ取材協力の申入（DJ） |
| | 11/21 | シリーズの企画提案を番組制作局部長会で承認、制作を委託（NHK） |
| | 12/8～12/12 | 女性国際戦犯法廷開催、DJが取材 |
| | 12/中旬 | 三者合同の構成会議で法廷中心という永田CPの編集方針を示す（坂上） |
| | 12/27 | スタジオ収録（高橋） |
| 平13 | 1/中旬 | 右翼団体のネットやNHKへの電話等で放映中止要求あいつぐ（本田） |
| （01） | 1/19 | 教養部長の試写と修正指示（吉見、NHK） |
| | 1/21～1/24 | NHK、DJの修正作業 |
| | 1/24 | 教養部長の第2回試写、追加修正作業へ（坂上、判決） |
| | 1/26 | 総局長試写（NHK）、夜、永田CPより秦へコメント収録の要請 |
| | 1/27 | 右派市民団体、NHKへ抗議行動（本田）、修正台本完成（高橋） |
| | 1/28 | 右派市民団体、NHKへ抗議行動 |
| | 1/28 | 午前、高橋コメントの追加撮影（高橋）、午後秦宅で撮影収録 |
| | 1/29 | NHK幹部（数名）、安倍官房副長官などを歴訪、夜、局長級試写とカット（長井、NHK） |
| | 1/30 | 松尾総局長より3分カットの指示（長井、NHK）、22:00−22:45放映 |
| | 2/2 | NHK幹部、中川議員を訪問 |
| | 2/6 | バウネット、NHKへ公開質問状 |
| | 7/24 | バウネット、NHK、NEP、DJを相手どり地裁へ提訴 |
| 平14 | 12/27 | 松井やより死去 |
| 平16 | 3/24 | 東京地裁判決（4/1控訴） |
| （04） | 9/7 | NHK、コンプライアンス（法令順守）推進室と通報窓口を設置 |
| | 11/ | 長井、日放労と相談（長井） |
| | 12/9 | 長井、窓口へ内部告発、海老沢NHK会長出演の特別番組放映 |
| | 12/下旬 | 朝日記者、長井へ接触（長井） |
| 平17 | 1/6 | 長井、窓口を通じ催促したが、裁判係争中を理由に不受理との返事（長井） |
| （05） | | |
| | 1/12 | 朝日朝刊のスクープ報道 |
| | 1/13 | 長井、東武ホテルで記者会見、夜TV朝日に安倍出演して反論 |
| | 1/14 | NHK、朝日の箱島社長、吉田編集局長へ抗議文手交 |
| | 1/17 | バウネット、東京高裁へ長井、安倍、中川、NHK幹部ら6人を証人申請、結審予定は延期 |
| | 1/18 | 朝日新聞、1/12報道に関し再報道 |
| | 1/19 | NHK、記者会見で朝日に反論 |

注（　）の出所
坂上…『創』02/1/2の坂上香論稿　DJ…04/7/26のDJ控訴理由書
高橋…『世界』01/5の高橋哲哉論稿　長井…05/1/13の長井暁記者会見
本田…01/3/2付朝日新聞の本田雅和執筆記事
吉見…WWW.NWT 02/1/30集会の吉見俊哉資料
NHK…05/1/19記者会見でのNHK広報局文書　判決…04/3/24東京地裁判決文

授の高橋哲哉氏の講演でこの試みについて知ったと言い……私にぜひとも企画をお願いしたいということだった」とある。

しかし、持ちかけられた坂上氏は他の民放番組で忙しく、一度は断った。高橋氏に会って話しているうちに引き受ける気になったが、「テーマがテーマだけに、企画が通る可能性は低い」と思ったらしい。なにしろ昭和天皇に有罪判決を出そうというもくろみの模擬裁判で、中小制作会社《プロダクション》にとってあまりにもリスクが大きすぎるから、当然のためらいだろう。

彼女はさらに、企画書を書く段階で林CPから教養番組部（以後は教養部と略称）のプロデューサーC氏（永田CP）やデスクのD氏（長井）を紹介され話しあったが、「教養部の担当者たちが最初から乗り気」で、「10月半ば、番組にゴーサインが出た。C氏が部長に直談判して15分で通した」というので、「企画が通ったということにひたすら驚いた」と書いている。

裁判記録では坂上氏が企画書を「女性法廷の主催者バウネットに見せ、最初の打ち合せをしたのは10月24日」となっているが、NEPとバウネットの間ではもっと早い段階から下交渉が始まっていたと思われる。

林CPの同僚である池田恵理子CPは、以前にNHKで慰安婦番組を手がけたことがあり、バウネットの幹部で女性法廷の映像責任者でもあった。その後に刊行された『女性国際戦犯法廷の全記録』全六巻（緑風出版、二〇〇二）のうち、第二巻の編集責任者にもなっている。ちなみに内海、高橋は第一巻の責任者だから、この番組はNHK、NEP、DJの三者に散在するいわば

「同志連合」の産物だったと言えそうだ。

その結果、バウネットが「番組制作のための取材に全面協力することを決定」（〇一年十月三日付で西野瑠美子副代表が東京地裁へ提出した陳述書）すると、DJには一階の中央にテレビカメラの設置を許し、起訴状や参加者名簿など「マル秘文書」を事前に提供し、「法廷」の非公開リハーサルに立ち会わせるなど、さまざまな特典を与えている。

しかしバウネットの同志だけでNHK教育番組を占拠できるのだから、全面協力を惜しむ理由はないし、期待はふくらむ一方だったかもしれない。ところがDJがまとめた企画書がNHKに承認され、女性法廷が閉幕した直後の十二月中旬に異変が起きた。

坂上論稿などによれば、高橋氏の勧告に沿って永田CPが法廷シーンを軸に構成したいと言いだし、バランスを重視したDJ案よりはるかに過激になったという。

それに対しNHK側は裁判の過程で、DJ案のほうが過激だったのを永田CPが修正したと逆の見解を主張、〇四年三月の地裁判決はNHKには編集権の範囲で行動したゆえに責任はないが、DJはバウネットの「期待権」を侵害したと判定して、一〇〇万円の支払いを命じた。

この判決で共同被告だったNHKとDJの間に亀裂が生じたのは当然だろうが、今年の一月十三日、長井氏が記者会見で、DJの視点がバウネットに近かったため、「客観性を強調して現場をとりまとめてきた」（朝日夕刊）と語ったため、控訴中のDJは翌日のHPで「別の視点の要素も盛り込んでいた弊社の構成案に対し、より法廷の記録性を主にした内容で行く方針を打ち出したのは、ＮＨＫのＣＰ（永田）と長井デスクだった」と反論した。

藪の中めいた論争に見えるが、現在もＮＨＫの下請け制作をつづけているＤＪとしては、リスクを伴う反論だけに、私はＤＪの理解が真相に近いと判定したい。

ともあれ永田チームとＤＪの番組作りは順調に進み、十二月末にはスタジオ収録も終ったが、年が明けて〇一年一月中旬頃から「右翼団体などが『放送反対』の声を大量に流し始めた」（前出の本田記者による検証記事）。一月二十七、二十八の両日には右派市民団体が集まり、一部がＮＨＫの建物内へ乱入、警官隊が出動するレベルへエスカレートする。

ひとつには、バウネットが一月三十日に放映するから皆さん見てくださいと、あちこちで宣伝したせいもあり、私自身もチラシでそれを知った覚えがある。

そうした空気のなかで一月十九日、吉岡教養部長が試写を見て「法廷との距離が近すぎる」「女性法廷の紹介番組じゃないか」「お前らにハメられた」（坂上）と激怒の声をスタッフに浴びせ、大幅修正を命じた。

部長は「稚拙で使い物にならず」（米山）という認識だったらしい。

第二回の試写は二十四日に行われたが、部長は番組の主旨を「完全否定」し、重ねての修正を命じたと坂上氏は書いているが、「十二月から激化している右翼の圧力などを考える」と放映中止になりそうだと感じたＤＪは、手を引きたいと申し出たようだ。

実際にその後の修正と改変作業は、すべてＮＨＫの永田チームの手で実施されている。細部は確認しようもないが、関係者の証言などから主要なものを列挙してみたのが表2（一五九ページ）である。第一次と第二次は教養部長と番組制作局長の主導、第三次と第四次は番組制作局長など局長レベルの協議による「業務命令」で実施された。秦のコメント追加は第二次の修正過程で急に決ったものだが、「政治介入」があったか否かをめぐる論議は第三次と第四次の改変に集中しているので、このあたりをもう少し検分しておく。

一月十九日のNHKによる記者会見などによれば二十九日夕方と深夜、松尾放送総局長の試写があり、三カ所（差しひき一分）の改変、放送当日の三十日夕方には局部長（三人）の協議でさらに三カ所（三分）の改変が指示されたという。永田CP以下の猛反対もあって作り直す余裕がないので、作業はカットが主となり、四十四分の枠が四分減った分を「プレマップ」の形式でのんびりしたカラコルム山脈の風景で埋めるという苦肉の策に落ちつけるしかなかった。

最終的な放映を見て、誰よりも怒ったのが、女性法廷の主催者バウネットだったのは当然だろう。松井やより氏（〇二年十二月死去）は「右翼の放映中止要求が強まっていると聞き、不安を感じながら放送された番組を見てショックを受けました」（〇一年十月三日、東京地裁への陳述書）と述べている。そして「起訴内容も判決さえも紹介せず、私のインタビューも全くカット」されたのが「右翼の攻撃対象だから」ということなら「私が主催者として代表する〈法廷〉全体への侮辱」と興奮の色をかくさない。

NHKが「話題にも上ったことがなかった」（坂上）「右翼学者」（松井やより）の秦を追加起用

したことにも腹が立つらしく、内海コメントに比べて、「極端に長く紹介された」(高橋)と八つあたりしている。主催者側とすれば、もっともな反応ではあるが、重要部分の修正は二十八日までの作業でほとんど終っていて二十九、三十日の六カ所カットは、私見では信頼性の乏しい証言ばかりでそれを落したのは番組にとって幸いだったと評したい。

たとえば「加害兵士二人の証言」はすでに一月二十四日の段階で教養部長が「違和感がある」(坂上)と疑問を呈していたのに、永田チームの抵抗で最後まで残っていたようだが、部長の直感は正しかった。

私は証言者が金子安次伍長、鈴木良雄軍曹の両人と知り「例の語り部が出てきたのだな」と思いあたった。二人は中国山東省で戦った第五九師団の兵士、撫順戦犯管理所で「認罪」して帰国後は中帰連という親中派兵士の組織に属し、日本軍の「戦争犯罪」を弾劾した『三光』という本に手記を発表した前歴がある。

金子氏が告白したのは「上官が中国人女性をレイプしたあと私が女を井戸に投げこみ、手投弾を放りこんだ」犯行と、堤防を破壊し、コレラ菌を撒いたという話だが、後者は戦友会の調査でコレラ予防活動をねじまげたものと立証されている(田辺敏雄『検証旧日本軍の「悪行」』自由社、二〇〇二、を参照)。

鈴木氏のほうは慰安所通いの思い出を語ったものらしいが、いずれにしても八十歳を超した老人の真偽定かならぬ回顧談だから反対尋問に会えば立ち往生は必定だろう。慰安婦たちの証言も似たり寄ったりだから、女性法廷が弁護人の参加を拒否したのも当然かもしれない。

それでも原案（原作）は強い。ズタズタにされたかに見えるが、バウネットの立場を代表する高橋、米山両氏に町永アナウンサーのトリオが交わしたスタジオ討論はほぼ原型を残しているからだ。それにバウネットを先頭とする放映後のNHK批判キャンペーンで、彼らの思いは十二分に国民へ伝わったと見ることもできる。

この過程を眺めあらためて認識したのは、当事者のなかで「右翼の圧力」には触れても、「政治の圧力」とくに中川・安倍の関与に言及した人がいないことである。

しいていえば、『週刊新潮』（〇一年二月二十二日号）が、ある事情通の話としてNHKの伊東番組制作局長が「自民党の大物議員に呼び出されクギを刺された、という噂が局内で囁かれている」と短評コラムで伝えている。それを根拠にしてか、民主党の大出彰議員が〇一年三月十六日の衆議院総務委員会で「報道によりますと、番組制作局長が大物議員に呼び出された」というが、「こういう事実があったか」と質問しているものの、松尾局長に否定されると、質問の矛先をすぐに変えている。特に具体的根拠があっての「政治の圧力」論が議論されたわけではない。

そうだとすれば、大げさな記者会見を開いて中川・安倍の政治圧力を言いだした長井氏の意図は何だったのだろうか。情報は十分とは言えぬが、そのあたりを探ってみよう。

## ◈「路頭に迷う」心配はないはず？

〇五年（平成十七年）一月十三日、渋谷の東武ホテルで新聞雑誌記者たちを集めた長井暁ＣＰ（四十二歳）の記者会見ほど珍奇なドラマは、めったにあるまい。

もっとも、かけつけたマスコミの大多数は、彼が「私もサラリーマン。家族を路頭に迷わすわけにはいかない。告発するかどうか、この四年間悩んできた。しかし、やはり真実を述べる義務があると決断するに至りました」（朝日夕刊、〇五年一月十三日付）と涙声で言葉を詰まらせ、ハンカチで目をぬぐう情景にほろりとしたのだろう。

「普通、記者は会見で拍手などしない」のに「詰めかけた数十人の記者の間から静かに拍手がわいた」と『サンデー毎日』（二月三十日号）の記事は書いている。

美談調で報道した新聞は朝日、毎日、東京、赤旗などだが、東京新聞に寄稿した斎藤貴男氏のように「証言はあまりに重い」が「四年間も悩んだ揚げ句、首を賭けて内部告発に踏み切ったという話が嘘だとしたら、それこそ世も末だ」（一月十六日付）と不吉な予感をのぞかせている人もいた。

テレビが一オクターブ高い報道ぶりになったのはやむをえないとはいえ、朝のワイドショーのキャスターが「一人のジャーナリストが涙を流しながら生活をかけて告発したあの会見を、皆さんはどう受けとっていらっしゃるでしょうか」と訴えたのにはいささか白けた。

というのは、研究領域が近いという事情もあって、地方国立大学の助教授をしている長井夫人が幼児をかかえて著書を刊行する忙しさに、珍しく夫が育児休業をとって助けているという当世流の「美談」を聞いたばかりのせいもある。テレビのシーンを見ながら私は「路頭に迷う」心配はないはずなのに、こんな大見得を切るからには、肝心の告発部分も怪しげだなと直感した。

そうした観点から毎日（一月十三日夕刊）からの引用で要点を検分すると、長井証言は安倍氏や松尾元放送総局長が反論したように、「嘘とか伝聞とか憶測」だらけと言ってよい。

a　〇一年一月二十九日に松尾総局長らが中川氏らに呼ばれたと認識している。

b　政治家の批判をかわすために作り直すと思った。

c　こうした経緯は海老沢会長も了承していたと考えている。（傍点は秦）

a―cについての各新聞の報道は微妙に食い違うが、朝日との違いはとくに顕著で、aについて朝日は「中川・安倍両氏を訪ねて説明」、bは「政治家の圧力を背景にしたものだったことは間違いない」、cは「海老沢会長に報告していた――報告書も存在している」（傍点は秦）といずれも断定調だ。

安倍官房副長官（当時）の名が出たり出なかったりするのも変だが、どうやら長井会見と同じ十三日に安倍氏が一月二十九日に一回だけ、それもＮＨＫの方から予算説明に来た時、先方から番組の話題が出たので公平・中立にしてくれと要望したこと、中川代議士も秘書の日程表を調べ、ＮＨＫと会ったのは二月二日、八日、九日で、放映前には会っていないと反論したのが複雑に影響したらしい。

長井氏は記者会見の席で「その数日前にＮＨＫの国会対策の職員が中川さんたちに呼び出されて相当激しくその番組内容を批判され、放送を止めろということを言われたらしいです。これは大変だ」となって、二十九日に「松尾総局長を中川さんと安倍さんの所に説明に……」（記者会見速記録）とａに前段階があったことを示唆している。

ところがこの前段階の話は、スポンサー然として控えていた本田記者にも初耳だったらしい。「二十九日の数日前に呼び出してがんがんやった話は誰から確認したんですか」と質問、長井氏は「名前は明かせません。信頼する上司としか申しあげられない。私は最初の呼び出しの日に中川さん、安倍さんが全員そろっていたか存じません。おそらく中川さんたちのメンバーが数人いたんだと思います」と答え、「その席には野島担当局長のほかに誰が？」「よくわかりませんが、中川さんがいたのは確かなようです」「伊東律子番組制作局長は？」「いたようには聞いていません。前段の部分はよくわからない……」と二人の問答はつづいた。

このやりとりから、前段の話は危ないと思ったのだろう。朝日と毎日は報道から落とし、産経と東京はそのまま記事にしてしまう混乱ぶりになったのも、元をただせばあらかたが「信頼する上司」からの又聞きのせいと言えよう。

## 表2　主要な改変個所

| | |
|---|---|
| 第1次<br>（01年1月19〜23日） | ○松井やよりインタビューをカット<br>○天皇の有罪判決シーンをナレーションへ変更<br>○海外の「法廷」報道を追加 |
| 第2次<br>（01年1月24〜28日） | ○法廷シーンのカット<br>○秦郁彦コメントの収録<br>○スタジオ対談の高橋・米山発言の一部カット<br>○「日本軍の戦時性暴力」のタイトルを「問われる…」に変更 |
| 第3次<br>（01年1月29日） | ○天皇の有罪判決ナレーションのカット<br>○秦コメントの延伸<br>○米山発言の一部をカット |
| 第4次<br>（01年1月30日） | ○加害兵士2人の証言をカット<br>○中国人、東チモール人の慰安婦証言をカット |

ではこの上司とは誰か。平職員の長井氏にとって組織上の上司は永田ＣＰ→吉岡教養部長→伊東番組制作局長→松尾放送総局長の系列だが、吉岡氏は「お前らにはめられた」とどなりつけ、松尾氏とともに完成品を容赦なく切っていった敵役だから考えにくい。残るは伊東、永田の両人だが、私はまず永田ＣＰ（冷遇されたあと、現在は部長へ昇格）に聞いてみようと思いたった。

拙宅へ撮影に来た時にもらった名刺を手がかりに日曜日（十六日）の夜十時に自宅へ電話すると、家人が「外出していて不在」と告げたので「おそくなってもよいから電話して下さい」と頼んでおいた。しかし返事はなく、翌日の昼前に職場の部下だという女性から「御用件は？」と聞いてきたので、「事実関係で確認したいことがあるから本人に代ってくれ」と伝言しておいたが、現在までに応答はない。

話を戻すと、十三日の長井記者会見は「放送現場への政治介入を許した海老沢勝二会長らの責任は重大。退陣すべきだ」という訴えでしめくくられた。不詳事件の続発と受信料の不払い増にもかかわらず居座りをきめこみ、労組（日放労）から退陣要求を突きつけられている情勢下で、大波乱を起こすのが目的かなと推測した人も少なくないだろう。

本人の言い分を拾うと、「四年間悩んでいたが……九月にコンプライアンス（法令順守）推進室が設置され、内部通報の制度ができた。NHKの自浄能力に期待し、昨年十二月九日に、外部窓口の弁護士事務所を通じ内部通報を行った」（東京）が、関係者が裁判中との理由で待てと言われた前後に朝日の記者が接触してきたという。

そして「十二月下旬に接触がございまして、私としてはとにかくコンプライアンス通報制度の結果を待ちたいのでしばらく記事にしないでくださいということを御願い」したが「一カ月経って……記事にされることを私は了承致しました」（記者会見速記録）となる。

しかし、NHKも放置していたわけではないらしい。十九日の記者会見で宮下宣裕理事は、裁判（一月十七日結審予定だった）の関係で待ってくれという回答を「一月八日に長井職員に通知しようとしたが、連絡が取れなかった。十一日にようやく通知できた」（育児休業のせい？）と報告している。

もっとも、長井氏は十一月に日放労に相談したとも明かしているので、マスコミへの告発はかなり前から思案していたのかもしれない。それにしても四年間悩んだにしては、晴れの記者会見に当時の文書コピーや私的メモにせよ、証拠となるものを何ひとつ呈示できなかったというのは、信じがたいほどの愚挙ではあるまいか。

## ◆朝日の五正面戦争

騒動が始まってから十日ばかりが経過した。関係者が入り乱れてメディアで論争するうちに焦点がずれていき、一月二十二日の段階では主戦場は朝日対ＮＨＫのバトルへ移った観がある。他にも各所で小バトルが展開中だが、表３（一六三ページ）を参照しつつ論点を整理してみることにしたい。

一月十二日の朝日スクープ、十三日の長井記者会見から三、四日間、新聞の論調は朝日に追随する毎日、東京、赤旗がやや優勢で、読売、産経、日経は無視ないし静観の構えを見せていた。分岐点は、「不可解な〈制作現場の自由〉論」と題した十五日付の読売社説だったかと思う。

「公正な放送のために、ＮＨＫの上層部が番組の内容を事前にチェックするのは当然」とし、昭和天皇に「強姦」の罪などで有罪を言い渡すような性格の女性法廷の主旨に沿った番組がもしそのまま放送されたとすれば、「できるだけ多くの角度から論点を明らかにする」と規定した放送法第三条に反することになり、「ＮＨＫの上層部はあまりに無責任」というのが読売の主張だった。つまりＮＨＫ内部の編集権を肯定するもので、「現場の自由」をふりかざすと新聞もテレビも困るはずですよ、と忠言した形である。すると残るのは政治家の圧力の有無だが、この時点では政治家のほうからＮＨＫを呼びつけた話はほぼ否定されているので、圧力とまでは言えぬと判断しているようである。

産経も同じ日から番組内容自体の再検証を訴えた論調を展開するようになり、一月十九日にＮＨＫが松尾放送総局長（当時）の反論を軸とする記者会見を開いて、事実関係を明快に説明するに至って、朝日の劣勢はかくしようもなくなった。しかし白旗をかかげて降伏するのではないかという一部の予想に反し、朝日はＮＨＫのみならず、表３（一六三ページ）で見るように正面戦争の苦境に立ちながら継戦態勢を崩していない。

## ◆ＮＨＫと朝日の叩きあいは

「姑息で卑怯な記事だ」（ＮＨＫ十九日）

「（松尾は朝日の記者へ述べた九日の）発言内容を翻した」（朝日十九日）

「焼き直したり、論点をすり替えたりするだけで……反論になっていない」（ＮＨＫ二十日）

「事実に反する一方的なレッテル張り。法的措置も」（朝日二十日）

「一八項目の質問に対する回答を記者会見で発表されたい」（ＮＨＫ二十一日）

といったぐあいにエスカレートする一方だが、ここで主要な争点をいくつか取りあげ論評してみる。

## ▣表3　関係者間の主要な争点

（05年1月21日現在）

| | |
|---|---|
| 朝日 vs. NHK<br>(＊)　(＊) | ⑴自民党がNHKを呼んだのか、NHKが自発的に説明に行ったのか<br>⑵01/1/29に松尾らが中川・安倍の両人に会ったのか、安倍だけだったのか<br>⑶松尾が中川・安倍の言動から圧力を感じたのか、感じなかったのか<br>⑷NHKが政治家へ事前説明するのは不適切か、適切か |
| 長井 vs. NHK | ⑴事前に改変の経過を海老沢会長へ報告していたのか、いなかったのか<br>⑵長井が04/12/9にNHKへ内部告発したのに1カ月経過しても回答がなかったのか、長井の所在がつかめなかったので05/1/8に回答が通知できなかったのか |
| 朝日 vs. 安倍<br>(＊) | 安倍がNHK幹部へ「公平・中立に」と発言したのは圧力か、否か |
| 朝日 vs. 中川<br>(＊) | 朝日記者の05/1/10取材で中川が「NHKと事前に会った」「番組中止を求めた」と発言したか、否か |
| 有志議員の会＋<br>産経 vs. 朝日 | 05/1/18の記者会見で長井の横に座っていた近藤卓史弁護士は朝日の顧問弁護士か、否か |
| 朝日 vs. 週刊新潮 | 『週刊新潮』の05/1/27号の広告で「大虚報」などの見出しを理由に朝日が掲載を拒否したのは適切か、否か |

注：＊は相手に謝罪、訂正を要求中であることを示す

(1)本田記者の取材法　本田記者は入手した長井情報のウラをとるため、〇五年一月九日、十日（連休）に安倍、中川、松尾の各氏に接触した。安倍氏によれば、カゼで寝ているときにインターフォン越しの問答、中川氏は長崎へ旅行中に追っかけていき電話で取材、松尾氏の場合は自宅で会ってということだったようだ。

いずれも奇襲された上、いきなり四年前の話題を持ち出されても即答するのは無理というもの。中川氏が、NHK幹部と会ったのは「番組放送前かについて、記憶にないと答えたのに」（二十日の記者会見）と応答したのも当然だろう。松尾氏が中川氏と同じく「取材は最初に結論ありきで、事実を歪曲」（十九日の記者会見）と述べていることからも、かなり荒っぽい突撃レポーター的取材だったと想像される。

(2)「政治的圧力」の定義　〇一年一月二十九日、NHK幹部から番組のことを聞いた安倍官房副長官が、「公平・中立な報道を」と述べたのは、「政治的圧力」に当たるかどうかについては見解が分かれているようである。対談者の双方が否定している以上、圧力はなかったと判定するのが常識だろうに、第三者が「あったはず」とか「口裏合わせ」とか強弁するのは見苦しい。

「介入、圧力に等しい」（毎日の一月十五日付社説）、十七日付の赤旗に登場した識者二人のコメント、十六日の「サンデープロジェクト」（テレビ朝日）で「露骨でなくとも李下に冠をたださずという古語もある」と発言した星浩・朝日編集委員などが代表例だが、まもなくこの論法は見なくなった。似た論法で苦しげに弁明していた「報道ステーション」の加藤千洋・朝日編集委員も、二十日夜の番組では古舘伊知郎キャスターに振られて、「私は朝日に属しているから（論評は）むつかしい」と逃げてしまう。

その後は二十一日の毎日社説のように、圧力論は「水掛け論」に終りそうだが、原点である「NHKと政治」という構造的な問題をつめるべし、と争点をすりかえる方向へ行きそうな気配だ。

### (3)なぜ安倍・中川が狙い撃ちされたのか

一月二十日付の産経などによると、自民党有志でつくる「日本の前途と歴史教育を考える議員の会」は、十九日にこの問題に関する見解をまとめたが、NHK幹部は同会メンバー数人を含む他の関係議員（古屋圭司、下村博文、平沢勝栄氏など）のところにも事前説明に来ており、両氏だけが狙い撃ちにされたことに、陰湿な政治的意図を感じると発表した。

そのわりには、この議員たちは及び腰で、二十一日のテレビに出てきたときも、A、B、と仮名になっていた。安倍・中川のような大物とちがい、渦中に巻きこまれて票が減るのがこわいのかと邪推もしたくなってくる。

バウネットが安倍叩きに熱心なのは、女性法廷の検事に北朝鮮の工作員が加わっていたことを暴露された怨みかもしれないが、バウネットと心中する気のない朝日は、対安倍作戦をどう進めるか困惑しているようにも見える。

二人がターゲットにされたのは、単に本田記者が長井氏の臆測を信じこんでしまっただけとも考えられる。

## ◈バトルの行方は?

ここまで書いてきたところへ一月二十一日、NHKが朝日新聞社に対して送った公開質問状が届いた。関根昭義放送総局長名義で相手は箱島信一社長と吉田慎一編集局長、箇条的に列挙した一八項目についての回答を求め、そのさいは記者会見を開き説明責任を果すよう要請している。ところが翌日付の朝刊で読売、産経は報じたが、朝日、毎日、東京は一八項目の全容を読者に伝えていない。敵・味方のシンパの構図がくっきり浮かんだのは興味深い。

大部分は既知の争点なので略すが、一月九日に松尾元放送総局長宅を本田ら二人の朝日記者が訪ねて交わした問答でいずれが嘘をついているかがバトルの核心となっていただけに、勝敗の分岐点はここにありの感を深くした。

一月十八日の朝刊でほぼ一ページ全面を使い朝日が十二日報道の改定版ともいえる検証記事を掲載したとき、松尾氏はなぜか匿名の「NHK幹部の一人」として登場していた。いかにも現役幹部の感を与えるので、他社の取材記者は血眼になって該当者を探し、長井氏が名を明かさなかった「信頼する上司」と同一人らしいと見当をつける記者もいた。しかし翌十九日のNHK記者会見で松尾氏が「私です」と名のりでる。前日に本田記者へ「幹部とは私のことか」と確認したうえでのことであった。

松尾氏は「記事の発言部分は私の発言に即したような体裁をとっているが、事実とは全く逆の内容になっている」として、

(1)安倍氏には会ったが、中川氏については記憶が定かでないと答えたのに、両氏に会ったようにねじ曲げて記事にした。

(2)何回もしつこく「政治的圧力を感じさせたでしょう」と決めつけるような質問をして……そのつど繰り返し政治的圧力は感じていないと答えたが、記事は全く逆の内容になった。

(3)中川氏への取材は十日なのに両氏が認めたかのような嘘をついて、意図的に答えを引き出そうとした。

と取材のやり方を強く批判した。

それに対し、朝日は直ちに松尾氏が「取材当時の発言内容を翻した」と反撃する。嘘をついたのはそちらじゃないかというわけだ。受けて立ったＮＨＫは二十一日の公開質問状で、さらに衝撃的な内幕を暴露した。

十八日に松尾氏が本田記者へ電話したさい、「取材の内容を確認したいが、二時間分の録音テープがあれば聞きたい」と要求したところ、テープがあるかどうか明言しなかったというのである（取材中にメモをとることは断ったとのこと）。

そのさい記者は「どこかでひそかに会いたい」「証言の内容について腹を割って調整しませんか」「摺り合わせができるから」とくり返したともいう。「2人の記者が松尾氏に長時間会って取材した結果などを正確に報じた」という一月二十日付朝日の抗議文を読んだ人ならずとも、「調整」や「摺り合わせ」の申し出があったと知れば仰天するだろう。

どうやらこのバトルは朝日の完敗という印象だが、朝日にいる私の友人は「社内は（日本の）終戦数カ月前といった空気だ。腹の中では負けだと自覚していても、一億玉砕の本土決戦論しか聞こえて来ないねえ」と語っているから、バトルはまだつづきそうだ。

箱島社長と海老沢会長の刺し違え辞任が、一番すっきりした収拾策に思えるのだが。

（二〇〇五年一月二十二日記）

〔追記〕海老沢社長は〇五年一月二十五日、箱島社長は同六月二十四日、いずれも辞任した。

原題＝徹底検証　朝日vs.ＮＨＫ全面戦争の逆転劇……『諸君！』二〇〇五年三月号

## 朝日の「自虐」が招き寄せた中国・韓国の反日運動

さまざまの事思い出す桜かな――芭蕉

満開の夜桜を眺めながら、気心の知れた数人の友人と酒を酌みかわしつつ他愛もない話がはずんだ。

「今夜も巨人は負けているのかなあ」

「ゲームの采配ぶりも変だが、いくら負けてもニコニコしている堀内監督は気味が悪い。頭のピンが一本はずれているんじゃないの」

「ピンがはずれているといえば、最近の朝日新聞も同じだね。国賊扱いされるかもしれないが、竹島を韓国に譲って友情島に改名したら、と若宮論説主幹が提言しているのを読んだか？」（秦注―二〇〇五年三月二十七日の「竹島と独島」と題した若宮啓文論文）

「読んだ読んだ。反響が良かったら次は尖閣を中国に、と言いだすかも――」

「あの人は親米・親韓・反中だそうだから、それはないだろう」

「四月七日の朝日夕刊に、面白い記事があった。一六九六年にアン・ヨンボクという人が竹島から日本人を追い出した、と韓国の教科書に書いてあるそうだ」

「それって、追い出す前は日本領だったということにならないか」

「面白いといえば、李文烈という韓国の小説家が、竹島を北朝鮮に譲り渡し、テポドンの基地を造ってもらい、日本をおどそうと提案していると聞いた。ひょっとすると来年あたり――」

というぐあいに、閑談はとりとめもなくつづいたが、あとは省略しよう。

### ◈寝た子が起きる竹島

「寝た子を起こす」というが、竹島、尖閣で反日攻勢をかけてきた韓国、中国は、領土問題にさっぱり無関心だった日本人を叩き起こしてしまったようである。これまで弱腰だった日本政府も、ようやく危機感に目ざめたらしい。放っておくと気前のよい若宮式敗北思想が広がり、北方、尖閣、沖ノ鳥島をふくめた領土問題は総崩れになりかねないと懸念したのであろう。

中山成彬文科相と町村信孝外相（元文科相）のタカ派コンビは、中学校用教科書の検定結果が公表される機会をとらえ、長年の退嬰主義を一擲して反撃に出た。

内外の反日派から憎悪の的となっている新しい歴史教科書をつくる会が著作者、扶桑社が発行者となっている日本史の教科書には、他の七社に比べ不公平とも思える検定基準（「近隣諸国条項」）を適用、計一二四箇所の修正を命じた。

しかし同時につくる会の「公民」の教科書（以後は「つくる会」、「扶桑社本」と略称）が、島の写真に「韓国とわが国で領有権をめぐって対立している竹島」とつけていた説明文を「わが国固有の領土であるが、韓国が不法占拠している竹島」と修正させたのである。

文科省は従来から外務省のホームページにある政府見解と同様だ、と説明しただけだが、画期的な方向転換であるにはちがいない。

しかも竹島の写真に隣りあう北方領土は「ロシアが占領している」、尖閣諸島は「中国が領有を主張」だから、竹島の扱いはひとまわりきびしい。日の丸を焼いたり、日本大使館に押しかける民衆の反日運動をたしなめるどころか、大統領までが「厳しい外交戦争もあり得る」「我々は勝利するでしょう」とけしかける韓国に対抗する意味あいもあってのことだろう。

これに対し、日本のマスコミの対応ぶりはさまざまで、かなりの幅がある。表1（一七三ページ）は、検定結果が公表された四月六日付主要各紙の社説（見だしと要点）である。各社には数日前に配布されており、論説委員がじっくり検討する時間はあったはずだが、予想どおり若宮論説主幹が書いたと思われる朝日の社説は、韓国政府の公式反応を上まわる「反日」的な論旨であった。

責任逃れを意識してか、ややまわりくどいレトリックを用いているが、若宮社説の「主張」を三点に集約し、私なりにほぐした解説を加えてみたい。

(1)「つくる会」教科書の史観批判
(2)竹島の領有権を争うな
(3)不採択運動のすすめ

まず(1)についてだが、四年前の検定時に比べて、「特攻隊員の遺書」は消えたが「神武天皇の東征が一ページも書かれている」とか、沖縄戦の「ひめゆり部隊や集団自決などの悲劇には一言も触れていない」とか、「検定で修正されたものの、当初（は）……韓国併合についても、一部に併合を受け入れる声もあった」（秦注―事実は、その通りだが）と書くなど、要するに「近現代史を日本に都合よく見ようとする歴史観が貫かれている」のが気に入らないようだ。朝日の歴史観に合わないものは書くな、書いても短くせよ、修正で直る前の「衣の下の鎧《よろい》」も見逃さないよ、という戦前期日本の検閲も顔負けの「あら探し」根性がすけて見えるではないか。

この程度ですんだのは、前日に韓国政府が「日本政府がそれなりに（検定に）努力したことを認めるが」（六日付朝日）と述べたように、かなり入念な検定のせいで、つけ入る隙がほとんど見当らなかったからだろう。くやしそうに、「近隣諸国との関係を中心」として一二四箇所も修正箇所があったと付言している。

ところが(2)では、がらりとトーンが変り、公民教科書の原文が検定により「韓国が不法占拠」と修正されたことについて「検定でそこまで求める必要があるのだろうか」と異議を申したて

## ▣表1　4月6日付各紙に出た社説と諸論評

### A　社説

| | |
|---|---|
| 朝日 | 「こんな教科書でいいのか」—「つくる会」の歴史教科書は……教室で使うにはふさわしくない。 |
| 東京 | 「歴史には冷静な態度で」—検定は独立した第三者に任せよ。 |
| 毎日 | 「国の関与、薄める工夫を」—検定をやめ自由発行制に。 |
| 読売 | 「検定、採択は日本の国内問題だ」—外国の圧力は決して許されない。 |
| 産経 | 「（左派教科書の）記述の是正はまだ不十分」—日本の過去だけを暗く、意地悪く描こうとする自虐史観が残っている。 |

### B　諸論評

| | |
|---|---|
| ネット21 | 歴史を歪曲し、戦争を賛美し……「あぶない教科書」を子どもたちに渡してはならない。 |
| 赤旗 | 侵略美化の教科書再合格。 |
| TBS（筑紫哲也） | 御近所とうまく行かずに世界とうまく行くはずがない。 |
| 中国政府 | 侵略を否定し、美化する歴史教科書……に憤り。 |
| 韓国政府 | 日本政府がそれなりに努力したことを認めるが……かなり足りない部分がある。 |

注：ネット21の正式名称は「子どもと教科書全国ネット21」
なお韓国・中国の友好組織との共同アピールの形式

る。「竹島は韓国に譲れ」という若宮提言からすれば、「不法占拠」はとんでもない話だろうが、読者離れが起きても困るから、疑問形で我慢しておいたのかもしれない。

(3)もやはり、まわりくどい言いまわしになっている。「四年前、朝日新聞は社説で、教室で使うには（扶桑社本は）ふさわしくないと主張した。今回も同じことを言わざるをえない」とある。

二、三回読み直してみても真意がはかりかねる文言だが、一三行離れた終結部分に「重要なのは、どの教科書で学ぶかである。保護者や教師も目を凝らし……子どもにふさわしい教科書をそれぞれの地域で選んでほしい」とあるのを見て理解できた。傍線の部分を結んでほしい。「ふさわしくない」ときめつけた扶桑社本は使うなと宣告しているのだから、それ以外の教科書の中から「ふさわしい」ものを採択しなさい、と全国各地の教育委員会などの関係者に呼びかけているわけである。

残る七社の教科書のなかにも朝日の史観になじまないものがあるはずだが、それは不問にして、扶桑社本だけを名指しで不買をすすめるのは、執筆者には名誉棄損、出版社にとっては営業妨害に当るのではないか。いずれにせよ、数百万部の部数を売る大新聞にふさわしくない愚行ではある。

## ◆キャラバン隊がやってくる

朝日以外の新聞の社説や中国政府などの論評は表1（一七三ページ）に掲げたので、じっくり読み比べて頂くことにして解説は省略するが、私の勤める大学の受講生に聞いてみたアンケート調査の結果を紹介しておきたい。

表1のうち朝日、ネット21、TBS、中国政府、韓国政府の五項目を並べて、誰の論評か教えずに「もっとも過激で反日的と感じたものはどれか」と聞いたところ、一一一票のうちネット21が圧倒的な一位（八七票）、中国政府が二位（二〇票）、朝日が三位（四票）で、TBSと韓国政府は票が入らなかった。

では中国や韓国政府を抜いて首位に輝いたネット21（正式には「子どもと教科書全国ネット21」）とは、いかなる組織か。ホームページを見ると「この会は、家永教科書裁判支援会の精神を引継ぎ、1998年6月13日に結成された会です」とある。

「（教育の）問題を地球規模で考え地域で行動する」といわれてもピンとこないが、ここ数年はエネルギーの過半を「つくる会」教科書の排撃と採択阻止活動に投入しているようだ。私のように「多様な史観の新聞や教科書があってよい」と考える者は、ネット21などが前回の採択率が〇・〇三九％にすぎない「つくる会」の教科書になぜ異様なほどの敵意を燃やすのか理解に苦しむ。

しかも朝日と同じように検定制度廃止論を唱えているのに、「文科省は検定合格を取り消すべきだ」とか「検定合格は近隣諸国条項や村山談話などの国際公約違反」ときめつけ、一方では「罷免」を要求している文科大臣の権限を借りようとする矛盾には平気らしい。「各地域でこの教科書を採択させないよう声を上げ、関係機関への働きかけを強めましょう」という呼びかけも同様、昭和初年に軍部の力を借りて反対党叩きに走った政党が、もろとも没落した故事を思い出す。

だが彼らの並々ならぬ組織力、行動力は軽視できない。ネット21の事務局長俵義文氏のHPには、「侵略戦争のための富国強兵策」のせいで一一人兄弟の末っ子として生まれ、父を農薬の害で亡くし、苦学力行しながら「資本論」を学んだ「生い立ち」の記とともに、二六の役職名と長大な活動歴が掲載されている。

役職は出版労連、中国人の戦争被害者の要求を支える会、日本の戦争責任資料センター、バウネット・ジャパン、歴史教育アジアネットワーク・ジャパンなど、活動歴には、韓国議員連盟から感謝状をもらったとか、北京での「歴史認識と戦後補償」シンポや平壌での「日本の過去の清算を求める」シンポに招かれて報告したたぐいから、靖国神社参拝違憲訴訟の原告として東京地裁で意見陳述とか、日韓青少年歴史体験キャンプに引率責任者として渡韓したことなど数ページにわたりぎっしりと書きこまれ、見ただけで圧倒される。

表1のネット21声明も、手まわしよく中国、韓国の友好組織との共同アピールという体裁をとっている。そして採択競争のピークとなる六月頃をにらみ韓国のキャラバン隊を迎えて採択阻止活動を前回以上に盛りあげるため、すでに東奔西走中であることがHPの集会行事御案内で窺える。四月の予定表だけでも二四回、目玉と思われる四月二十四日の「〈つくる会〉教科書の採択を阻止しよう！　東京集会」（千代田公会堂）は賛同金（一口五〇〇円から）の振込先は書いてあるが、講演者の名を出してないのは「一般の参加ができないものもあります」たぐいの集会なのか

もしれない。

「年間の講演一八〇個所」と誇称する俵氏は表の指揮官役として出ずっぱりかと思われるが、他にも小森陽一、高島伸欣、高橋哲哉、姜尚中、佐藤学といったおなじみの名前が登場してくる。われわれが本当に知りたいのは、集会の案内よりも具体的な阻止計画の手口なのだが、さすがにそれは知らせるつもりがないようだ。

私の知友には、朝日社説の権威も最近はガタ落ちしているし、ネット21系の影響力も世論を動かす力はあるまい、竹島譲渡論も「笛吹けど踊らずさ」と楽観する人が多く、私も最初は同調していたのだが、そうでもなさそうな兆候が見えてきた。

偶然の一致かもしれないが、朝日と並ぶ反日派の拠点ないし広告塔でもある岩波書店の月刊誌『世界』五月号（四月十日発売）に、竹島譲渡論が二本も出現したからである。

一本は「本誌編集部」が執筆した「ドキュメント　激動の南北朝鮮」と題した論稿で、一九〇五年二月の島根県への「編入が日本の領有権のひとつの根拠となっているが明治維新以降、日本政府は竹島をいったん朝鮮領土と認めており、〈編入〉も日本の領土でなかったからこそ行なわれた措置である……日本側は韓国の主張に耳を傾ける必要がある」よし。

この記述のいかがわしいところは、傍線部分の根拠資料を示してないことで、同じ号にもう一本、高崎宗司氏（津田塾大教授、朝鮮近現代史）の論文が竹島の帰属について「論拠を省略して日本の領有権を主張するのは、事態を悪化させるだけ」と前置きして諸説を紹介しているので、これが出所かなと見当をつけ探したが、見当らない。

一番大事な論点の根拠が不明とは、と舌打ちする思いで高崎論文に目を走らせて仰天した。「現実的な解決法」として竹島問題は「領土問題で日本が譲り、漁業問題で韓国が譲るのも一案」と書いてあるではないか。どちらも譲るのだから耳触りは良いが、島を占拠する韓国警備隊から銃撃される危険があり、日本漁船が近づけない現状がさらに悪化する可能性が大きい。極端に言えば、韓国からズワイガニ一〇〇匹とひきかえに島を永久にさしあげる「不等価交換」になりかねぬ。テポドンの基地を造らないと誓約させるほうが、まだましかもしれない。

高崎氏はまた最近における日韓関係の悪化は「日本の政府と国民の歴史認識の浅さに対する不信感の爆発」だとして、責任を全面的に日本へ転嫁している。

タッグを組んでいる和田春樹氏（東大名誉教授）も、前回の検定公表にさいし韓国政府が異例の修正要求を提出したとき、「日本政府に（修正要求を）送って下さったことに対して、心から感謝を捧げたい」（和田『同時代批評』、一九三ページ）と韓国の左派系「ハンギョレ」新聞に書いたぐらいの「確信犯」だから、今さら「親日派」に転向してもらうのは期待薄というものだろう。

ついでに気になるエピソードをもうひとつ紹介すると、先日、埼玉県富士見市の知人から「息子の通っている中学の教師が竹島は韓国の領土だと教え、息子は半信半疑だったが、若宮コラムの影響じゃあるまいか」との電話がかかってきた。

権威のあるなしにかかわらず、朝日の発信するメッセージは中継点で次々に増幅され、予想以上の影響力を発揮しているのかもしれない。朝日はあえて「国賊」呼ばわりを覚悟のうえで、「反日」キャンペーンをつづけるつもりなのか。このあたりの事情をもう少し検分してみよう。

## ◆朝日社論の乱調を探る

最近はめったに耳にしない「国賊」という名誉棄損風の雅語を持ち出したのは理由がある。他ならぬ若宮論説主幹自身が前記のコラムで「島を放棄と言えば〈国賊〉批判が目に浮かぶが、いくら威勢がよくても戦争できるわけでなく、島を取り返せる見込みはない」と書いているからだ。

朝日のＯＢが呆れた表情で「これはもう、売国奴呼ばわりして下さいと言っているようなもの。朝日には独特の自虐史観がありますが、遂に領土放棄まで言い出したのかという感じです」（『週刊新潮』四月十四日号）と述べたように、確信犯だとすれば矯正の余地はないと見てよいのかもしれない。

若宮氏は東大法学部を卒業して一九七〇年に入社したいわゆる全共闘世代だが、政治部長、論説副主幹を経て二〇〇二年九月から主幹という経歴である。政治部育ちで政治家の番記者もやっているので、視野が広く感覚も柔軟な現実主義者だと評されていた。実際にコチコチの朝日左翼だった佐柄木俊郎氏と交代した直後に書いた論説やコラムは新鮮で柔軟な印象を与え、朝日本来のリベラル路線へシフトするのかなと私は期待した。

若宮氏は社説のほかに、月に一回のペースで「風考計」というコラムを書いている。後者は「論説主幹」（論説委員長）の肩書入りだから部外者は社論と受けとるだろうが、社内的には個人のエッセーで通るらしい。わざわざ、そんなことまで書くのは、論説委員室は一人か二人を除き、ほとんどが旧全共闘セクトの流れをくむ旧左翼の出自で、肌合いのちがう論説主幹は一年ともたず、いびり出されるのではないかと噂されていたからだ。

たしかに、当初は社説と「風考計」の論調にはかなりの落差が見られ、不協和音がめだった。二、三の事例をあげてみよう。

〇一年の九・一一事件のとき、アメリカに滞在中だった彼は、他の日本人仲間とともに「America, We are with you」（アメリカよ、私たちは共にいる）という全面広告をワシントン・ポスト紙に出したが、当時の心情を「自由社会の兄貴分がこんな風に屈辱の挑戦を受けた事実を目の当たりにし、私もいたたまれなかった」（〇四年十月三十一日付「風考計」）とふり返っている。なにしろ見出しが「アメリカ〝with you〟と言わせて」だから、イラク戦争のさなかに反米論調を盛りあげていた社論とはまるで波長が合わない。その半年前には、三人の日本人NGOがイラク武装勢力の人質にされて自衛隊の撤退を要求され、世論が割れたことはわれらの記憶に新しい。

若宮氏は「自衛隊がいなければ、こんな事件も起きなかった」と反発する論説委員たちの突きあげに屈せず、「脅迫では撤退できぬ」（〇四年四月十日付）という社説を出す。小泉首相と会って共感したからでもあるが、社外からも「朝日は裏切るのか」と抗議が来て、眠れぬ夜をすごしたと内輪話を堂々と「風考計」（〇四年七月二十五日付）で打ち明けている。

だが左翼バネとの戦いに疲れて頭のピンがはずれたのか、「（靖国参拝に）米政府が抗議したといった話は聞いたことがない」（〇四年十一月二十八日付「風考計」）を最後に、今年に入ってから若宮氏の論説は呂律が乱れはじめた。過去に何度かあったパターンどおりの「本家帰り」だ。「アジアに夢を追い求め」と題した元旦の社説は、「ロシア軍の司令官ステッセルが日本に降伏を申し入れたのは、一〇〇年前のきょう」と格調高く始まった。つづいて孫文などアジアの独立運動家たちが、日露戦争における日本の勝利に歓呼したようすが紹介されるあたりから、お尻がむずむずしてくる。

ここまでは扶桑社の歴史教科書を引き写したのかと思えるトーンだが、急にEUに似た「東アジア共同体」へ話が飛ぶ。戦前の大アジア主義や「大東亜共栄圏」も好意的に紹介され、現状は困難が多く夢想に近いが、「いかなる歴史的大事業も、ユートピアに始まり、実現に終わるものなり」というEUの始祖クーデンホフ伯爵の言葉でしめくくっている。

気になるのは、「異常」な北朝鮮、「不気味」な中国、「自分たちの過去を顧みず、中国をなじるばかりの言論も横行」する日本と、暗い材料を列挙しながら、「韓流ブーム」「離れがたい日中経済のきずな」といった明るい可能性に期待しているところにある。

だが分裂気味の楽観主義はたちまち裏切られ、竹島をめぐって韓国が激高、中国でも尖閣や国連改革問題で反日デモが噴出する状況へ急転してしまった。それでも、いちど東アジア共同体の夢想にとりつかれた若宮氏は、実現を妨げる条件を日本側の譲歩で取り除こうとしてか、従来からの朝日左翼と合流して過激路線へ迷走せざるをえなくなったと私は観察している。

竹島を韓国に譲れという「風考計」の提言はその一端だが、四月九日の「日韓関係――新しい知恵が必要だ」と題した社説で、こりずに「竹島問題などで仲間割れするのは賢明ではない……対立を乗り越える新しい知恵を生み出そうではないか」と呼びかけている。

ややぼかしてはいるが、文脈をたどると、竹島譲渡の主張に他ならぬと判断したい。思いつきの夢想だったのが、「風考計」を盾に社論への格上げを迫られたのだという推測も可能だ。

そのうち、「元住民が返還を悲願とする北方四島」や「戦略価値が高い尖閣」も、ロシアや中国に差しあげるのが「新しい知恵」だと言い出すのではないか、と私は危惧している。

ところで、社説は日韓や竹島以外にも目を配っているのだよ、という声が聞こえてきた気がするので、視野を転じてみると奇態な現象に気づいた。最近の朝日社説には、ひねくれた茶化し半分のタイトルが多いのである。この新聞がお得意の「目をそらさず正面から向きあう」姿勢とは明らかにちがう。

日本語の乱れ現象と言ってしまえばそれまでだが、既出の「こんな教科書でいいのか」以外の事例をいくつか拾ってみよう。

「12月8日　さて、今日は何の日？」

「たばこ条約　ひと箱千円だっていい」
「ＮＨＫ　この会長で大丈夫か」
「民主党の影の薄さよ」
「産経社説　こちらこそ驚いた」
「中国政府　なぜ暴力を止めないのか」
（秦注―ふりがながないので、「とめない」と読むのか、「やめない」なのか不明）

いずれも世上を賑わしている争点ばかりで、ふまじめに論じられては困るものばかり、書き方によっては人畜有害になりかねないテーマもふくまれている。方向を転じたついでに、前記の話題のなかから旧聞になりかけている朝日の「誤報」事件の後日談と、本稿執筆中に突発した中国における反日騒動の二件をとりあげてみたい。

## ◆バトルに強い朝日新聞

朝日の「誤報」事件をめぐるバトルは、〇五年一月十二日に始まり、一時は全マスコミを巻きこむ大騒動に発展したが、一カ月もしないうちに膠着状態に陥ったまま現在に及んでいる。

ライブドアとフジテレビのバトルが勃発してすっかり話題を奪われてしまったのも一因だが、とりあえず朝日は窮地を逃れたといえよう。しかし問題は決着したわけではなく、不発弾のままころがっている状態だから、火花が散ればいつ誘爆してもおかしくない。『諸君!』の〇五年三月号に一月二十二日までの経過を書いた筆者として気になっている論点なので、その後の動きをざっと要約しておこう。

この事件では四つのバトルが同時進行した。

(1)ＮＨＫ対朝日
(2)朝日対自民党
(3)安倍晋三対バウネット
(4)バウネット対ＮＨＫ

まず(1)は主戦場とはいえ、朝日「誤報」の取材源が、問題になった「女性国際戦犯法廷」(〇一年一月三十日放映)番組の制作デスクだった長井暁《さとる》氏の内部告発だったこと、彼以外のＮＨＫ関係者が安倍、中川氏ら自民党幹部の政治圧力による番組改変を否定しているという複雑な構造になっている。取材者の本田雅和記者が松尾放送総局長(当時)に会い、政治圧力を認める裏付け証言をとったにもかかわらず、あとで翻されたと主張、朝日も本田の主張を支持したことは事態を一層わかりにくくした。

ＮＨＫは一月二十一日、箇条的に列挙した一八項目の公開質問状を朝日につきつけ、本田・松尾会談のテープ録音があるのなら出せ、と要求した。しかし何度かの督促にもかかわらず朝日は回答を避け、テープの有無は答えられないとつっぱね、法廷闘争に持ちこむ意向をちらつかせる。

自民党との五、六回にわたるやりとりでも同様だが、朝日は「記事は、十分な取材に基づいた報道です」と木で鼻をくくったような返事しかせず、かたずを飲んで見守っていた観客を失望させた。双方がテープを出し合って第三者に裁定させたら面白い、という一部の期待も裏切られ、あとは朝日人の内部告発を待つのみという状況である。

それでも多少の内情は洩れてくる。本田原稿は女性デスクの目をかいくぐり、吉田編集局長が出張不在の日に横井社会部長の了承をとりつけ、紙面に出したので、「飛ばしの本田には気をつけろとふだんから注意していたのに」と声を荒げた幹部もいたらしい。

だが本田記者は三月に四級職（部次長級）から三級職（部長級）に昇格した。論功行賞のお墨付きを出した以上、朝日は引くに引けぬ立場へみずからを追いこんでしまったとも言えよう。

他方、NHKは受信料拒否者の急増というアキレス腱が引き金となって、海老沢体制が崩壊した。しかし国会の予算審議中継に雁首を並べた新執行部の面々を見て、私はがっかりした。応答の中味も空疎だったが、橋本新会長（一月二十五日就任）をはじめ「アナウンス室でリハーサルをしてこいよ」と言いたくなるほど、無愛想で拙劣な話術ぶりをさらけだしたからである。

案の定、受信料拒否の流れは止まらず、NHKは朝日とのバトルどころではないピンチに立たされているが、対する朝日の部数減はさしたることもなさそうだ。近所の販売店主に理由を聞いてみると、「うちの読者は朝日とNHKのバトルを面白がっている」という話だった。どうやらライブドア対フジテレビのケンカと同類視されているらしい。「この会長で大丈夫か」という社説のえげつない見出しは、部数減の心配が去った安心感から生れたのだろう。

(2)の朝日対自民党のバトルでは、一月十二日の朝日記事で中川議員が事前にNHK幹部を呼びつけたと報じた事実はなく、したがって政治圧力もありえなかったことが確実であるのに、朝日は頑として「誤報」を認めていない。

その間に、自民党調査プロジェクトチームは、興味深い事実を発見した。一月十七日時点での朝日インターネット版(アサヒ・コム)の本件記事の見出しは「NHK番組に中川昭・安倍氏『内容偏り』幹部呼び指摘」だったのが、一月二十四日時点では「中川昭・安倍氏『内容偏り』指摘」と改変され、傍線の部分が削除してあるというのだ。

ところがそれを指摘した自民党側の通告書(第三回目)に対し朝日は平然と、見出しをつけた社内の部署が別々だったからだ、とにべもない返事を出し、社会部長、担当記者と討議したいという党側の申し入れにも応じなかった。「朝高政低」を誇示したつもりなのかもしれないが、私は別の感慨にうたれた。自己に不利な場合は、最低限の「説明責任」も公然と無視する企業倫理の頽廃ぶりが、ここまで来たかとの思いである。

ついでに思い出したが四年前の四月、朝日がやはり歴史教科書の検定結果を報道したさい、数日前にＦＡＸで送った私のコメントを何回も書き直させられた経験がある。左派のコメントが並ぶなかに一人ぐらい右派も入れておこうと選ばれたらしいが、目を通した記者やデスクは少しでも論旨を左へ寄せようと考えたのだろう。たとえば家永教科書は検定で約二〇〇箇所の事実ミスがあったのを「多数の」に変えたいとか、テニヲハまで注文してくるのだ。

主旨が変らぬかぎりがまんして応じ、そのつど旅行先のホテルへＦＡＸで修正文を送らせていたのが役立った。印刷直前に追加で直したいと言ってきたので怪しいと感じ、刷りあがりを読みあげさせると、無断でズタズタに改変しているではないか。

私は責任者を呼んで「すべて原文へ戻せ。一字でも変えたら法的手段に訴える。手許に証拠のＦＡＸが数枚あるからよく考えなさい」と言ってやったら、さすがに原文通りへ戻した。

先日、卒業式の君が代・日の丸の拒否問題で、「再犯」は訓戒ですまず減給処分になるとわかったとたんに、拒否者が昨年の一〇分の一に減ったと知って、四年前の記憶がよみがえったしだい。あとで言及したいが、わが国にはびこる反日論者も、ほとんどが「減給」相当以上のリスクを負うつもりのない程度の小心者らしい。安心材料ではあるが、寂しい思いもぬぐえない。

ちなみに朝日の書き直し癖は業界では周知のことらしいが、他社の注文原稿ではその種の経験がないので尋ねてみたところ、「当社にはそんな煩わしい仕事をやりたがる人はいないねえ」という返事だった。

(3)の安倍対バウネット戦は、安倍幹事長代理から女性国際戦犯法廷の検事団に北朝鮮の工作員が入っていたことを指摘され、怒った(怒る理由は不明)バウネットが何回か抗議文を送ったことに始まる。その間に興味深い寸劇が起きている。

二月一日、石毛えい子議員(民主党)の紹介で衆議院第二議員会館で開かれた「〈女性国際戦犯法廷〉に対する冒とくと誹謗中傷を許さない日・朝女性の緊急集会」という長たらしい名前の会合へフリージャーナリストの安田隆之氏が傍聴に行くと、「主催者」であるバウネットのオバさんは親切に応対してくれたが、朝鮮総連広報のチョンと名のる男に「出て行け」とどなられ、おろおろするオバさんの前で追いだされたというのである。

安田氏が「この集会はオープンではないのか」と聞くと、「オープンだが、われわれの知らない人にいてもらいたくない」と言い放つ男を見て、「ネズミのシッポを捕えるつもりが、摑んだシッポは恐竜のシッポだった」(『WiLL』〇五年四月号の安田稿)と直感、バウネットと北朝鮮のただならぬ関係に思い当ったという。

ただし、(3)もその後は(4)と同じように一服状況、さしたる動きはない。(4)のNHKとバウネットの法廷闘争は、長井暁氏(育児休暇を終えNHKへ復帰したよし)の内部告発もあって、東京高裁は一月十七日に予定されていた結審を先送りしてしまった。

ともあれ、韓国につづく中国の反日騒動で「誤報」問題はさらにかすみ、第一ラウンドにおける朝日の「勝利」は確定的となったかに見える。

### ◆中国の「開戦通告」？

その中国北京で四月五日、「官民一体」（中嶋嶺雄）の反日デモが起き、翌日から各地へ波及した。戦後最悪ともされる事態を収拾するためには当座の解決、ついで背景となる原因の究明を必要とするが、表2（一九一ページ）に示すように当事者の対応ぶりも論評（提言）も入り乱れていてまとめようがない。

日中両政府の言い分が真っ向から対立するのはやむをえないとして、日本側の論評のなかに、例のごとくとは言え中国政府の言い分にすりよったものが多いのには当惑する。なかでも朝日は異例に長い四月十二日付の社説で、「効果的外交」を怠ってきた小泉首相の責任を中国以上に激しいトーンで非難している。こうした「自虐」姿勢はかえって中国の軽侮を招き、反日運動を加速させるだけではあるまいか。それに全文の半ば近くを費して靖国参拝をやめろと説くのは、そうすれば日中関係は好転するとの読みかもしれないが、これは読み違いというもの。

複数の中国側主張は「日本政府の誤った歴史認識」に原因を求めているからだが、私はそれも隠れみのではないかと疑っている。では何が反日デモの狙いなのか。デモ隊がかかげていたプラカードなどから推察すると、「ガス抜き」説は別にして次の四点が背景に浮かんでくる。

(1)歴史認識問題

(2)靖国問題
(3)国連改革問題
(4)尖閣と東シナ海の天然ガス田開発

右のうち(1)は日本内部の反日グループが呼応してくれるし、韓国との連帯も可能だから、責め道具のスローガンとしてはうってつけだが、実益には乏しい。(2)も同様だが、靖国問題は韓国へのアピールがやや弱い。

(3)は今のところ日本内部に同調する勢力は見当らないが、国家外交レベルではもっとも強力な交渉材料になりうる。国連安保理事会の常任理事国になるのは永年にわたる日本外務省の悲願だった。それを実現するには拒否権を持つ中国の支持が絶対要件で、賛成してもらうには相当の交換条件も辞さないという構えをとってきた。

そこを見越してか、四月十五日の各紙は前日に中国外交部報道官が、ドイツ、インド、ブラジルの常任理事国入りは支持するが、日本の加入は不支持と表明したむね報じている（なぜか朝日は報道せず）。いつになく強硬姿勢のわが国をゆさぶるつもりかもしれないが、これも不発に終るだろう。何が何でも常任理事国になりたいという日本人は、ほとんどいないからだ。

(1)〜(3)が「見せ球」だとすると、(4)のガス田問題は日中両国の実益がもろにぶつかる争点といえる。私は反日デモの日から(1)〜(3)は隠れみので、本命はここだと直感していた。

## 表2　中国の反日デモ等についての対応と論評

### A　日中両政府の対応など

| | |
|---|---|
| 日本政府（4/10） | 正式謝罪、損害補償、再発防止を中国政府へ要求（拒絶） |
| 中国外交部報道官（4/12） | 「責任は日本側にあり、日本は反省せよ」 |
| 社民党首 | 「小泉首相が中韓両国を切り捨てたツケ」 |
| 民主党代表 | 「中国にも日本側にも責任がある」 |
| 自民党幹事長 | 「誰が見ても悪いものは悪い」 |

注：社民党以下は05年4月12日付朝日より引用
　　中国外交部は4月13日付産経より

### B　社説

| | 見出し（提言） |
|---|---|
| 朝日（4/12） | 「小泉首相の責任は重い」（靖国参拝をやめろ） |
| 毎日（4/11） | 「チャイナ・リスクの芽を摘め」（日本製品不買は中国の損） |
| 読売（4/11） | 「『反日』だけは黙認するのか」 |
| 産経（4/10） | 「中国は再発防止に全力を」 |

まずあやしいと感じたのは、北京デモの組織者として、童増率いる尖閣防衛連合会の名が流れていたことである。童増は、十数年前から慰安婦問題や対日民間賠償請求をテーマに過激な運動を主宰してきた。中国政府の都合で辺境に追放されたりまた復活したりしたが、最近は投資会社を経営しながら尖閣諸島への奇襲乗りこみ作戦を組織するなど、政府の露払い役を演じているかのようだ。

尖閣が中国側の本ボシらしいことは、反日デモの直後に露見した。中川経済産業相が尖閣周辺のガス田開発について、民間業者に試掘権を付与すると決断するや、中国政府は「重大な挑発だ」と反発した。予想外の反撃でうろたえたのか、四月十五日付の産経によれば外交部の秦剛報道官は、記者会見で「この問題で生じる一切の責任は日本側にある」と放言したらしい（朝日は報道せず）。

この警告をきちんと受けとめた人はあまりいないようだが、国際法上は宣戦布告に使われるレベルの文言なのである。現に一九四一年、日米開戦に際しわが外務省が起草した三通りの対米最後通告案のひとつは「将来発生すべき一切の事態に付ては合衆国政府に於て其の責に任ずべきもの」（『外交史料館報』第一八号、二〇〇四、原口邦紘稿）という表現だった。

実際に手交された通告文は、アメリカを油断させるため表現は一段とトーンダウンしたが、いずれにせよ東シナ海が一触即発の危機をはらむ可能性は高い。民間の試掘船が中国の軍艦に阻止されたとき、わが方も護衛艦を出して対決する場面もありうるだろう。

### ◈新「脱亜論」の勧め

さて、こうした危機の局面をどう切り抜けていくべきか。マスコミの論調を見るかぎり、現実性のある具体案は見当らない。硬派では「国益を踏まえ、凜とした外交姿勢を」（四月十三日付産経社説）が、軟派では「対立を乗り越える新しい知恵を」（四月九日付朝日社説）が代表的な提言だが、いずれも姿勢を説くにとどまる。

「本格的に対決して対話に導くことだ」（中嶋嶺雄）、「日本は歴史問題について明確なメッセージを送る必要がある」（加々見光行）といった識者の感想もいささかもどかしいので、あえて私案を箇条的に列挙してみる。

(1)領土主権についての主張は一歩も譲らない。
(2)靖国問題、教科書の歴史認識などの「内政干渉」には取り合わない。
(3)安保理事会の常任理事国になることは断念する。
(4)東シナ海のガス田試掘は、自衛隊の援護下で実施する。
(5)教科書の検定基準から片務的な「近隣諸国条項」を廃止し、「脱東アジア」の方向へ向かう。
(6)反日運動による多少の経済的・人的損害は覚悟する。
(7)日本国内の反日派による目にあまる行動は取り締まる。

どの項目も反日派の広告塔的役割を演じている朝日新聞などから反発されそうだが、欧米先進国では常識として通用するものばかりだと考える。それに憲法はおろか、法律の改廃も必要としない。近隣諸国の猛反発を受け、関係がさらに悪化することを心配する人もいようが、負け犬的な贖罪意識から脱却して普通の隣人として対等に交際し交渉する立場を確立することで、長期的にはかえって関係改善が望めるだろう。

世界中どこへ行くにも十数時間以内という時代に、アジアの一員だからという呪縛にとらわれる必要はない。かつて福沢諭吉は「われは心においてアジア東方の悪友を謝絶するものなり」として「脱亜論」を唱えた。その遺訓をあらためて味わう時に来ていると思う。

かねてから日韓問題も日中問題も実は日日問題だと言われてきたように、(1)〜(6)を実現するにさいしての最大の障害は、日本国内の反日派であろう。孫子の兵法を引くまでもなく、「獅子の身中にいる虫」を利用されれば、「戦わずして敗れ」てしまう。第二次大戦前の近隣諸国が植民地化の苦汁をなめたのは、そのせいだった。

「外交は水際まで」という格言どおり、内で争っても外に対しては結束する事例を私は先進諸国でいくつも見聞してきたが、稀な例外が最近の日本であることも否定できない事実である。国内の反日派に対する取締まりを提言したゆえんだが、反日派とは何かと聞かれそうなので、最後に私製の定義を示して本稿をしめくくりたい。

反日派

①　敵対的な外国勢力と陰に陽に連帯し、民主的手続きを経て形成された日本国の世論に背反する影響力を故意に行使しようとする日本人および組織。

②　動機と目的はさまざまで、政府を困らせたり日本の対外的なイメージダウンをはかったり、利権を狙う者や、個人的トラウマ解消のための「愉快犯」もふくまれる。

（二〇〇五年四月十九日記）

原題＝朝日の「自虐」が反日運動を招き寄せた……『諸君！』二〇〇五年六月号

## 反日デモをめぐる社説の読み比べ

一声でデモがなくなる怖い国
石投げが北京五輪の新種目
（二〇〇五年五月十六日付毎日新聞「仲畑流万能川柳」から）

知り合いのベテラン記者が「社説なんか自社のものでも滅多に読むことはないねぇ」と洩らしたことがある。「じゃあ誰が読んでいるの」と聞いてみたら、彼は声をひそめて「東京の各国大使館は主要新聞の社説を訳して本国へ送っているそうだよ」と教えてくれた。

それで思い出したのは、旧知の中国人学者が「うちの政府は朝日新聞の社説を分析しながら対日政策を決めています」と語ったことである。十年近く前の話だが、一連の反日デモを挟んで交わされた日中間の押し引きを眺めて、いまもそうらしいと思い至った。とくに靖国問題と歴史認識（教科書）問題で、中国政府の言い分は朝日の社論をそっくり引き写したと見えなくもないか

## ■反日デモをめぐる各紙論調

| 新聞名 | 社説の「見出し」と（日付） |
|---|---|
| 1　朝日 | 「小泉首相の責任は重い－八方ふさがりの日本外交」（4/12） |
| 2　東京 | 「対話解決に全力尽くせ」（4/18） |
| 3　毎日 | 「中国は対話の環境を整えよ」（4/18） |
| 4　日経 | 「中国の反日行動に反省を求める」（4/10） |
| 5　読売 | 「デモの正当化は認められない」（4/14） |
| 6　産経 | 「中国政府の責任は明白だ」（4/12） |
| ワシントン・ポスト（参考） | 「ほとんどすべて中国政府の責任」（4/23） |

らだ。

誰も読まないと言われる新聞の社説でも、抜け目なく利用する人々がいるという事実を前提に、比較検分をはじめるが、まずは関連する重要な史実を押えておくと、

①扶桑社版教科書の検定合格（〇五年四月五日）
②北京の反日デモ（四月九日）
③上海の反日デモ（四月十六日）
④バンドンにおける小泉・胡錦濤国家主席の日中トップ会談（四月二十三日）

というところか。各社とも数回にわたり取りあげているので、破壊行動を伴った反日デモの責任に関する主要六紙の代表的な社説を一つずつ選び、拾いだしたのが上の表である。

読み比べて意外に思ったのは、四月六日から約一カ月、指標となる客観情勢の起伏にもかかわらず、各紙とも社説の基調はほとんど揺らいでいないことであった。便宜的に分類すれば、A型（朝日）

は自己批判ないし自虐調、B型（東京、毎日）は相互反省ないし対話強化調、C型（日経、読売、産経）は中国批判ないし国益重視調と評せるだろう。

朝日の突出ぶりが際だつが、そのあたりの論評はあとにまわし、各紙ともデモの背後にひそむ中国政府の真の狙いが何であるか、についての関心や分析がほとんど見られなかったことに私は失望した。

デモ隊のプラカードなどから判断すると、具体的な争点は、

①小泉首相の靖国神社参拝
②歴史教科書問題
③日本の国連常任理事国入り
④東シナ海のガス田試掘と尖閣の領有権

の四項目かと推測されるが、四月二十三日の日中トップ会談で胡主席から、新顔の、

⑤台湾独立の不支持問題

が提起されたため、五項目に増えた。

私見では①と②は日本国内の同調派を意識しての責め道具的スローガンで、呼びかけたあとは彼らに一任できる主題だから、中国の標的は③④⑤と断じてよいだろう。おそらく読者の関心も、双方の立場からの③④⑤の優先順位と利害得失の冷徹な比較分析にあると思うが、なぜか各紙とも素っ気ない。

「頭を冷やし、お互いのためになる大人の関係を」（4／14付朝日）とか、「互いの粘り強い努力が必要だ」（4／8付毎日）とか「小泉純一郎首相はこの機会に、中国の〈愛国青年〉らに……自らのメッセージを送ったら」（4／21付東京）のような情緒論でお茶を濁している。

こうした毒にも薬にもならぬ空虚な美辞麗句で端折ったり、書いている本人はなんの智恵もないのに当事者に「智恵を出せ」と注文するのは、新聞社説の伝統スタイルで、今さら治しようのない病弊かもしれない。それでも個別の争点について、それなりの主張を打ち出している社説もあるので、順を追って検分してみよう。

まず①の靖国参拝だが、朝日、東京、毎日、日経は反対論、読売、産経は歴史教科書もろとも内政干渉するなという立場のようだ。本来は反対だが、他国にいわれて屈するのは嫌だというもっともな言い分をどこかで見かけたが、六紙にはなぜかこの種の論調はない。

参拝反対の急先鋒は朝日で、少なくとも五回は言及している。なかでも四月十二日には二本分の異例に長い社説の半ば近くを費やし、「どれほど中国の人々の気持ちを逆なでで」したか反省せよと説き、首相に参拝中止の決断を迫っている。そのしつこさは異常とも思えるが、さすがに上海デモのあたりからはややトーンダウンした。

以前に政府首脳は靖国に参拝しないという「紳士協定」なるものがあったという話が王毅中国大使の口から急浮上、首相ばかりか外相や官房長官の参拝も許さない意向が中国側から流れてきて、不安になったのかもしれない。身代わりに起用したのが加藤紘一元自民党幹事長だった。

日中トップ会談と同じ日の朝刊という絶妙のタイミングで掲載された加藤論文は、A級戦犯が祀られている靖国神社への首相の参拝は私人としても許せないし、サンフランシスコ講和条約違反だからアメリカからも苦情がくるだろう、と警告する。見方によっては、アメリカをけしかけているともとれるが、そのような苦情がくる心配はないと私は断言したい。

加藤氏は小泉首相とは自民党の総裁と党員の関係ばかりでなく、山崎拓氏と併せてYKKと呼ばれた仲でもあったのに、トップ会談の直前に公然と旧友の足を引っぱったわけである。一種の「通敵行為」といわれても仕方ないだろうが、政界やマスコミからたしなめる声があがらないので、かえって中国側も気味悪がっているのではないか。
②の歴史教科書問題については、要約すれば朝日が「扶桑社本は採択するな」、東京が「検定と採択を透明に」、毎日が「検定制度を廃止せよ」、産経が「自虐教科書を是正せよ」（いずれも4／6付）といったぐあいで、反応はバラバラである。
五月十四日付の産経報道によると、扶桑社本の不採択運動で司令塔的役割を果している「子どもと教科書全国ネット21」の俵義文事務局長が、十三日の日本外国特派員協会で「うそつきによ

って作られた教科書」ときめつけるなど、なりふりかまわぬ反対運動を盛りあげている。中韓両国としては、折りにふれハッパをかける程度ですむから、こんなに楽な対日工作はあるまい。

④のガス田試掘問題では朝日（4／14付）、東京（同）、日経（4／15付）が日中の共同開発を提唱している。耳触りは良いが、朝日（4／20付）はそのかわり「試掘は慎重に」と釘を刺す。ガス田の埋蔵量は意外に貧弱で、欧米資本は見切りをつけて手を引いたらしく、共同開発は巨額の資金を日本が肩代わりするだけという警戒論もあるから、うかつに乗れない話ではある。読売（4／15付）と産経（4／14付）は、中国の一方的開発に中止を求め、日本の試掘船には護衛をつけるよう提案しているから、ここでも新聞六社の論調は分裂気味といえよう。

ふしぎなのは、③の理事国入りや⑤の台湾問題については、六紙とも社説面ではノータッチに近いことである。③は中国が加入に関する拒否権を持っているので、賛成してもらうためには多大の代償を払わねばならぬ可能性があり、触れたくない気持が先立つのかもしれない。

⑤は胡主席が言い出すまで念頭になかったのと、何を書いても中国に叩かれそうだという予感があって模様眺めしているのか、と想像するが、読者としてはぜひ智恵を出してもらいたいテーマには違いない。

ところで、読み比べ作業をやっている過程で気になったのは、社説が読者をふくめた一般世論をどのくらい正確に反映しているのかという点だった。対応する世論調査は見かけないが、私も参加した四月二十九日深夜の「反日デモと日中新時代」と題した「朝まで生テレビ」（テレビ朝日）

の視聴者アンケートが参考になる。

第一問の「日本の戦争責任」では有効回答四四三本のうち、ＯＤＡや謝罪などで「すでに果した」が二一四本に対し「果していない」は六〇本、第二問の「日本が取るべき態度」については「毅然として」が八二本、「靖国参拝反対」が七二本、「話し合い」が五三本というぐあい。この数字をどう読むかだが、大多数が戦争責任は果したのだから、戦後補償がらみの謝罪やＯＤＡは不要と認識していることがわかった。

ほぼ読売・産経路線に沿った結果と言えよう。例外は靖国問題だが、テレビ朝日だから親会社の社論が影響しているのかもしれない。逆に読むと、靖国は別として従来通りの路線をひた走れば、読者離れ↓部数減のリスクが見えるような気もする。「社説は社内の少数意見なんですよ」と解説してくれた記者もいるが、たかが社説、されど社説というあたりが悩ましい。このところ話題の焦点から外れている北朝鮮が核実験に踏み切ると、社説の分布はどう変わるのだろうか。憂慮の思いで見守ることになりそうだ。


〔追記〕本稿の校正中に呉儀中国副首相が小泉首相との会談を当日（五月二十三日）になってドタキャン、帰国する事件が起きた。「最低限の国際マナーに反する」（読売）、「明らかな侮辱」（ＮＹタイムズ）のような反応と対極的なのが、やはり朝日（二十五日付）で「（中国の）思いを解く努力をする道義的責任は加害者側にある」とエールを送っている。付ける薬はなさそうだ。

# 三　朝日新聞は反日派の広告塔か？

（二〇〇五年五月二十五日記）

原題＝新聞の論点　社説を読み比べる　日中問題……『中央公論』二〇〇五年七月号

# 四　昭和天皇と戦争責任

## 昭和天皇の「戦争責任」を検証する

二〇〇三年（平成十五年）は、太平洋戦争の終結（敗戦）から五十八年目、一世代（ジェネレーション）を三十年とすれば、そろそろ二世代の歳月が過ぎようとしている。

参戦者の多くは世を去り、生き残った人たちも八十歳以上、いま働き盛りの青壮年層は孫の世代に当る。その孫の世代に重苦しくのしかかっているのが、日本の戦争責任と戦後補償――ひっくるめて「過去の清算」と呼ぶときには、朝鮮半島などに対する植民地支配の始末もからんでくる。賠償の支払いはとっくに終ったが、経済協力と名目を変えての補償は今もつづき、いつ終るのか見通しもつかない。

「祖父の代の責任を孫や子がいつまで背負うのか」という不満が洩れるのもむりはない。ついでに戦前期の日本の元首でありながら、目に見える形で戦争責任を果したと思えない昭和天皇の戦争責任問題が浮上してくるのも避けられないところだろう。

こうした事態をいち早く予見したのは、天皇の側近でA級戦犯として巣鴨プリズンで服役していた元内大臣の木戸幸一だった。木戸は六年半にわたったアメリカの日本占領が終り、独立回復を目前にした一九五一年秋、松平康昌（式部官長）を通じ、天皇へ退位を勧告した。終戦からすでに二回、昭和天皇は退位の意向を表明しながら見送ってきたのだが、木戸はこの機会を逃すと「皇室丈《だけ》が遂に責任をおとりにならぬことになり……永久の禍根となるにあらざるやを虞《おそ》れる」（『木戸幸一尋問調書』大月書店、一九八七の粟屋憲太郎解説）と判断したようだ。

昭和天皇も同意して、田島道治宮内庁長官らが退位声明の案文を練る。その原案には「敗戦の責任を深く国民に詫びる」という主旨の表現がふくまれていたが、異論が出てまとまらない。天皇は「出さないで困るのは私だ」と歎いたが、そのうち吉田茂首相の強い反対で退位自体が流れてしまう（高橋紘『象徴天皇』岩波新書、一九八七）。この間の実情はいまひとつはっきりしないが、新憲法下の皇室典範に退位の規定がなかったことも影響したらしい。

退位か在位か、天皇の気持はたえずゆれていたが、結果的には「お上がご苦痛だと思《おぼ》し召すほうを、この際はお選びになるべきであります」と説いた三谷隆信侍従長の進言を容れたともいえよう。ともあれ、わが国は敗戦のどん底から立ちあがり、やがて高度成長路線をつっ走る。昭和天皇は大日本帝国を潰した三代目と新生日本の初代を一身に具現する象徴的存在となったのである。「結果良ければすべてよし」のバブル的熱気がさめやらぬ一九八九年、昭和天皇は八十八歳の天寿を完うして世を去る。

その直後に朝日新聞は「（昭和）天皇に戦争責任があるか」と問うた世論調査を実施したが、

ない　　　　　　　　　　　三一％
ある　　　　　　　　　　　二五％
どちらともいえない　　　　三八％

という回答になっている。

「どちらともいえない」が最多数を占めたのは、設問の微妙な政治性もあるが、「戦争責任」という概念の曖昧さに、回答者がとまどったせいでもあろう。つまりもう少しブレークダウンしないと、答えようがないともいえる。

戦争責任を論じるさいに、よく引き合いに出されるのは、ドイツの高名な哲学者カール・ヤスパースの次のような区分である。

1　法律的
2　政治的
3　道徳的
4　形而上的

わかりにくいのは4だが、個人が神と直接に向きあって対話するさいのキリスト教的概念だから、ここではとりあげない。

さらに別の区分法として、

A　対内的責任

B　対外的責任
a　開戦責任
b　敗戦責任
を1〜4と組み合わせる手法が考えられる。たとえば1B、2A、3bのようなセットである。

「勝者の裁き」だった東京裁判では、主として1Bと1aが焦点となり七人のA級戦犯が処刑されたが、天皇は免責された。ほぼ同時に日本人の手で裁判をやっていたら、1aではなく1bが主たる関心事になったかもしれない。論理的には、戦勝国はa、敗戦国はbを標的にしがちだからだ。

だが史上最初の体験だったのに、わが国では敗戦責任が論議されたことは少ない。鈴木貫太郎首相、東郷茂徳外相、阿南惟幾陸相、米内光政海相など終戦時の閣僚が概して善玉扱いされているのに対し、東条英機首相兼陸相、嶋田繁太郎海相、賀屋興宣蔵相、岸信介商工相ら開戦時の閣僚は半世紀を経ても不人気である。

そうした風潮のなかで、昭和天皇は前記の退位声明（案）で察しがつくように、例外的に敗戦責任のほうを重視していたようだ。そこで、改めて昭和天皇の戦争責任を仕分けしつつ検分してみることにしたい。

## ◆明治憲法と天皇の権能

やや形式的な議論になるが、明治憲法では天皇はすべての法律的、政治的責任を問われないことになっていた。「天皇ハ神聖ニシテ侵スベカラズ」と書かれた第三条がそれで、伊藤博文の『憲法義解』は「君主を責問するの力を有せず」と解説している。当時、王制をとる欧州諸国の憲法を模倣したものでもあった。

では天皇に代って誰が責任を負うのか。第五五条に「国務各大臣ハ天皇ヲ輔弼《ほひつ》シ其ノ責ニ任ズ。凡《すべ》テ法律勅令其ノ他国務ニ関《かかわ》ル詔勅ハ国務大臣ノ副署ヲ要ス」とあるように、首相をふくむ閣僚が副署という行為によって責任を負うと解すのが通説だった。これを裏から読むと、天皇には決定権がなく、拒否権は内閣が持っていたことになる。

ただし天皇には首相を任命する権能はあったが、元老のちには内大臣が選んで推せんする慣例が確立し、天皇が候補者を拒否した事例はないから、この権能もまた形式にすぎなかったといえよう。

明治憲法の各条をざっと眺めると「天皇ハ……」で始まる一一の天皇大権が並んでいる。一見すると天皇は絶対権力を持っているのかと錯覚しそうだが、それは名目にすぎず、国家意思の決定権は閣僚の手中に握られていた。責任を問えぬ君主に権力を委ねるのは暴君を生み出す危険があるから、天皇による権力行使にタガをはめるのは自然の理といってよい。

しかし明治憲法には「天皇ハ陸海軍ヲ統帥《とうすい》ス」（第一一条）という条文もあった。統帥とは軍隊への指揮権を意味し、天皇は大元帥として陸海軍を直率する権能を持っていた。そして国務大臣はこの分野に介入できなかった。いわゆる「統帥権の独立」である。しかも第一一条には第五五条のような輔弼の機関と副署の規定が欠けていて、誰が責任を負うのか明確でない。前出の『憲法義解』も触れていない。美濃部達吉、佐々木惣一ら戦前の憲法学者は陸軍の参謀本部の長である参謀総長、海軍の軍令部総長が輔弼（または輔翼）の責任を負うと説明していた。

実務的には軍事作戦に関する天皇の命令は参謀総長らが起案し、天皇の裁可を経て「奉勅伝宣」と添え書き（副署）して軍隊へ伝達することになっていた。いわゆる「奉勅命令」の起案権を持つ参謀総長らが国務大臣の副署と同様の拒否権を持っていたと類推してよく、両総長の人選も陸海軍大臣の推せんで決められた。

すなわち国務と統帥の両面で、天皇は実質的な権限を持たされなかったのだが、形式的には並立する二つの権力機構を統合する役割を負わされていたのである。その矛盾を緩和するために考案されたのが、大本営政府連絡会議（のち最高戦争指導会議と改称）という協議体だった。大本営とは一九三七年に設置された天皇の軍事幕僚スタッフで、陸軍部（参謀本部）と海軍部（軍令部）に分かれていた。

戦争指導の重要事項はこの連絡会議ですりあわせ合意に達したのち、天皇が臨席する御前会議で最終決定に持ちこまれたが、原則として天皇が発言することはなかった。セレモニーも同然で、連絡会議はかえって天皇のイニシアティブを封じる役割を果す。

対米開戦の方向を決した一九四一年九月六日の御前会議で、天皇が「よも（四方）の海みなはらからと思ふ世に　など波風のたちさわぐらむ」という明治帝の和歌を読みあげたのは数少ない例外だが、「恐懼《きようく》」した連絡会議のメンバーが考え直した形跡はない。意味不明の感想として聞き流したのである。

このときに限らず、天皇が大臣や総長たちに感想を述べたり、質問したり、説得を試みた例は多く、発言記録も少なくない。しかし命令口調で発言した例はほとんど見当らない。命令して無視される屈辱を避けようとしてか、昭和天皇は発言の語尾に気を使った。終戦の「聖断」の場面でも、鈴木首相から「思《おぼ》し召しを……」と聞かれて「外務大臣の意見に賛成する」という言い方をしたし、徹底抗戦を主張する陸相には「阿南、頼む！」と説得している。

戦前期とくに戦中の天皇の質問や感想や助言は多岐にわたるので、特定の視点から意図的に拾っていくと、慎重で平和主義的な文人指導者と有能で好戦的な軍事指導者という相反する二つの人物像が生まれてもふしぎはない。

東京裁判でアメリカが前者のイメージに傾き、外国の日本研究者もほぼ同調したが、わが国の左翼歴史家はむしろ後者のイメージを強調する傾向にあり、最近ではベトナム反戦世代の米歴史家のなかから同調する動きがある。

二〇〇〇年に英文で刊行され、二〇〇二年に七月と十一月に邦訳が出てベストセラーになったハーバート・ビックス著、吉田裕監訳『昭和天皇』上・下（講談社）は、その代表的著作である。

やはり〇二年十一月に邦訳が刊行されたピーター・ウエッツラー著、森山尚美訳『昭和天皇と戦争』（原書房）は、同世代の歴史家なのに傾向は反対で、ビックスの本を「偏見に満ちたこの本がしていることは歴史のぶちこわしに他ならない」と痛烈に批判している。

そのビックス本の注で引用頻度を数えてみると、山田朗四八、藤原彰四五、吉田裕四五、田中伸尚三〇回と典型的な左翼歴史家の著作からの引用が目立つ。言ってみれば、ビックス本には日本人にとっての新情報は皆無に近く、前記の四人の著作から、要点を拾い出し英文に訳してつづり合わせただけと評しても過言ではない。

人名、地名、日付の初歩的な誤記も多く、訳文もまた最悪と言ってよいが、それでもピュリッツァー賞をもらったり、ベストセラーになったのは、英文としては昭和天皇に関する最初の本格的著作だった物珍しさからか。

わが国で売れたのは、二〇〇一年夏に、扶桑社版日本史教科書の採択阻止と小泉首相の靖国神社参拝を八月十五日から変更させる大キャンペーンを張って成功を収めた、朝日新聞の大宣伝のおかげだろうと私は観察している。余勢に乗じた朝日は、八月十五日の社説で昭和天皇の戦争責任を次のターゲットと宣言したが、ビックス本は恰好の看板だったので、異例ともいえるキャンペーンに乗り出したのだろう。

だが、九・一一テロや小泉訪朝の余波もあって、この構想はどうやら不発に終りそうな気配である。

## ◆「責任のとり方」とは

少し横道へそれた気もするので、論点を引き戻すことにしよう。

すでに見てきたように、天皇の戦争責任について1の法律的責任はクリアーされたので、残るは2の政治的責任と3の道徳的責任だが、この両者は混然としていて区分しにくい。昭和天皇自身もそうではなかったかと思えるので、具体的な「責任のとり方」という角度から検分してみる。

敗戦の時点で、連合国や日本国民の視野に入っていたのは、次の三つのカテゴリーだったと思われる。

X　自決―東京裁判―処刑

Y　退位ないし隠退

Z　在位の継続

多少の説明を加えると、Xの自決はやや突飛な感もあろうが、終戦直前に天皇制の処理と占領改革案を立案していた米政府専門家の文書は、天皇自決の可能性を論じていた。日本側でも、本土決戦の最終局面での自決を予期する人はいたし、特攻隊の創始者で終戦の日に自決した大西滝治郎海軍中将は「天皇は特攻機に乗ってもらう」と公言していた。

処刑も今となっては奇異に思えようが、一九四五年六月のギャラップ世論調査では「天皇を殺せ」が三六％を占めていたし、中国専門家のオーエン・ラティモアは、中国への流罪を唱えていた。判決の場が東京裁判になるであろうことも想定されていたが、後述のような理由でマッカーサー総司令官は天皇を法廷の場には引き出さなかった。

次にYの隠退だが、秘話めいたエピソードがある。終戦の半年前、近衛文麿元首相は高松宮と協議して敗戦とともに天皇は出家して裕仁《ゆうにん》法皇と名のり、京都の仁和寺で戦死者の霊を弔う余生をと思案し、仁和寺門跡の了解もとっていた。しかし木戸内大臣は、出家という日本的方式がキリスト教徒に通じるとは思えないと反対し頓挫する（秦『昭和天皇五つの決断』文春文庫、一九九四、を参照）。

隠退に代るのは退位だが、昭和天皇は終戦直後の八月二十九日、「戦争責任者を連合国に引き渡すは真に苦痛にして忍び難きところなるが、自分が一人引受けて、退位でもして収める訳には行かないだろうか」（『木戸幸一日記』）と木戸内大臣に相談した。だが、木戸は言下に否定した。退位したら、戦犯にされてしまい、天皇制の存続も危くなるという理由である。

この木戸の見通しは正しかった。ワシントンでは、退位するか、日本国民に退位させられた天皇は利用価値がないから直ちに戦犯にする、という主旨の文書が作成されていたからである。日本へ乗りこんできた米占領軍は、天皇を頂点とする日本の政府機構を通じて統治する間接占領方式を予定していたから、天皇が在位するかぎり、手をつけにくいというジレンマがあった。

またポツダム宣言で公示した戦犯裁判は、勝者である連合国のみが行使しうる特権と考えられ、敗者である日本が先廻りするのを許さない姿勢だった。実際に占領軍に迎合する意図から、不法殺人、強姦などで若干の日本兵を大急ぎで裁き、刑を科したのに、重ねてBC級戦犯法廷へ引き出され、より重い刑罰を受ける事例があった。今でも日本人自身の手で戦犯を裁くべきだったと論じる人がいるが、占領軍が承知するはずのない空論というべきだろう。

木戸に説得されて退位を思いとどまった昭和天皇に、避けられぬ正念場はそれから一カ月後にくる。九月二十七日の第一回天皇・マッカーサー会見である。

会見は旧アメリカ大使館で行われ、藤田尚徳侍従長らの随行者は控室までで、会談に立ち会ったのは通訳に当った奥村勝蔵外務省参事官だけであった。国民に発表されたのは天皇とマッカーサー元帥が並んで立った写真だけで、会談の内容は明らかにされなかった。他に洩らさないようにと望んだマ元帥の注文を、律儀な昭和天皇は「男の約束ですから」と終生守りとおした。

約束を破ったのは、他ならぬマッカーサーである。『マッカーサー回想記』（朝日新聞社）が日米両国でほぼ同時に刊行されたのは元帥の死の翌年に当る一九六四年だったが、第一回会見における天皇の発言ぶりを次のように記述している。

私は、国民が戦争遂行にあたって政治、軍事両面で行ったすべての決定と行動に対する全責任を負う者として、私自身をあなたの代表する諸国の裁決にゆだねるためおたずねした。（朝日新聞社訳）

どうやらマッカーサーは、昭和天皇が戦犯として起訴されないよう、つまり命乞いに来ると思っていたらしい。根拠はあった。彼は第一次大戦の終結時に師団長としてドイツへ進駐したさい、敗戦国ドイツの皇帝（カイゼル）が国民を放り出して中立国オランダへ逃げこみ、連合国の引渡し要求を拒んで亡命の地で天寿を終えた故事を記憶していたのである。

それだけに、彼の感動は大きかった。回想記は次のように述べる。

昭和天皇とマッカーサー（提供：共同通信）

死をともなうほどの責任、それも私の知り尽している諸事実に照らして、明らかに天皇に帰すべきではない責任を引き受けようとする、この勇気に満ちた態度は、私の骨のズイまでもゆり動かした。私はその瞬間、私の目の前にいる天皇が、個人の資格においても日本の最上の紳士であることを感じとった……。

マッカーサーは他の機会にも、このときの印象を語っている。五五年九月、元帥宅を訪れた重光葵外相への談話（九月十四日付の読売新聞が報道）、四七年十二月、皇太子の家庭教師だったバイニング夫人への談話（夫人の日記とインタビューを紹介した八七年十月三日と八九年一月八日の共同通信報道）、米国務省から政治顧問としてGHQへ派遣されていたジョージ・アチソン大使の国務長官あて報告電などである。

## ◈ユー　メイ　ハング　ミー

いずれも『マッカーサー回想記』と同工異曲だが、補足的情報もある。たとえばバイニング夫人の日記には、天皇が「貴下は私を絞首刑にしてもよい（You may hang me）。しかし私の国民を飢えさせないでほしい」と発言したとある。

またアチソン電は会見から一カ月後の十月二十七日、マッカーサーがアチソンへ打ちあけた直後に打電された外交文書で信頼度はもっとも高いが、「開戦通告の前に真珠湾を攻撃したのは、まったく自分の意図ではなく、東条のトリックにかけられたからである。しかし、それがゆえに責任を回避しようとするつもりはない。天皇は、日本国民の指導者《リーダー》として、臣民のとったあらゆる行動に責任を持つつもりだと述べた」（一九七四年八月十八日秘解除）とある。

ここで少し説明を要するのは、いわゆる「真珠湾だまし撃ち」問題のくだりであろう。周知のように、ワシントンの野村吉三郎大使からハル国務長官への最後通告文の交付が奥村書記官のタイプミスで指定より一時間余おくれ、その間に真珠湾攻撃が始まった。

事前通告は不要と考えていた外務本省や軍部へ、国際法を守るようにと注意したのは天皇だったから、おくれた事情は報告されておらず、昭和天皇はこの時点まで例のごとく東条にだまされたと誤認していたのであろう。事実は事実として説明しながら、それでも全責任を負うという文脈は、いかにも合理主義を尊ぶ昭和天皇らしいと言えそうだ。

ともあれ、マッカーサーは捨て身で向きあった昭和天皇の気迫に、内心では当惑したと思われる。もし東京裁判で天皇に同じ主旨を発言されたら、ぶちこわしになってしまうし、日本国民の反乱ないし不服従運動が併発するかもしれない。日本占領の成功を花道に次の大統領選出馬を予定していたマッカーサーが、天皇とパートナーを組んでの占領改革を、と即座に計算してもふしぎはない。会談の途中からがらりと態度を変えた元帥は「何時たりとも又如何なる事であろうと随時御申聞け願ひ度い」（二〇〇二年、外務省公表の会見録）と述べ、玄関まで見送りに出た。

本国から最終判断を委ねられた占領軍総司令官が、天皇を訴追したら反乱の危険があり、一〇〇万人の増援兵力が必要になる、とやや誇大な論脈で天皇制の残置を本国へ進言したのは、翌年の一月末である。

それまでに、マッカーサーは天皇に対する国民世論の動向を慎重に見定め、東京裁判が対象とした一九二八年から四五年に至る天皇の言動を克明に調べあげた。浮かびあがってきたのは、①張作霖爆殺犯人の追及、②軍縮条約賛成、③満州事変反対、④国際連盟脱退に不賛成、⑤日ソ不可侵条約賛成、⑥天皇機関説支持、⑦日独伊三国同盟反対、⑧関特演（関東軍特種演習）における対ソ戦反対、と首尾一貫した「平和主義者」のイメージであった。

当然のことながら、戦時中の天皇が、日本の勝利を願って作戦の経過に一喜一憂し、提言したり激励した言動は問題にされなかった。

これなら、うるさい他の連合国の詮索もクリアーできるはず、とマッカーサーは自信を持ったにちがいない。天皇免責の最終決断は、単なる政治的方便からだけではなかったのである。

それから一週間後に彼はGHQ民政局のスタッフへ象徴天皇制、主権在民、戦争放棄などを核心とする憲法草案の起草を命じた。前後して公職追放、農地改革、教育改革、財閥解体などアメリカ型民主主義を基調とする急進的な占領改革が次々に実施された。

日本国民は概して、これら一連の諸改革を「熱烈歓迎」する。最高権力者として君臨するマッカーサーと、象徴に格下げされた天皇との連係は、半年に一回のペースで一一回に及んだ両巨頭会談を通じ、ますます強まる。しかし昭和天皇は、GHQの意向に迎合し、盲従したわけではない。断片的に伝わっている会見記録から判断すると、天皇は控え目にではあるが、臆せず総司令官へさまざまな注文を出し、抵抗もしている。

GHQの要請により四六年元旦に出たいわゆる天皇の「人間宣言」には、昭和天皇の強い要望で原案にはなかった「五箇条の御誓文《ごせいもん》」の全文が追加された。それはアメリカ型とは別に日本型の民主主義もあるよ、とのアンチテーゼだった。

また非武装日本の安全保障は国連の手で、と楽観視していたマッカーサーへ、昭和天皇はくり返し懸念を表明し、米軍の防衛責任を約束させている。

皮肉な話だが、側近の老臣や軍部の圧力でがんじがらめになっていた昭和天皇は、戦犯裁判や公職追放で彼らから解放され、苦難の季節に鍛えられた政治手腕を開花させて占領軍のトップとわたりあう機会に恵まれたのである。

象徴天皇の政治介入は憲法違反と批判する声もあるが、占領期の統治権は日本国民にはなくアメリカの手中にあり、新憲法の効力は一時停止も同然の状態にあったともいえる。いわば超法規的存在であるマッカーサーとわたりあうため、天皇も超法規的に行動したと解釈できる。

そして昭和天皇は、国民の期待を一身に負い、国益を守るため渾身の努力を傾注したものと私は評価したい。しかも、両人の関係はいつしか主客転倒に近い位置づけに変っていく。

## ◆三度あった退位の機会

一九四八年十一月十二日、東京裁判の法廷は東条元首相以下の七人へ死刑の判決をくだす。他のA級被告たちにも、洩れなく有期刑が宣告された。その日、天皇の執務室をのぞいた村井長正侍従は、「陛下は目を泣き腫らして真っ赤な顔をしておられた。生涯忘れられないお顔である」と回想している（『新潮45』一九八七年一月号の橋本明論文）。

この日は、昭和天皇にとっても忘れられない辛い一日であったにちがいない。なぜなら、判決の日を期して退位するつもりだったのに、マッカーサー元帥の強い要請で、翻意せざるをえなかったからだ。

詳細は拙著『昭和天皇五つの決断』に譲るが、米国ノーフォーク市のマッカーサー記念館には、十一月十二日の日付で、田島宮内府長官の名で総司令官にあてた英文の書簡が保管されている。

この「親書」は「天皇陛下の御下命により、本官は閣下に対し、天皇陛下から次のようなメッセージをお伝えする光栄を有します」と書き出されている。そして「過日吉田首相を通じてわたくしに伝えられたご懇篤かつご厚情あふれるメッセージ」に対し「わたくしは、一層の決意をもって……国民と力を合わせ最善を尽す所存であります」と伝えていた。まわりくどい表現だが、在位をつづける意思表明であることは、前後の経過から明白である。

田島日記などを利用した加藤恭子の考証によると、内外で天皇が退位しそうだとの噂が高まったのを気にしたマッカーサーが、吉田首相を通じ思いとどまるよう伝えたのは十月二十八日だという。翌二十九日、吉田は天皇へそれを伝えたが、天皇の決意は変らない。

ようやく吉田の説得が成功、それを元帥へ報告したのは十一月十一日だが、書面による保証を求められ、前記の「親書」が吉田からマッカーサーへ手渡されたのが翌十二日の正午だった（加藤恭子『田島道治』TBSブリタニカ、二〇〇二）。十一日に作成した「親書」の日付が判決の日の十二日付になっているのは、初志に対する昭和天皇のこだわりかもしれない。

田島が退位に備え準備していた天皇の「謝罪詔書草稿」も、一緒に流れてしまったのだが、マッカーサーはなぜ天皇の退位を許さなかったのか。直接の証言は見当らないが、側近のウィリアム・シーボルト外交局長は彼の回想録に、退位となれば「マッカーサーと裕仁との関係によって象徴されていた権威と統治の全組織は、突然破壊され」（『日本占領外交の回想』朝日新聞社、一九六六）たろうと書きとめている。

二度目の退位撤回については、天皇自身の回想もある。一九七八年十二月四日の記者会見だが、「記憶がありますが、（マ元帥との）信義の上……話すことはできない」（高橋紘編『昭和天皇発言録』小学館、一九八九）と、多くを語らなかった。ゆれ動いたであろう当時の心中を察するすべは、もはやない。

すでに紹介したように、退位の機会はもういちど三年後に来るのだが、結果的に昭和天皇は在位継続の道を択んだ。その是非をめぐる論議は今後もくすぶりつづけるだろうと思う。しかし二〇〇万を超える戦争の死者や、生き残った戦友たちの心情も考えてみる必要があろう。それを知るたしかなすべはないが、私は関ヶ原の合戦（一六〇〇年）における敵中突破の退却戦で兵力の九割以上を失いながら、主君の島津義弘を生還させた薩摩隼人《さつまはやと》たちの心意気に思いをはせる。

生還した義弘は死者たちの期待に応えた。勝者となった徳川家康との戦後折衝を通じ、薩摩の領地・領民と体制の保全を果したからである。

原題＝〈ハーバート・ビックス『昭和天皇』に異議あり〉昭和天皇の「戦争責任」を検証する

……『中央公論』二〇〇三年二月号

## 歪められた昭和天皇像／ビックス批判

二〇〇二年（平成十四年）の出版界は一六〇〇万部を超えた超ベストセラー『ハリー・ポッター』の話題で明け暮れた観があるが、地味な学術図書の分野で気を吐いたのはハーバート・ビックス著、吉田裕監修、岡部牧夫・川島高峰・永井均訳の『昭和天皇』上・下（講談社）である。

何しろ一〇〇〇部前後が常識とされるこの分野で、五万五〇〇〇部を七月末から十月までの三カ月で売ったという。十一月末に刊行された下巻をふくめると一〇万部を超える勢いだから、「活字離れ」の風潮におびえる出版界にとっては福音だろう。

だが本の中味や周辺事情を知ると、素直に喜んではおられない気もする。売れた原因を探ってみると、第一に人々の関心をそそる「昭和天皇もの」であること、次に「二〇〇一年ピュリッツァー賞受賞」というブランドであろう。それに知名度は低いが、ハーバード大学で博士号を取得し、三十年にわたり日本近現代史を研究した元一橋大学教授、現ニューヨーク州立大学教授という著者の経歴を重ねあわせると、「昭和天皇研究の一大金字塔」（訳書のカバー）と速断する読者がいてもふしぎはない。

しかし最大の要因は、マスコミとくに朝日新聞の事前、事後にわたる好意的大宣伝にあったのではないかと私はにらんでいる。主要新聞や雑誌もひとわたり取りあげているが、朝日に煽られての観がなくもない。朝日はビックスの英文版がアメリカのハーパーコリンズ社から刊行された直後の二〇〇〇年十一月八日、翌年の七月十四日、〇二年八月二日の三回、いずれも夕刊の文化欄で書評を兼ねた紹介記事を掲載している。なかでも三回目の記事は、訳書の上巻が出た数日後というタイミングだった。社内のエース記者を登用しての〇三年一月五日付の書評に、週刊の『ＡＥＲＡ』『週刊朝日』（二本）を加えると合計七本になる。

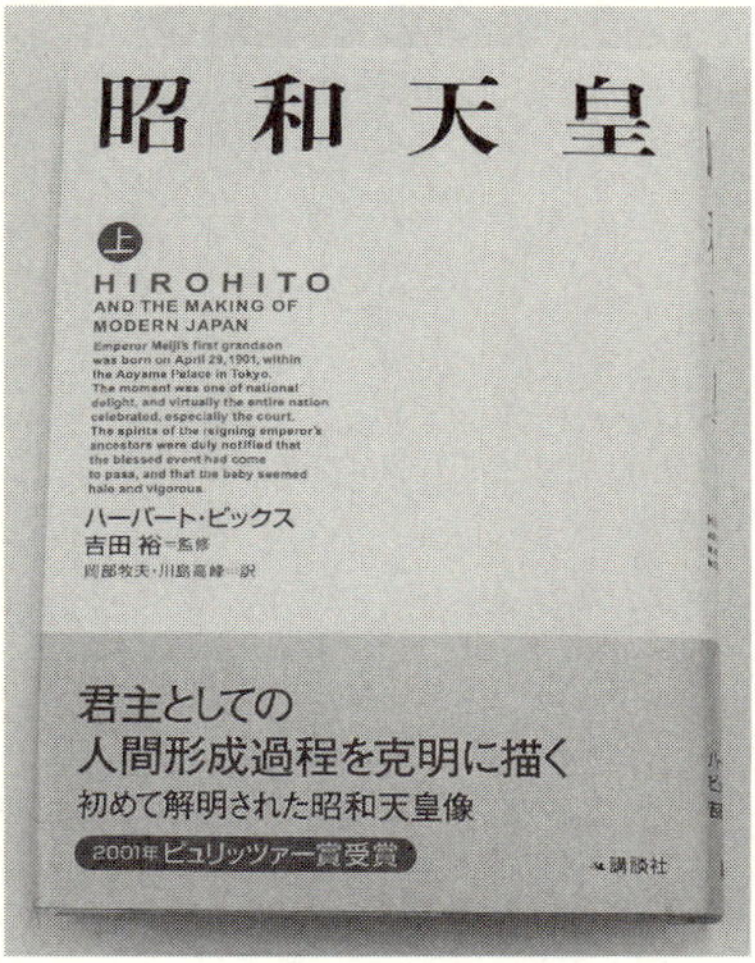

ハーバート・ビックス著『昭和天皇』

では、朝日がなぜこれだけ力こぶを入れたかだが、英文ペーパーバック版刊行と同時期の二〇〇一年八月十五日の社説と関連がありそうだ。当時から物議をかもしたこの終戦記念日の「歴史に対する責任とは」と題した社説は、昭和天皇の戦争責任を正面から論じたもので、大新聞としては戦後初めての例とされる。ビックス著の論旨と重なりあう部分が多いので、要所を引用してみよう。

満州事変に始まる15年戦争について、天皇はあるときは軍部の暴走をたしなめ、あるときは軍部の動きを追認した。そのあたりの事情は微妙だ。

だが、陸海軍を統帥し、すべて天皇の名において「皇軍」への命令が下されたことを考えても、やはり天皇の戦争責任は免れない、というほかあるまい。戦後の東京裁判では、米国の占領政策の思惑もあって、天皇は免責された。

強いて違いを探せば、後半がぴったり一致しているのに対し、社説が「微妙だ」と逃げているところをビックスは一歩踏みこみ、昭和天皇を「日本の戦争政策の絶対的な中枢」（著者の日本人読者向け序文）と決めつけた点にあろう。監修者の吉田裕一橋大学教授も負けず劣らず、「あとがき」で「軍部に対してさえ主体的なリーダーシップを発揮し、その結果、戦争への道に傾斜していった昭和天皇の等身大の実像を過不足なく、えがき出すことができたのだと思う」と手放しで賞めあげ共鳴している。

ブッシュ大統領とイラク人有志が「フセインは悪の枢軸」と共同声明を出すような風景だが、こうした見方に反発する声も決して少なくない。見方によっては一冊の本をめぐって、これほど評価が割れた例も珍しい。なかには、一本の書評で「ひた押しに歴史に迫る力業は見事というほかない」という讃辞と「水晶のような論理の一貫性を保った分だけ、実像は歪められた感がある」という酷評が同居している例（外岡秀俊、朝日新聞二〇〇三年一月五日付）さえある。

英文版が刊行された直後の反応は、概してビックス本への追い風が多かった。英文版裏表紙などの書評をいくつか拾ってみると、

「昭和天皇こそ軍国主義者だった」（ロサンゼルス・タイムス紙）

「歴史の爆弾」（英エコノミスト誌）

「数世代にわたり読み継がれるだろう傑作」（シカゴ大教授、ブルース・カミングス）

「夢中にさせられる」（MIT教授、ジョン・ダワー）

「豊富な日本語文献を慎重かつ鋭くえぐったためざましい研究で、戦時下日本の理解に不可欠」（ノーム・チョムスキー）

のように絶賛調の洪水だが、少し落ちついてくると異論も出てきた。代表的な辛口評の例を次に紹介しよう。

「意図的か、未熟でか、歴史がビックス氏によって逆さまにされている」（『AERA』〇二年十二月二日号の長谷川熙稿）

「思いこみによって書かれた歴史」（御厨貴、毎日新聞、〇二年十二月十五日付）

「〈陰険な戦争指導者〉という結論は調べる前に決まっていたと思われる」（ピーター・ウエッツラー教授、『SAPIO』〇一年九月五日号）

「バーガミーニと同系列の作品」（ベン＝アミー・シロニー教授、米学会誌から転載された『正論』〇三年二月号）

シロニー教授が引き合いに出したバーガミーニとは、一九七三年に『天皇の陰謀』（れおぽーる書房）の書名で内外に悪名をはせたトンデモ本の著者で、中村政則氏は「バーガミーニよりもはるかに学問的・実証的であることが、読者に安心感をあたえ、惹きつけた」と弁護しているが、私は同じトンデモ本でもアイリス・チャンの『レイプ・オブ・南京』を連想する。

偶然かもしれないが、英文版の出版社は同系列、代理人も同一人で、著者に各地をまわらせサイン本を即売する手法まで同じ、いずれも十数万部のベストセラーになったのは、巧妙なセールスのせいもあるらしい。

## ◆山のような誤記・誤読・誤訳

さて肝心の中味だが、なにしろ原本（Hirohito and the Making of Modern Japan）は一一〇ページを占める脚注（ノート）をふくめ八〇〇ページの大冊で、ずしりと重い。日本語訳は二分冊で計七二〇ページと分量は減っているかわり活字がつまっているから、一般の読者が読み通すのは難行苦行だろう。

ただし威圧感はある。脚注の数が一五三二個、その九割以上が日本語文献と聞けば「徹底した日本側文献資料の収集ぶり」（中村政則）と思いこむのもむりはないが、サム・ジェームソンが『諸君！』（〇二年十二月号）誌上で指摘したように、日本語資料はすべて表題がローマ字で表記されており、英訳は記されていない。

つまり英文版の読者の大多数にとって脚注は利用不能に近いのだ。しかし「膨大な脚注がついているから、よく調べられている研究だ」と錯覚させる効果はあるのかもしれない。さらに問題なのは、引用文献の主力が、一部の左翼研究者たちの著作に偏っていることだろう。

試みに引用頻度で数えてみると、山田朗（四八回）、藤原彰（四五）、吉田裕（四五）、田中伸尚（三〇）、粟屋憲太郎（二五）の順である。私自身も七回引用してもらっているが、終戦史を中心に書いた『昭和天皇五つの決断』（文春文庫、一九九四、単行本は一九八四）から二・二六事件の都合のよい個所を数カ所「つまみ食い」されただけで、あまりありがたくない。だからといって辛口の評価へ走るつもりはないが、公平に見て原文、訳文をふくめこれほど間違いだらけの本も珍しいと思う。

そこで、とりあえず目についたビックス本の欠陥個所を次のような四つのカテゴリーに区分し、目に余る事例だけに絞って示すことにしたい。

1　単純な事実の誤り
2　引用文献の誤読
3　誤訳と悪訳
4　無理な断定と推量

まず1の分野だが、アラ探し的に数えていけば数百カ所にはなろう。ただし英文版のミスには日本の読者から訂正要求が殺到したため、ペーパーバック版では改善され、それを底本とした訳書も、その分だけ減っている。

たとえば英文版の索引では、山下奉文《ともゆき》大将がヤマシタ・ホーブン（二カ所）とヤマシタ・トモユキ（三カ所）を別人として掲記していたとか、古橋広之進がロサンゼルス五輪で金メダルをとり、昭和天皇に賞めてもらった（全米水上選手権大会の誤り）といったたぐいである。それでも残った間違いはあまりにも多い。数えたてても煩わしいばかりだから、邦訳下巻七八～七九ページの分だけを記す。太平洋戦争初期（一九四一―四二年）の戦況を概説した部分である。

A　（マレー沖海戦）は一二月九日（誤）→一〇日（正）
B　ウェーク諸島（誤）→ウェーク島（正）
C　一二月一六日（誤）、セレベス島を占拠→翌年一月一一日（正）
D　（日本は）一二月末にはフィリピン……に地上部隊や航空機を配備→意味不明（原著では上陸）
E　アメリカ、イギリス軍の仮設飛行場を占領→原文はalready-built（既設）だから、明らかな誤訳
F　一月二九日（誤）、大本営は……ポートモレスビーの攻略を命じた→二月二日（脚注で出典としている中尾裕次論文による）

G　戦勝で勢いづいた大本営はさらなる敵の撃退（誤）を決意した↓原文を見ると keep the enemy in retreat だから「退却する敵をさらに追撃」と訳すべきだろう。「撃退」は攻めてくる敵を押し返す意味だから不適切。

はからずも、右の七カ所は1ばかりでなく2〜4を兼ねた形になっている。たとえばD、Eは3、Fは2、Gは3と4というぐあいだ。

それにしても、単純な地名や人名や日付のミスがなぜこれほど頻出するのか不可解で、高校生のレポートでも落第点をつけるしかなかろう。ましてや全体の狙いが悪くないとか、迫力に満ちているといった理由で救済してよいものだろうか。これ以上、中味を論評する気力もなくなるが、ついでだから、他のページからも二、三の不適切な個所を拾い出してみる。

2の引用文献の誤読としては、たとえば盧溝橋事件（一九三七年七月）に関し「豊台の中国軍兵営のそばでの発砲は、〈日本軍への攻撃〉と見せかけるため、中央の命令ではなく連隊長の独断で命じられた」（上巻二七七ページ）という記述がある。「天皇も初めから参謀本部の不拡大方針に反対する決定を支持してきた」というくだりを総合すると、昭和天皇は参謀本部よりも強硬で現地の連隊長の独断発砲を支持していたかに読める。

典拠とされる脚注の江口圭一論文に当ってみたが、そんな記述はない。江口教授は盧溝橋の第一発を「中国第二十九軍兵たちによる偶発的射撃」と結論した秦の『盧溝橋事件の研究』（東大出版会、一九九六）への書評（『史林』八一巻一号）で「評者もこの結論を支持する一人」と書いているぐらいで、明らかに誤読である。あらためて江口論文を読んでみると、「日本軍が犯人」の立場をとる中国の研究者が、偶発説をとる江口、安井三吉、秦に対し口をきわめて非難していることもわかる。

ビックスはさらに、天皇が「犯人」の連隊長や大隊長の名前も知っていたはずと根拠のない記述もしているうえ、事件発生の日付を七月八日（さすがに訳者は七日と直しているが）とまちがえている。他にもこの種の誤読や、脚注が本文とは無関係という例もあるが、省略しよう。

3の誤訳と悪訳の例としては次のようなものがある。南京虐殺事件（一九三七年十二月）の数字を列挙した荒っぽい紹介は、主として藤原彰、吉田裕、吉見義明氏らの著作に依存しているが、ビックスは「天皇は知らなかった、というのはありそうもない」と一歩踏み出す。そして「確かな証拠はないが、一月末に虐殺について天皇に報告をした可能性がある」（上巻二九一ページ）としてビックスは、H・アベンド米記者が一九四三年に刊行した著書のなかで、南京の惨状を天皇に報告した「日本の高等文官」（ビックスは外務省の日高信六郎参事官と推測するが、日高は四二年から駐イタリア大使で日本には不在）から聞いたという次のような話を引用している。

天皇陛下と二時間以上に及ぶ拝謁を浴した……陛下は敷布を差し出され、私は二時間、陛下の間近でひざまづいた。陛下は身をかがめられると、南京占領後に引き続き起きた事柄について知っていることの全てを話すようにと、私の耳元で小声で話された。私は何一つ包み隠すことなく申し上げ、そして、陛下は多くの質問をお尋ねになられた。

何とも珍妙な風景と悪訳（珍訳？）だからコメントのしようもないが、さすがにビックスも変だと思ったのか、「耳元に昭和天皇が身をかがめるというくだりは、明らかに誤りであり、日本式というよりは、中国式」と疑問を呈しながらも「他の点では、アベンドの説明は信頼に足る」とゆずらない。それでいて、東京裁判で出廷した日高証人に誰も問いただささなかったと平気で付言しているのだ。

### ◈悪意をこめた非常識な解釈

悪訳、迷訳の例は他にも「（天皇が）用意された食事をミルクとともにとった」「平沼（騏一郎）を後継内閣（正しくは首相）に任命した」「（天皇は）好戦的に命じた」など目白押しである。大嶽秀夫京大教授のように「構成と訳文の良さで全体として読み易く……必読文献」（日本経済新聞〇二年十二月八日付）と賞める人もいないではないから、日本語感覚の転換期にさしかかっているのかもしれない。

ともあれ、「東のはずだが、西かもしれない」という叙述方式は、ビックス特有のスタイルらしく、類似の事例が続出する。多くの場合、東には出典がなく、西にはくどいくらいの脚注がつくのも奇妙ではある。

何とかして天皇の戦争責任を立証したいと願うビックスの思いからだろうが、途中で矛盾撞着してしまうことに、彼は気づいているのだろうか。たとえば、細菌戦と毒ガス戦について「昭和天皇は毒ガスの使用について直接的な責任がある」「(細菌戦に関する)大本営の指令の詳細は、原則として天皇も見ていた」と書きながら、数行あとには「生物・化学兵器と昭和天皇を直接に結びつける文書は確かに存在しない。しかし……」(下巻一〇―一二ページ)と息を継いで、「日中戦争における残虐行為として、天皇個人の責任を問わなければならないことがもうひとつある」と、行きつ戻りつしているのである。

4の無理な断定と推量の典型は、日米開戦の方向を決した一九四一年九月六日の御前会議をめぐる記述だろう。何も発言しないのが不文律となっていた会議の席で、異例にも天皇は祖父明治天皇の、

四方《よも》の海みなはらからと思ふ世に
　など波風の立ちさわぐらむ

という和歌を読みあげ、「余は常にこの御製を拝唱して、故大帝の平和愛好の御精神を紹述せむと努めておるものである」(近衛文麿手記)と付け加えた。

『昭和天皇独白録』(文藝春秋、一九九一)によると、近衛首相から「私に会議の席上、一同に平和で事を進める様諭《さと》して貰ひ度《た》い」と頼まれてのことだったが、何の効き目もなかった。原案通り可決、統帥部は天皇の「独り言」とでも考えたのか、九月十日には杉山元《はじめ》参謀総長から南方進攻

作戦の動員計画を上奏、天皇は「動員をやつて宜《よろ》しい。而《しか》し近衛・ルーズベルトの話がまとまれば止めるだらう」「仰せの通りです」（『杉山メモ』上、原書房、一九六七）との問答で終った。

大元帥・陸海軍総司令官の意向が頭から無視された昭和天皇の胸中は察するに余りあるが、木戸内大臣など側近の和平派とはかって巻き返しを策す。十月中旬第三次近衛内閣が倒れ、東条内閣が成立したさい、天皇はいわゆる「白紙還元の御諚」を東条首相へ申し渡す。九月六日の御前会議決定を白紙に戻し、日米交渉を通じての外交的解決を意味した。東条は御諚の主旨に沿ってそれなりの努力をしたが十一月二十六日、最後通告にも等しいハル・ノートが突きつけられ、政府・統帥部は一致して対米開戦を決す。

最終決定に至った十二月一日の御前会議で「反対しても無駄だと思つたから、一言も云はなかつた」と『昭和天皇独白録』は述べているが、それには理由があった。前日に弟の高松宮から非戦を進言された天皇は「私は立憲国の君主としては、政府と統帥部との一致した意見は認めなければならぬ、若し認めなければ、東条は辞職し、大きな〈クーデタ〉が起り、却《かえっ》て滅茶苦茶な戦争論が支配的になるであらう」と答えた。十二月八日の日米開戦まで事態の推移は紆余曲折、簡単には書きつくせないものがあるが、昭和天皇を「好戦主義者」と思いこんでいるビックスは、悪意をこめた非常識な解釈を次々にくりだす。

まず「四方の海……」は日露開戦（一九〇四年）にさいし「勝算への不安から詠まれていた」（下巻五三ページ）という珍説を提出する。脚注を見ると岩井忠熊『明治天皇』（三省堂、一九九七、一五〇―五一ページ）とあるので参照してみたが、そんなことは書かれてない。誤読ではなく故意の曲解としか思えない。

「白紙還元の御諚」も無視され、代りに「天皇はけっして戦争回避を命令していなかった」（下巻五七ページ）とダメ押しする。書いているうちに著者も興奮してきたのか、昭和天皇は、「自らは道義的、人道的レトリックで身を包んでおきながら民衆を抹殺する」（二〇ページ）行動様式の人物で、戦犯として逮捕されるべきだったという結論（五八ページ）にたどりつく。

## ◈日米帝国主義の癒着か？

しかしながら、いささか常軌を逸しているとも思えるビックスの著作が日米双方の歴史家やジャーナリズムに「熱烈歓迎」されるには、それなりの理由と背景があると考えねばなるまい。キーワードとされているのは「説明責任」（アカウンタビリティー）のようだ。この外来用語は「男女共同参画」よりは古いが、「プライバシー」よりは新しい。

しかし日本人は流行語に弱い。かつては「裁判官は弁明せず」が金言とされてきたが、最近の裁判では判決文とは別に私的な感慨や言い訳を書き添える例がふえてきた。ビックスは、開戦決定や敗戦後の在位継続について天皇が説明責任を果していない、とくり返し批判している。今になってみると、この指摘自体は間違っていないと私も思う。

たとえば一九七五年十月三十一日、「陛下は、いわゆる戦争責任について、どのようにお考えになっておられますか」という宮内庁クラブ記者の質問に、天皇は「そういう言葉のアヤについては、私はそういう文学方面はあまり研究もしていないので、よくわかりませんから……お答えができかねます」（高橋紘編『昭和天皇発言録』小学館、一九八九）と答えている。

はぐらかされたと腹を立てるか、ユーモアまじりに巧くかわしたなあと感心するかに分かれそうだが、明治生れの天皇に「説明責任」を持ち出すのはいささか酷だろう。

しかし、それだけでは日米の「進歩的文化人」がナショナリズムを乗り越えて共鳴しあうには不十分だろう。真のキーワードはむしろ訳書の上巻に付された「日本の読者へ」という強烈なメッセージにこめられていると私は見る。

ビックスはそのなかで「敗戦国の元首が、間接的にせよ著しい暴虐に加担したのに、処罰をまぬがれ名誉と権威のある地位に留まることを許された場合、その国がどうなるかの研究でもある」と述べている。

それは前記の朝日社説がジョン・ダワーの『敗北を抱きしめて』から「国家の最高位にあった人物がつい最近の出来事に責任を負わないで、どうして普通の臣民が自らを省みるか」の部分を引用し、同感の意を表明していることに照応する。つまり「一億総無責任」の時代が来たと歎く人々は、故人の昭和天皇にその責任を押しつければすむのだから、こんな都合の良い話はないわけだ。

ビックスはさらに返す刀で自国アメリカを斬る。「アメリカ合衆国の指導者たちは国際法を蹂《じゅう》躙《りん》してベトナム戦争を推進したにもかかわらず、そのために死んだ何百万人ものベトナム人に対してまったく責任を取らなかった」というくだりを読むと、思い当る人もいよう。

しかり。著者は三十年以上も前のベトナム反戦世代の申し子なのである。正確に言えば、ビックスはダワーが主宰したベトナム反戦の若手研究者組織の弟分だった。この組織にはマオイスト（毛沢東主義者）と呼ばれる過激分子もいたが、戦争終結（一九七三―七五年）後は、あちこちに散った。政財界やマスコミのタカ派へ器用に転向する者もいれば、反体制の一翼に残る者もいた。全学連やベ平連活動家の散り方に似ているが、六十歳前後のジャパノロジスト（日本研究者）には後者が多く、彼らには戦後の冷戦期を日米帝国主義の癒着ないし野合という視点からとらえる者が少なくない。

ビックスはダワーと同じ一九七二年に「日本帝国主義と満州」（未刊）でハーバード大学から博士号（ＰｈＤ）をもらった。しかしダワーがすぐにウィスコンシン大学助教授のポストを得て、吉田茂伝や第二次大戦中の米国社会における対日イメージ、日本占領の社会史（ピュリッツァー賞を受けた『敗北を抱きしめて』）など次々に力作を発表したのに、ビックスは久しく定職を得られず、法政大学をふくめ内外の非常勤講師のポストを転々とした。

日本における反体制派の牙城とされる一橋大学社会学部教授に就任したのは一九九七年、すでに五十九歳だった。四年後に定年を迎える研究者を採用するのは異例中の異例である。そして社会学部の同僚だった藤原彰、吉田裕両教授らの協力を得て書いたのが、『昭和天皇』であった。この本の論旨に「生き写し」と評してもよい部分を見かけるのは、彼らの同志的連帯感が並々ではないことを物語る。

だが、こうした「連係プレー」にある種のうさん臭さを感じとってか、「日本の保守派は激怒し……非難するだろう」（コロンビア大学教授キャロル・グラック）とか「この本を読んだアメリカ人は怒りだすにちがいない」（チャルマーズ・ジョンソン）といった反応が生じるのもやむをえまい。

しかし昭和史家の保阪正康氏が、辛口調の書評ながらも、これを機に「国際社会に発信すべき普遍的な戦争責任論を確立していない」（毎日新聞〇二年十二月二十二日付）のを認識し、自戒すべきだと指摘しているのは重要だと思う。

昭和天皇の事績にしろ、南京虐殺事件にせよ、日本語で書かれた研究書は少なくないが、英文に訳されたものは皆無と言ってよい。アイリス・チャンもビックスも、その間隙を縫い、最初の英文による本格的著作というオーラを背負って登場したのである。

とくにシロニー教授（ヘブライ大学）の力作『母なる天皇』（講談社）の刊行が二〇〇三年一月まで遅れたこと（英文版は未刊）、私事で恐縮だが、私の『昭和天皇五つの決断』の英訳も十年前に校正を終えたのに、刊行に至っていないのは残念しごくである。

## ◆文武百官は私の任命

ここで、ビックスが提起した昭和天皇の戦争責任について、私なりの見解を述べてみたい。

ビックスに教えてもらうまでもなく、この問題は敗戦直後から半世紀にわたり日本国内ではさまざまな形で論じられてきた。そのなかで秀逸と評価できるのは、三人の論者による討論の成果をまとめた『天皇の戦争責任』（径書房、二〇〇〇）であろう。そして加藤典洋氏が「論じ尽くした」と言い、橋爪大三郎氏が「〈天皇の戦争責任〉という問い方を終らせる」と宣言したので、「不毛の論争」にようやくけりがついたかと思われたが、ビックスと朝日新聞社説がはからずも再点火した形だろう。

では、私はなぜ「不毛の論争」と形容したのか。他ならぬ昭和天皇自身が敗戦直後の一九四五年九月二十七日、マッカーサー占領軍総司令官との第一回会見で、すべての戦争責任を負いたいと申し出たこと、しかも、その事実が少なくとも四十年前から広く知られていたからだ。

ところが、いまだに天皇が戦争責任から逃げまわってきたと思いこんでいる人が少なくないらしい。ビックスも「彼（天皇）の過去の行動に対する法的・道義的な責任を回避する」（下巻一六七ページ）のが、天皇のマッカーサー訪問の目的だったと書いている。

会見における天皇の発言を伝えるアチソン政治顧問（国務省派遣）の国務省あて電文など、複数の証言を収録した私の『昭和天皇五つの決断』を引用しているのだから、ビックスが気がつかぬはずはない。自説が総崩れしかねない事実はわざと無視したのだろう。

そこで改めて、前記のアチソン電を再録しておこう。日付は四五年十月二十七日、マッカーサーから聞いた要点を国務省へ通報したもので、「天皇は、日本国民の指導者《リーダー》として、臣民のとったあらゆる行動に責任を持つつもりだと述べた」（一九七四年八月十八日秘解除）とある。『マッカーサー回想記』（一九六四）は天皇の発言を「全責任を負う者として、私自身をあなたの代表する諸国の採決にゆだねるためおたずねした」（朝日新聞社訳）と記したあと、「死をともなうほどの責任、それも私の知り尽している諸事実に照らして、明らかに天皇に帰すべきではない責任を引き受けようとする、この勇気に満ちた態度」に感動した、と記している。

マッカーサーは、第一次大戦で師団長として戦い、降伏後のドイツへ進駐した経験があった。そのさい、敗戦国ドイツの皇帝（カイゼル）が国民を放り出して中立国オランダへ逃げこみ、連合国の引渡し要求を拒んで亡命の地で余生を送った故事を記憶していた。だからこそ、マッカーサーは昭和天皇が戦犯として起訴されないよう、つまり命乞いに来ると思っていたらしい。

だが総司令官は感動すると同時に、内心では当惑したにちがいない。すでに東京裁判の段取りが連合国の間でセットされ、東条元首相らA級戦犯の逮捕が始まっていた。天皇を戦犯被告にせよ証人にせよ法廷に引き出して、一人で全責任を負うから臣下は免責にしてもらいたいと要求されたら、裁判は茶番劇と化してしまう。

会見の直後、マッカーサーは知日家の軍事秘書フェラーズ准将へ「彼はその覚悟ができている。処刑されてもしかたがないと考えている」と述べた（フェラーズ文書、東野真『昭和天皇二つの「独白録」』日本放送出版協会、一九九八）。

そのフェラーズは五日後の十月二日に「（天皇に対する）国民の忠誠心は絶対的で……裁判にか

ければ全国的な反乱が起き、占領統治に致命的な打撃を与える」という主旨のメモを総司令官へ提出する。昭和天皇と協調して占領改革を成功させようとする路線は事実上、この時に決まったと考えてよかろう。

二〇〇二年十月、情報公開法の請求に基づき外務省（十七日）と宮内庁（二十四日）は、ただ一人だけ会談に通訳として立ちあった奥村勝蔵外務省参事官が記録した「御会見録」を公表した。予想どおり、それはすでに作家の故児島襄氏が『文藝春秋』の七五年十一月号に発表したものと同一だったが、一問一答のなかに戦争責任のくだりが欠けていたので、新たな論議を招いた。

ただし、一九七五年の時点と比べると、手がかりとなる新たな情報が加わっていた。前記のアチソン電のほか一一回に及んだ天皇・マッカーサー会談で後半期の通訳をつとめた故松井明大使の手記（朝日新聞〇二年八月五日付）がスクープ報道されたさい、松井が奥村から「天皇が一切の戦争責任を一身に負われる」旨の発言は「余りの重大さを顧慮し記録から削除した」と聞いていたことも明らかになった。藤田尚徳侍従長の著書『侍従長の回想』（講談社、一九六一）の次のような記述がこの事実を裏付けてくれる。

後日になって外務省でまとめた御会見の模様が私のもとに届けられ、それを陛下の御覧に供した。通常の文書は、御覧になれば、私のもとへお下げになるのだが、この時の文書だけは陛下は自ら御手元に留められたようで、私のもとへは返ってこなかった。

宮内省の用箋に五枚ほどあったと思うが、陛下は「敗戦に至った戦争の……責任はすべて私にある。文武百官は、私の任命するところだから、彼らには責任はない。私の一身は、どうなろうと構わない。私はあなたにお委せする……」（中公文庫版の一七四―七五ページ）

つまり、奥村がまとめた会見録には二種あり、宮内省用箋（五枚）は天皇の手許から戻らず、戦争責任に言及した個所を削った外務省用箋（九ページ）が外務省と宮内庁に残されたということになる。

## ◈天皇・マ元帥初会見の表裏

削った理由について、豊下楢彦教授は「機密保持を前提としていた〈記録〉から、なぜあえて〈削除〉する必要があったのか疑問」（『論座』〇二年十一月号の豊下論文）とも述べているが、私は当然の判断だったと思う。

なぜなら英米法の世界では、トップが無条件に責任を認める〈謙譲の美徳〉は通用せず、直ちに有罪が確定してしまうからで、東京裁判も被告の「認否」主張で全員が無罪を申し立てたのちスタートしている。ところが被告のなかには異議を唱える者が少なくなく、弁護団はセレモニーだからと説得するのに苦労した。

弁護権の行使も同様で、文官でただひとり広田弘毅元首相・外相が予想に反し四―三の僅差で死刑判決を受けたのも、自己弁護を放棄して沈黙を守った行為が、一種の法廷侮辱と受けとられたからでもあった。

もし削除なしの会見録が天皇の戦犯指名を主張していた連合国側の関係者あるいはマスコミに洩れていたら、たちまち天皇有罪の証拠とされかねなかったろう。

私見では、削除部分が公表された会見録のどの個所だったかも見当がつく。元帥が「滔々と戦争哲学を語った直後」と記す松井明手記をヒントにあえて推量すると、四ページ目の天皇が「此ノ戦争ニ付テハ、自分トシテハ極力之ヲ避ケ度《た》イ考デアリマシタガ戦争トナルノ結果ヲ見マシタコトハ自分ノ最モ遺憾トスル所」と述べ、マッカーサーが「只一般ノ空気ガ滔々トシテ或《ある》方向ニ向ヒツツアルトキ、別ノ方向ニ向ツテ之ヲ導クコトハ一人ノ力ヲ以テハ為シ難イ」と応じているあたりではあるまいか。元帥はさらに二人とも世を去ったのち後世の歴史家と世論が判定するだろう、と意味深長な感想を付け加えているが、会見録が公表されたさいの新聞や歴史家のコメントを見ると、何とも歯切れが悪い。たとえば公開直後の新聞見出しを並べてみる。

「長いベールはぐ一歩に」（朝日）
「〈元帥感動〉の会話なし」（毎日）
「戦後史の〝原点〟謎のまま」（読売）
「削除の可能性も」（産経）

戦争責任を認めた発言はあったが削除されたのだと断定したものは一紙もなく、懐疑的、否定的なトーンが主流に見える。識者のコメントもまちまちだが、ビックス本の監修者吉田裕教授は「戦争責任言及についての部分を削除したとは思えない」（読売）、「マッカーサーの回想には明らかに脚色」（朝日）と全面否定のトーンであり、私は六紙から求められ「東京裁判をにらみ日本側が削除した」と同じコメントを渡したのに採用してくれたのは一紙だけであった。

歴史家は疑り深いものだが、これだけの証拠と傍証がそろっても認めたがらない深層心理とは何なのか。そこで今までの論点を整理してみよう。

捨身の覚悟でマッカーサーと会見した昭和天皇は、臣民すなわち文武官の戦争指導者たちに代ってすべての戦争責任を負うつもりだと申し出た。これは確実な歴史的事実と断定してよいと思う。しかしアメリカは国益（政治的都合）により処刑もせず、退位も許さず在位の継続を求めた。それは廃墟の中から何とか立ちあがろうともがいていた、当時の日本の国益とも合致するものだった（詳細は『中央公論』〇三年二月号の拙稿参照）。

そうだとすると、すべての責任をアメリカへ転嫁するか、アメリカの「過ち」を正すための第二次東京裁判を日本人の手で開くしかないという奇妙な結論になってしまう。二〇〇〇年十二月に日本のフェミニスト団体が主催して東京で開かれた「日本軍性奴隷（慰安婦）制を裁く女性国際戦犯法廷」は、東京裁判のやり直しという形式でアメリカ人の女性法律家を首席検事と裁判長に立て、昭和天皇に有罪を宣告した。

法的効力はないと自認してのいわゆる「カンガルー裁判」だったが、二〇〇二年夏にもビックスを看板に類似のイベントが企画されていたらしい。九・一一テロや北朝鮮危機の噴出で、それどころではなくなり、自然消滅になりかけているのは幸いだが、反天皇制陣営によるこの種の試みは今後も出てくるに違いない。

だからといって、マッカーサーとアメリカへ責任を転嫁する手法も無理かと思われる。なぜならすでに引用したように、元帥は昭和天皇が「明らかに天皇に帰すべきでない責任を引き受けよう」としていると認識したからだ。

それまでに彼はフェラーズらに命じ、戦前、戦中の天皇の言動を克明に調べあげていた。日本へ着いてからは、元老西園寺の日記（原田日記）、木戸日記など第一級の記録も入手し、全文を英訳させ東京裁判へ提出させた。ソ連をふくむ連合国一一カ国で構成される法廷で、白を黒と言いくるめ天皇を免責するのは至難だからだ。

そして起訴前の検事団による予備調査で浮かびあがってきたのは、軍縮条約、日ソ不可侵条約、天皇機関説に賛成し、満州事変、国際連盟脱退、日独伊三国同盟、対ソ戦・日米開戦に反対と首尾一貫した「平和主義者」のイメージだった。天皇は法廷の訴追要因のすべてについて、アメリカだけでなく全連合国によってシロと判定されたのである。

戦時中の天皇が日本の勝利を願って作戦の経過に一喜一憂し、提言したり激励した言動は当然のこととして問題にされなかった。ところが他に攻め口がなくなった反昭和天皇派は、新たな糸口として、戦時下の天皇の「好戦的言動」に矛先を向けようとしている。最後にその動きを検分しておこう。

## ◆悪用された片言

この作業に熱心なのは山田朗明大教授である。『昭和天皇の戦争指導』（昭和出版、一九九〇）、『大元帥　昭和天皇』（新日本出版社、一九九四）は、いずれもこのテーマと取り組んだ「力作」だが、近作の「昭和天皇に戦争指導責任はあった」（『週刊金曜日』〇二年十二月八日号）と題した論稿では、いくつかの事例を並べ「天皇が軍事情報の集中に支えられて、主体的に戦争指導・作戦指導に関与したことは明らかであり、戦争や個々の作戦がもたらした結果について責任を負うべき存在であったことは確か」と結んでいる。

ビックスも引用頻度一位の山田氏に負うところが大きく、なかには「丸写しか」と思われる部分さえある。ここでは二人とも「天皇が作戦を変えさせた典型的な事例」として特筆している陸軍航空隊の南東方面（ラバウル～ソロモン）投入をめぐる過程に的をしぼってみよう。

米軍が対日反攻の第一歩として、日本海軍が飛行場を建設中だったソロモン群島ガダルカナル島へ上陸してきたのは、一九四二年八月七日である。それから約半年の激烈な争奪戦のすえ、敗れた日本陸軍の第一七軍は撤退することになるが、制空権の争奪では米側が陸軍、海軍、海兵隊の飛行機を投入したのに対し、日本側は海軍航空隊だけで、陸軍は航空隊の投入を最初は拒んでいた。

昭和天皇は八月六日、九月十五日の二回、戦況上奏にさいし杉山元参謀総長へ「陸軍航空を出す必要はないか」と下問したが、杉山は出す考えはないと答えている。幕僚長が「主将」の「要請」を拒絶したのだが、その原動力は「グズ元」こと杉山ではなく、作戦課航空班長久門《くもん》有文中佐であった。

九月十七日頃のことだが、ガ島前線の作戦指導に行く作戦班長辻政信中佐は「陸軍航空をラボールに増加し、海軍航空を支援しなければ」と陸士同期生の久門を説いた。しかし久門は「俺の眼の黒い間は、陸軍航空をラボールで消耗することは出来ない。友情は国軍の、航空の運命に換えられない」と言い張り、「よし、それなら頼まぬ。死んでも二度と陸軍航空を増加してくれとは言わぬ」（辻『ガダルカナル』養徳社、一九五〇、一〇五ページ）と決裂してしまう。

傍で見ていた井本熊男中佐は、二人が「一時間以上に亘り課内にひびき渡る大激論を戦わした」（井本『作戦日誌で綴る大東亜戦争』芙蓉書房、一九七九、二二七ページ）と回想する。ふしぎなことに、天皇の「思し召し」は、三人の念頭にはまったくなかったらしい。

ところが十一月五日、昭和天皇から「陸軍航空を出せないのか」と三度目の下問があり翌六日に正式決定したが、それは北千島視察中の久門中佐が十月六日に飛行機事故で墜死したからであった。

この経過でわかることは、時として天皇の発言権が参謀総長はおろか中堅幕僚の一中佐にも及ばぬという実態である。山田氏がこうした内情を知らぬはずはないのに、無視したうえ「天皇が作戦を変えさせた」との結論を導くのはフェアーとはいえまい。

軍部の意向に合う片言が天皇の意思として悪用された例は他にも少なくない。

坪島文雄侍従武官は遺稿のなかで「不利な戦況に関する総長などからのご報告が、不明確になりがちなことへのご不快」を思いやり、それでも「裏にある敗北の実状を読みとろう」（坪島茂彦『草水』一六〇ページ）と努めた天皇の姿を描いている。それでも怪しげな戦果報告に基づき、御嘉賞の言葉を乱発せざるをえない孤独な天皇の胸中を推しはかると、私は悲しい。

そうした苦渋のなかでも、大局を見る天皇の判断はおおむね冷静で的確だった。終戦の「聖断」はその延長線上で下された。九重の雲の内側の秘事だったはずだが、「わが身は如何になろうと国民を救いたい」という天皇の真情をストレートに受けとめた大多数の国民は、在位のまま占領軍総司令官と渡りあって再建の道へ踏み出すことを望み、天皇はその期待に応えたと私は考えるのである。

『文藝春秋』二〇〇三年三月号

# 「玉音放送」を人質に取った小森陽一の「トンデモ天皇論」

真実であってもおかしくない嘘を語れ——マキャヴェリ

Ⅰ　「自衛隊の海外派兵と軍事力の行使を欲望する者らにとって、憲法第九条を改悪することが最も当面する政治課題である。だから彼らはかつての侵略戦争を、あらゆる手段を講じて美化しようとする」（九頁）

Ⅱ　「〈戦争をする国〉にするための（日本の）策動は、世界を軍事力のおどしによって食いつくそうとするブッシュイズムと連動して着々と進められている」（二七五頁）

Ⅲ　「（松代大本営の）大地下壕建設のために多くの強制連行された朝鮮人労働者が働かされていたのである。ヒロヒトと〈三種の神器〉と大本営の安全のために、強制連行＝拉致という国家犯罪が行われたことを、私たちは忘れてはならない」（二三頁）

Ⅳ　「この韓半島の分断にも、昭和天皇ヒロヒトは重大な責任を負っている。ヒロヒトが、ソ連の参戦前に、すなわちヒロシマ・ナガサキへの原爆投下より以前にポツダム宣言を受諾していたなら……三八度線による分断はおこらなかった」（二四二頁）

V「この国では一九八九年一月七日に昭和天皇裕仁（以下ヒロヒトとカタカナ書き）が死に、明仁（以下アキヒト）に代替わりした。この国の国民は結果として、自ら天皇ヒロヒトの戦争責任と戦後責任を、彼の生前において裁くことができないまま死なせてしまったのだ」（五頁）

ずらりと並べたのは出版元から贈呈してきたある新刊本の抜粋だが、ギョッとしたついでに数日後、四人の中年女性が集まった場で、まずⅠからⅣを見せ、「素姓をあててください」と聞いたところ、次のような感想がとびかった。

「翻訳、それも直訳調の変な日本語ですねえ。作者は日本人じゃないと思う」
「北朝鮮テレビの反日放送みたい」
「あの妙な抑揚で重々しくしゃべるアナウンサーでしょう」
「わたしもそんな気がします」

と三人が北朝鮮説に傾いたところへ同一人の文章ですと断ってVを渡すと、反応はがらりと変った。

「やっぱり日本人ですかね」

「よほど昭和天皇を憎んでいるらしいから何かの怨念にこり固まった戦中派でしょうか」

「カタカナがやたら多いから、意外に若い人かも」

「どっちにしても、声に出して読みたくない日本語の部類ですよねえ」

「早く種あかしして下さいな」

とせかされて、著者は小森陽一、書名は『天皇の玉音放送』（五月書房）とあかしたが、四人とも顔を見合わせていた。誰かが、「その人、米原万里さんと並んで写っていたと思うんですが——」と言い出した。

くだんの映像とは、『文藝春秋』二〇〇三年十一月号の「同級生交歓」という写真コラムを指す。米原万里さんはロシア語会議通訳・エッセイスト、人民服まがいのいでたちで並んでいる小森陽一氏は文芸評論家と紹介されているが、本職は国文学を教えている現役の東京大学教養学部教授である。

何でもお二人は一九六〇年代の初め、チェコスロヴァキアの首都プラハにあったソ連大使館付属学校の「同級生」だったという。実は小森氏に関する私の知識も、この写真コラムで得た程度にすぎなかったのだが、『天皇の玉音放送』に目を通し、同封された出版社の宣伝ビラを読んで、釈然としない思いになったのが本稿執筆の動機である。本の中味を検分するのはあとまわしにして、まずは宣伝ビラのほうからサワリを紹介してみよう。

「まだまだ好調！　6刷重版中（累計三・五万部）！」の大活字につづき「様々なメディアで紹介

されております！」として『週刊新潮』８月14・21日号、テレビ朝日『ニュースステーション』（８月15日）、『赤旗』日曜版、朝日新聞夕刊……と一四本を列挙する。さらに「読者様から感謝と敬意のお言葉をいただいております！」として、「著書の内容に改めて自分の考えていた事の真実を確認できてうれしく思いました」（七十九歳女性）など、ほぼ同主旨の感想文（七人）が並んでいる。意外だったのは、五十代の一人を別にあとは六十代以上の戦中世代ばかりだったことで、若い人が本を読まなくなった現象の一端かとも思われた。

書評の多くも好意的トーンかと想像するが、「〈天皇の戦争責任〉本のＣＤ付録に〈玉音放送〉使用を認めた宮内庁」と題する『週刊新潮』の紹介記事はかなり辛口である。どうやらベストセラーに迫る好調の売れゆきは、ＮＨＫが保存し、宮内庁が使用許可を出した玉音放送をＣＤ化して付録につけた話題性のゆえらしい。

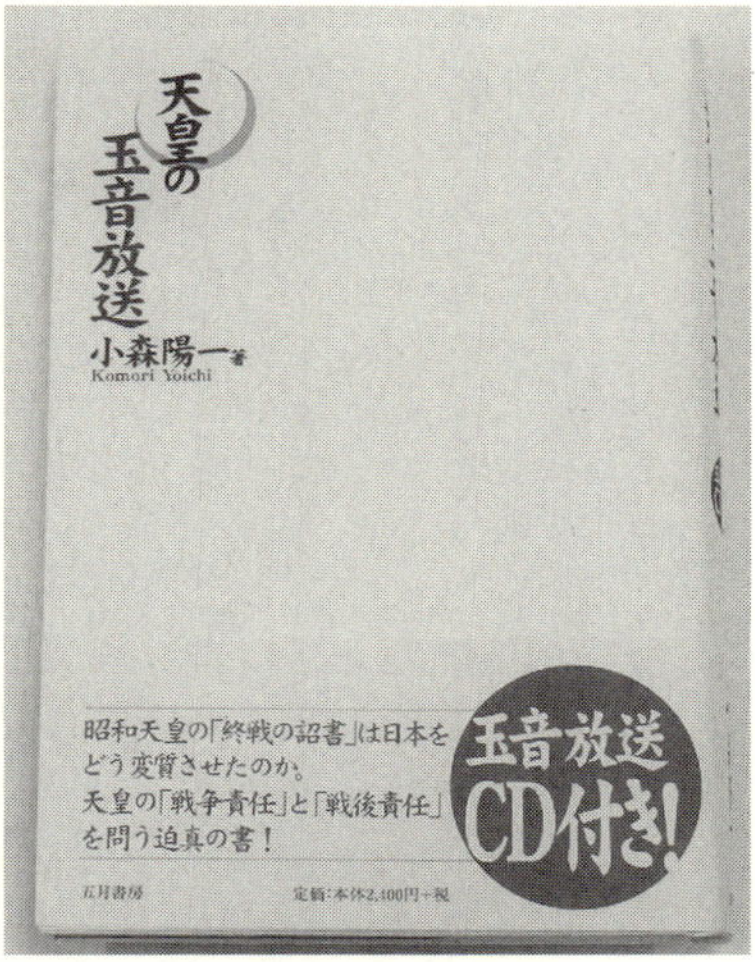

小森陽一著『天皇の玉音放送』

出版元の社長が「何しろ日本初の試みですからね」と胸を張るだけのことはあるが、『週刊新潮』が問題にしたのは、こんな過激本になぜ宮内庁が使用許可を出したかという点だった。宮内庁は「本の内容を検討し、学術書の付録ということでＣＤ化の許可というよりも、了承をしました」と答え、「こんなに物分りのいいお役所だったっけ?」と皮肉られているが、この点をさらにむし返すつもりはない。

それより宮内庁には、天皇・マッカーサー会見記録（全一一回）を公開するなど、情報公開で物分りのいいところを見せてもらいたいものだ。

## ◆学園の紅衛兵として

「文は人なり」と言うが、とくに『天皇の玉音放送』という特異な感性で書きこんだ本を読み解くためには、著者である小森陽一氏の来歴を知る必要があろう。氏のスタイルにならって「小森陽一（以下ヨーイチとカタカナ書き）」にしようかと考えたが、やめにした。似合わぬ生兵法（サルマネ）はケガの元、と観じたからである。

そこで文芸評論の「正道」を踏み、文学全集の巻末に欠かせない略年譜の形式で著者の略歴をたどってみよう。幸い小森氏には『小森陽一、ニホン語に出会う』（大修館書店、二〇〇〇）という自伝風著作もあるので、それを参考にした。

一九五三年五月十四日東京生れ　父は小森良夫（のち日本共産党中央委員）　母は小森香子《きょうこ》（反戦詩人）　62年12月〜66年12月プラハ滞在（ソ連大使館付属学校通学、共産主義少年団《ピオニール》加入）
69年都立竹早高校入学　72年北海道大学入学　76年同国文科卒　82年同博士課程修了・成城大

学講師（のち助教授）　92年東大教養学部助教授（のち教授）

まずは順調な人生コースと評してよいのだろうが、小学生時代に五年間プラハですごした学歴は珍しい。しかも共産主義少年団には共産党幹部の子弟でないと入れなかったはずだから、稀少価値はあるにせよ、本人にとって帰国後の適応はかなり辛かったようだ。

中学で何かしゃべると同級生がくすくす笑うので「ミナサンハ、イッタイ、ナニガオカシイノデショウカ」と怒ったら大笑いされてしまい、文章語と話しコトバの落差に気づいたり、漱石の『吾輩は猫である』や『こころ』の読後感を先生から誤読、誤解釈だと叱られ、国語の科目を呪うようになったそうである。

しかし小森少年はタフであった。竹早高校では学園紛争の渦に巻きこまれたが、一年生で生徒会長に選出され、全校ストを組織して先生たちを土下座させ、「生徒権宣言」を学校側に呑ませた。何しろ「授業の内容、教師の講義方針に関しては（先生と生徒の）話し合いにより」とか「生徒に関する諸規則は生徒が定め、生徒が管理する」といった項目もあるくらいで、自伝に全文を収録しているのは、本人が一種の勲章と考えているからかもしれない。

この間に彼は「ずっと劣等感をもっていた文章語の話しことばが、こうした政治的な場での発言では通用する」ことに気づく。だが高校紛争で有名になりすぎたため、東京の大学へ行くと先輩から「こき使われることになる」と考えて、北海道大学の国文科へ進む。

大学院生になっても、ある教官から「君の文章は日本語じゃないね」と叱られたらしく、仲間からも孤立した。それでも指導教授から「新しいことをやるときは、はじめは理解されないのはあたりまえ」と励まされ、小森氏は「記号論や構造主義的な言語学の方法で小説テキストを分析し、なおかつ、それまでの文学的評価を脱構築していく」手法を駆使した論文で、近代文学研究者の一部から評価される。

このあたりは列外者の私にはしかとわかりかねるが、かつて通説に反する誤読とか誤解釈ときめつけられた異端的要素を逆手にとって押し出したのが新鮮に見えたらしい。

九〇年代に入って、漱石文学を軸に日本の近代文学を新奇な視点で切りまくる小森氏は若い世代を中心とする熱烈なファンを生みだし、引っぱりだこの売れっ子となる。

彼が編集長格をつとめる季刊誌『漱石研究』の第五号（一九九五）に、小森氏の新著『漱石を読みなおす』の書評が出ている。「一種の眩暈感に誘い込まれ……アイデアの宝庫と呼べるほどたくさんの創見があり、たくさんの問題提起があり」と賞讃しながらも、「所々にフロイトその他のテーゼのやや機械的な応用が散見し、興を削ぐ」と評者（内田道雄）は当惑を隠していない。

私自身が気づいた範囲でも、たしかにアイデアは豊富である。たとえば『坊つちやん』は「典型的な差別小説である」と小森氏は断じ、さまざまな事例を列挙する。坊っちゃんが松山へ上陸するシーンで「船頭は真つ裸に赤ふんどしをしめてゐる。野蛮な所だ」という描写があるが、「新しく赴任した土地の人々を差別しているのだ」そうで、そのあとがひと味ちがう。

「明らかに、欧米列強の生活習慣を前提にした形で、アジアやアフリカに対する植民地的侵略を展開した欧米の侵略者たちが、〈文明〉の名において、支配を正当化するときに発動されたもの」式の講釈が延々とつづくのである。左翼歴史家の間では使い古されたコンセプトだが、漱石文学に結びつくと、こじつけと思うより斬新と感じる人が多いのだろう。

ついでに『三四郎』のヒロインである里見美禰子《みねこ》の切り口を紹介すると、彼女が珍しく自分の預金通帳を持っていて学生の三四郎へ二〇円貸すシーンから、彼女を「自立した女」のはしりと見なすのは短見だとたしなめる。旧民法下の女は「三界に家なし」という可哀そうな存在で、美禰子は家長の兄から親の遺産を少し分けてもらっただけましなほうだが、気に染まぬらしい結婚しか生きる道がなかったというのだ。

合い間には「男を買った女」とか「男を選ぶ女」といったフレーズをちりばめているせいか、強引さが目くらましされてしまうが、フェミニズムの主張を巧みに取りいれたあたりはお見事と賞めてよいのかもしれない。

## ◆わたし解釈する人！

さて、このように文芸評論の分野でそれなりの位置を確立していた小森氏が、『天皇の玉音放送』という畑ちがいの領域へ突進した目的は何なのか。

たしかに近代文学は日本の近現代史、さらに天皇制の問題と重なりあう部分がある。壇の浦の源氏軍のように、潮流に流されながら八艘跳びして乗り移った程度なのか。平家追討という至上命令の下に転戦しているのか、このあたりの詮索は後述することにして、問題の本の内容吟味に移りたい。

最初に付録である玉音放送のＣＤを聴いてみた。断片は一年に何度かテレビで聴く機会はあるが、四分四十秒の全文をじっくり聴き入ったのは昭和二十年八月十五日いらい初めてのような気がしてきた。

当時は中学一年生だった私をふくめ、聴きとりにくかった、雑音がひどかったという記憶を持つ人が多く、はっきり聴きとれたと語る人に会ったことがない。終戦反対派が妨害電波を流したせいではないかと言われているが、証拠はまだ見つかっていない。

ともあれ、ＮＨＫが後日に雑音を除去したため、ＣＤの音声は明瞭、詔書特有の漢語体だから中一レベルでは理解できなくても無理はないと思った。しかし本文中に再録してある詔書の全文（活字と閣僚の署名がある墨の原文コピーの二種）を照合しつつ聴くとよくわかった。以前にＣＤだけを靖国神社で売っていた話もあるが、二九三頁の厚みのある本と抱き合わせにしたアイデアは初めてらしい。

ついでに通訳の奥村勝蔵が筆記した第一回天皇・マッカーサー会談の「御会見録」（二〇〇二年十月、外務省と宮内庁が公表）、一九四六年年頭のいわゆる天皇の人間宣言の全文、加えて二〇〇三年に加藤恭子氏が発表したばかりの「国民への謝罪詔書草稿」の全文まで入れてある。これほどそろえた資料集は他にないから、出版企画としては大成功の部類だろう。

他にも既刊の関連書からサワリの部分をそっくり借用している。「マッカーサーとヒロヒト」と題した第三章の場合をかぞえてみると、五〇ページ（約八〇〇行）のうち引用部分が前記の奥村による「御会見録」（一〇七行）を筆頭に、重光葵（五三行）、東久邇稔彦（五〇行）、藤田尚徳侍従長（二八行）、フェラーズ（二四行）、マッカーサー回想記（一九行）など合計で約三四〇行、全体の四割を占める。

かく言う私の著書も二行ばかり引用してもらっているが、他の章も似たりよったりで、長々と他人の著書からの引用で埋め、隙間を自前の文章で器用につないでいる感じだ。こんなに楽な手法で本が一冊書けるなら、まねしてみようと思うライターが続出しないか心配になった。それでも新発掘の史料が一つか二つでもあればともかく、そんなものは皆無だ。

「この世には二種類の人間がいる」と唱える中野翠氏の卓抜な発想で思い出したのは、「わたし作る人、ぼく食べる人」というテレビCMである。男女差別だとさわがれ中止になってしまったのだが、歴史学界にも「わたし調べる人、ぼく解釈する人」の二種類がいる。

門外漢の小森氏が「解釈する人」しか演じられないのは当然として、本業の文学もこのスタイルで通しているのではないかと思えてきた。ふしぎなのは、これほど他人の言説を並べながら、その流れとは逆の解釈や結論にたどりつく例が多いことだ。「白だった」という証言を五つ列挙した途中に「黒らしい」という伝聞を一つ混ぜて最後に検証抜きで「黒だった」としめくくる手法をあちこちで見かけた。

最初から黒の結論を決めて、確度の低い「黒らしい」証言だけをいくつか並べたてる論者は時々いるが、小森氏の手法はそこがひと味ちがうのである。

たとえば第一回の天皇・マッカーサー会談で、昭和天皇が「全責任を負う」と発言したか否かをめぐる小森氏の論証プロセスを拝見してみたい。彼が書中に引用した諸文献を次にかかげる。

1　**発言があったと主張する文献**
a　藤田侍従長の回想録
b　マッカーサー回想記
c　奥村通訳の談話記録
d　松井明手記（朝日新聞報道）
e　秦郁彦論文（アチソン電）

2　**発言はなかったらしいと主張する文献**
a　故児島襄の論文
b　渡辺治の著書

## ◈「全責任発言」のトリック

ここで私なりに1グループ文献の相互関係を簡単に説明しておくと、「全責任を負う」と昭和天皇が述べたこと（以下は「全責任発言」と記す）は、会談の席にいた三人のうちマッカーサーと奥村が確言している。その発言をふくむ奥村の報告書は藤田が見たあと昭和天皇へ提出された。秦が発見、著書に引用したアチソン政治顧問の国務省あて電報（一九七四年極秘解除）では、マッカーサーから聞いたとして同主旨の発言があったことを記録している。

いっぽう松井手記によれば、奥村の判断で「全責任発言」の個所を削除した別の報告書も作成された。二〇〇三年に公開された奥村の「御会見録」はそれと推定できる。

必要にして十分な証拠と私は思うが、比較すれば2グループのaとbは非当事者であるうえ、論拠はあやふやと言わざるをえない。aの児島氏は「それはありえないはずである」と書き、bの渡辺氏は「（秦ではなく）児島の説が正しい、と思われる」と述べているにすぎないからである。そのうえbは私が『昭和天皇五つの決断』でアチソン電の全文を掲載しているにもかかわらず、前半だけを引用して「全責任発言」のある後段はわざと落し、小森氏もbをかくれみのにして、同じトリックを踏襲しているのである。お二人ともアチソン電は確度の高い外交文書だけに、隠すほかないと思い定めたのであろうか。

さすがに小森氏は渡辺氏とちがい第三章では両論併記の形式を守り、その場では結論を示していない。1と2のどちらが正しいか論評をさし控え、「日米合作の〈戦争責任〉回避劇」というテーマへ話をそらす。

そして結論は何と一六〇ページも離れた「あとがきにかえて」のなかで「誰もが事実として認定できる〈全責任〉発言が存在しないからこそ、〈全責任〉発言があったはずだ、という欲望が語られるのだ」と、論証なしにきめつけている。

しかも「あったはずだ」と「言い募る欲望」の論者は「侵略戦争に対する無責任さと、無倫理を隠蔽しつづけようとする欲望」（二一八ページ）の持主と言い張るのだ。言い募るかどうかは別として「全責任発言」はあったと以前から主張してきた私なんかは、小森氏から見ればさしずめA級戦犯クラスの「欲望人」なのだろう。奇異に感じたのだが、この人は「欲望する」という変な日本語表現が好みらしく、一冊のなかに数十カ所も出てくるのにいささか閉口した。そのたびにスカートをめくられるようなセクハラ感を味わったのだが、世代感覚の差かもと思い直して、とにもかくにも最終ページまで読み進んだ。

総評はと聞かれれば、残念ながら歴史書とは認めがたい、悪意と曲解が先走ったトンデモ本だと答えざるをえない。程度のほどは冒頭のI～Vで例示したから十分と考えるが、もうひとつだけひっかかった論点を指摘しておきたい。

それは日米開戦直前の一九四一年九月六日の御前会議で、昭和天皇がくり返し読みあげた「よもの海みなはらからと思ふ世になど波風のたちさわぐらむ」という明治天皇の和歌をめぐる解釈である。

一般には開戦の方向を決した政府・大本営の方針に、天皇が外交による避戦の願望（欲望ではない！）をこめた和歌と理解されているが、小森氏は異議を申し立てる。「なぜ〈波風〉が立ち騒ぐのだろうか、という問いだけが発せられている歌」で、答として「それは〈米英〉が〈波風〉を立てているのだ、というふうに原因を特定すれば、ただちに戦争をしてもしかたがない、という論理に結合せざるをえない」（九七ページ）として、ヒロヒト＝平和主義者のイメージを否定するのだ。小森氏がお手本にしたらしい、かのビックスでさえ「勝算への不安」を詠んだとする程度なのに、ここまで「誤読」するのは、特別な理由がありそうだと思った。中学生時代の異文化ショックに由来する「三つ児の魂」がよみがえったとはいえ、漱石文学の専門家が今さらなぜ、といぶかしく思い、インターネットで検索してみた。

すると数年前から同世代の仲間と連帯して「ジャルゴン」（仲間ことば）で語らいつつ、かなり熱心に反体制的政治運動にのめりこむ別の一面が見えてきた。『天皇の玉音放送』は、その種の目標を達成するための政治的メッセージとして書きおろされたものと考えれば、ツジツマが合うというものだ。

### ◆「大美談」は敬遠したい？

小森氏が政治運動に傾斜する直接のきっかけは、どうやら扶桑社版歴史教科書の検定と採択をめぐって三年前に左翼陣営がしかけた「教科書戦争」らしい。

それ以降の彼の活躍ぶりについては、二〇〇二年十一月の「赤旗まつり」でのシンポにおける

「しんぶん赤旗」編集長による要を得た紹介にゆずろう（日本共産党中央委員会の理論政治誌である月刊『前衛』の翌年二月号に掲載）。

小森陽一さんです。日本の近代小説、近代日本の現代形態などがご専門ですが、夏目漱石の研究でも有名な文芸評論家でいらっしゃいます。同時に日本の政治についても、日本国憲法に逆行する動きに反対し、積極的に発言、活動されており、教科書問題、国歌・国旗問題、教育基本法の問題、あるいは有事法制問題などで活発な講演活動、憲法を守り生かす活動をされています。

これだけでは各論点についての見解が必ずしも明確でないので、小森氏があちこちで書いている政治的メッセージを私なりに集約して紹介しよう。

A　「ならず者国家」をひきいるブッシュに加担するな
B　自衛隊をイラクに送るな
C　拉致問題で騒ぐな
D　扶桑社版の教科書を採用するな
E　教育基本法を改悪するな

F「象徴天皇制」に反対している日本共産党は正しい

右のうちABEあたりは日本共産党の「マニフェスト」に沿ったものだろうが、CやFは逸脱してはいないか、やや気になるところだ。Eでも小森氏が呼びかけ人になっている「中教審よ！恥を知れ！」と題したアピールにある「私は月《ママ》一回位の割合で外国で講演しますが、すべての発言は日本批判です」とか「今の日本はいつ暴動がおきてもおかしくない状態なのに」といった過激度には、日共も当惑しているのではあるまいか。

一般の人でも「私の東大の給料では子どもを私立の中高一貫校に通わせることはできません」という泣き言（?）を聞いて「本当かね」と鼻白む人は少なくないと思う。

Cに至っては「金正日国防委員長は、電撃的に拉致問題を認めて謝罪」したのに「日本の商業的マスメディアは……狂騒的な反北朝鮮キャンペーン」に熱中し、それに小泉極右政権が乗ってアジアの危機を増幅させているという北朝鮮テレビ並みの論脈になっている。

しかし、そのあとに北朝鮮も言及を避けている天皇制と昭和天皇への憎悪がしつこく語られる点に私は注目したい。戦後世代にもかかわらず小森氏がそれを諸悪の根源と観念しているからだろうが、一部の戦中派が共鳴する可能性に賭けているのではないか、と推測したからである。

思い当るふしはあった。すでに引用した出版社に宛てた読者の反応だけではない。戦死した職業軍人の息子で、エリート・コースの陸軍幼年学校在校中に終戦を迎え、戦後もアメリカに留学、そそこに成功した友人が「公的な場で洩らしたことはないが、昭和天皇の生き方に不満を感じつづけてきた。せめて退位でもしてくれていたら」と語ったことがある。「昭和天皇は立派だったと思わないのか」と反問すると、彼は「その通りだ。立派すぎて抵抗感があるんだ。しかし若い世代や外国人に批判されれば、猛然と弁護したくなる。矛盾しているようだが、英語のアンビヴァレント（ambivalent）さ」と苦笑いした。

マスコミにも美談は歓迎するが、大美談は敬遠したくなる深層心理があるようだ。私にはこんな経験がある。外務省が第一回の天皇・マッカーサー御会見録を公開したさい、私は事前に新聞六社からコメントを求められていた。夕刊の〆切りまで一時間の余裕しかないというので、「全責任発言」があったことを示す諸資料のなかで、決定的証拠と言ってよいアチソン電の私訳を添付した。求められれば英文のオリジナルも提供する用意をしていたが、どこからも請求はなかった。それどころか、六社のうち五社は私のコメントをボツにしたのである。

読売新聞でさえ、代りに「（天皇の）戦争責任言及についての部分を削除したとは思えない」という吉田裕一橋大学教授のコメントを採用していた。新聞社の友人に聞いてみると、「全責任発言」という「大美談」はマスコミ受けしないのだという話だった。小森流に言えば、「なかったはずだ」と欲望する深層心理が存在するらしい。

そこを衝いた小森氏の戦術が部分的成功を収めているのに対し、一九七四年いらい折に触れ私がアチソン電を紹介しても、無視されつづけた失敗の理由がわかる気がした。

## ◆超国家主義への道

さて戦前に思想、表現の自由を極度に抑圧してきたわが国は、それが悲惨な戦争と敗北を招来したという反省からか、戦後民主主義の旗印のもとで最大限と言ってもよい自由を許容してきた。その結果、各種の暴力に対しても寛容な「柔構造社会」（永井陽之助）が成立した。それは非武装平和憲法に見合う体制だったともいえる。

それでも東西冷戦の枠内に身を置いている間は、一国平和主義の矛盾は顕在化しなかった。九・一一同時多発テロを境として、日本は国境を越えての自爆攻撃を辞さない国際《グローバル》テロリズムの脅威と向きあわざるを得なくなるが、有効な対抗と適応の論理と手段を見出せないでいる。とりあえず政府と与党的勢力は渋々ながらの対米追随、野党的勢力は代案なしの反対論という構図だが、今や平和憲法も日米安保も頼りにならないという点は共通認識らしい。

この状況は、全面講和か片面（多数）講和か、で荒れた一九五〇年代と対比できよう。講和論争は朝鮮戦争を目《ま》のあたりにしての理想論と現実論の対立でもあったが、北朝鮮の拉致問題が誘発したナショナリズムの噴出は、政府が対米追随とそしられながら現実路線へ踏み切るのを容易にした。五〇年代との違いである。

二〇〇三年十一月の総選挙における共産党や社民党の退潮は「護憲」にこだわりすぎたためと解説されているが、私はナショナリズムへの対応を誤ったせいだと考える。もし選挙で両党が他国の友好党と同じようにナショナリズムを前面に押し出し、「北朝鮮を経済制裁すべし」と政権党に先んじた強硬論を唱えたら、党勢を一挙に拡大できたかもしれない。

だが私の友人は「それは無理な望みというもの。ナショナリズムは撃てというのが彼らの合言葉なのだから」と言い、すすめられて手にしたのが、『ナショナル・ヒストリーを超えて』（東大出版会、一九九八）という本だった。

見ると編者の一人は他ならぬ小森陽一氏ではないか。高橋哲哉、姜尚中、佐藤学、成田龍一、大越愛子、吉見俊哉、米山リサなど一八人の分担執筆だが、うち九人が現役の東大教官だ。いつのまにか、東大が「天下の遊民」風の原理主義者が巣食う拠点と化しているのを知り、愕然としたが、頻出する難解な「ジャルゴン」の読解に難渋した。

たとえば「〈内戦〉は、日韓の合併症を示唆しているのかもしれない。〈内戦〉を国家の枠内だけで考えてはだめだ」（姜）とか「人が、記憶が、語りが越境することで、主体は浮遊しない」（米山）のたぐいは、私にはさっぱり理解しかねた。

「なんと恐い国に生きているのかと思う。正気を保つためには、ある別の狂気が必要だ」（高橋）に至っては、難解を通りこして不気味さを感じる。個別の論評は略すが、共通するトーンは反日、反米、反右翼、反ナショナリズムと見受けた。ネガティブ・キャンペーンばかりで、あえて言えば頽廃した原理主義的ニヒリズムと評してよかろう。

興味深いのは論者たちの一部が突破口を探しあぐねてか、右翼的暴力への共感をほのめかしている点である。前記の「赤旗まつり」シンポの小森発言から引用すると、「私は最近ではもう〝右翼〟にでもなろうかという気持ちになってしまいます……どうして右翼の人たちは〈小泉国賊内閣やめろ〉と言わないのか不思議です」というのだ。

レトリックかなと疑ったが、大マジメらしい。国賊的内閣を倒すには猫の手を借りてでも、と思いつめてのことだろうが、どうやらヒントは九九年末の座談会で作家大江健三郎氏からもらったようだ。敬称嫌いの小森氏には珍しく、大江氏に最大級の敬語を奉っている貴重な文章なので、その部分を再録してみよう。

大江さんをお招きし、著者自身により大江健三郎文学史をお聞きする機会を得たことである。この座談会で最もショッキングだったのは、大江さんが『たしかに僕はエッセイを書いたり、講演をしたりする際、戦後民主主義をポジティブに押し出す立場でやってきた』が、他方で、自分が『超国家主義的なものに引きずられやすい、それに強い魅力を感じる人間だということは、無意識の中に押さえ込もうとしていた』と発言されたことであった（小森『歴史認識と小説―大江健三郎論』、講談社、三〇七頁）。

大江氏のこの告白は、私にもショッキングだったが、事実なら、今後は仮面を脱いで発言してもらいたいものである。小森氏にも「無力」さを痛感しているらしい言論活動を断念するか、正式の「転向」宣言を発出してほしい。読者や学生が右往左往するのを、見るに忍びないからである。

原題＝「玉音放送」を「人質」にとった反天皇トンデモ本……『諸君！』二〇〇四年一月号

# 昭和天皇批判ＢＢＣドラマの不見識

## ◆信じられないほどの低俗さ

『神社新報』平成十七年二月十四日号の報道によると、イギリスの国営放送として国際的評価の高いＢＢＣが、昭和天皇の戦争責任を追及するドラマ仕立ての番組を制作中だという。

二月上旬に撮影とインタビューが終ったようなので、編集の期間を見こむと、早ければ三月以降に放映されることになりそうだ。詳細は不明だが、たまたまシナリオ（第一稿か？）の邦訳（二三ページ分）を入手したので、近代史を専攻する歴史家としての観点から読後感を記すことにしたい。最初に全般の印象を述べ、ついで具体的な問題点のいくつかをとりあげる。

シナリオは撮影の過程で関係者の批判などを参考に、手直ししつつあるとも聞くが、基調と大筋はあまり変っていないと考えられる。

結論を先に言えば、ＢＢＣが土曜日夜九時から五十分というゴールデンタイムに放映する番組としては、信じられないほどの低俗さ、稚拙さで一読して衝撃を受けた。

筆者はBBCのドキュメンタリー番組には過去に何回か出演したことがあり、来日したプロデューサーと議論したこともあるが、ここ数年、スタッフの見識、能力がひどく低下してきていて、アシスタントの日本人がぼやくほどなのが気になっていた。

推測になるが、わがNHKと同じように肥大化でチャンネル数がふえ、下請けのプロダクションへの丸投げや手抜きがはびこり、上層部の目が行き届かなくなっているのだろう。またプロデューサーやスタッフの世代が若返って、第二次大戦期についての皮膚感覚が失なわれてきたのも一因か。いずれにせよ、こんなに粗雑なシナリオは十年以上前のBBCでは考えられなかった。

## ◆一見して明白なビックス本の影

ティム・ロビンソンというプロデューサーが書いたシナリオを読んで、すぐ思いあたったのは、二〇〇〇年にアメリカで刊行されたハーバート・ビックス（ニューヨーク州立大教授、元一橋大学教授）の『HIROHITO AND THE MAKING OF MODERN JAPAN』だった。二年後に吉田裕氏（一橋大学教授）の監修による邦訳が、『昭和天皇』上・下（講談社）として刊行されたのを記憶している人もいよう。英文で昭和天皇の一生を描き出した最初の大著という触れこみと、ピュリッツァー賞をもらったこともあってわが国でも海外でも評判になったが、筆者に言わせれば歪んだ史観と間違いだらけのデータが混在する「とんでも本」にすぎない。

ビックスはベトナム戦争時の反戦運動から身を起こした過激な左翼史家で、日米両帝国主義が結託して昭和天皇の戦争責任を免責したという前提からこの本を書いている。それは、同じ立場をとる吉田裕氏ら日本の左翼史家と共鳴しあう部分が多く、見方によっては彼らとの合作ともいえよう。

惜しまれるのは、ビックス本とほぼ同時にピーター・ウエッツラー『昭和天皇と戦争』（原書房、二〇〇二）、ベン＝アミー・シロニー『母なる天皇』（講談社、二〇〇三）、ケネス・ルオフ『国民の天皇』（共同通信社、二〇〇三）と、学術性の高い好著が紹介されたのに、タッチの差で出おくれ、ビックス本の背後にかすんでしまったことである。

「悪貨は良貨を駆逐する」の見本ともいえる事例なのだが、BBCのシナリオを見てこの思いを深めた。シナリオの執筆者が三つの好著を参考にした形跡はないし、ビックス本の「第三部　陛下の戦争」「第四部　内省なきその人生」という目次だけ見て、単純明快を好む視聴者に受けるはずだと飛びついたのかもしれない。

シナリオのナレーションに「昭和天皇の言動を追うことによって、この人道にもとる国際犯罪のリーダーが、いかに罪を逃れ、その後四十四年間も君臨し続けたか、そしてその背景にアメリカ政府が関与した事実を暴いていく」とあるのは、ビックス本からのひき写しだが、前国家元首に対するこれほどの憎言は筆者も目にした記憶はない。

日本もイギリスも「立憲君主制」の国である。英王室をめぐるスキャンダルは珍しくないが、王制がゆらぐ気配はない。もしBBCが英国女王を同じトーンで描いて放映したら、世論の猛反発を受けて受信料の不払い運動どころか存亡の危機に立たされるだろう。もし外国のメディアにやられたら、宣戦布告にもなりかねなかったと思われる。

## ◆悪意に満ちた事例の数々

ここでシナリオから事実ミスをふくめ不適切な事例のいくつかを拾いだし、簡単な論評を加えてみよう。

1 「ヒロヒト—勝利した負け犬」（標題）

第二次大戦の敗者となったが、天皇の座に居すわり、日本の復興を見届けてから亡くなったとき、勝者の連合国指導者はすべて他界していたのを皮肉ったものか。

2 「裕仁は現人神として二十年もの間、日本国民を戦争の惨禍に巻き込んできた。この戦争によって、アジアの人々二〇〇〇万人、日本人三〇〇万人、連合国の兵士六万人の命が犠牲になった」

二十年とあるが、満州事変以降を算《かぞ》えても十五年。東京裁判に提出されたアジアの戦死者は約二〇〇万だから、一〇倍にふくらませている。もっとも実教出版の高校歴史教科書に二〇〇〇万人（出所不明）の数字は出ているが。

3 「昭和天皇の生い立ち。特殊な環境で育ったことにより、人格的に歪んだこと。また、身体的な欠陥を持ち、祖父と比べて見劣りしたことから……天皇の座に執着した（歴史家インタビュー要旨）」「精神異常者の父、大正天皇……」

解説の必要もない。天皇でなくとも個人の名をあげてこの種の誹謗中傷をするのは、民営のテレビでも自己規制しているはず。気になるのはすでにインタビューした歴史家がそう語ったのか、このように話してくれる歴史家を予定しているのかがさだかでない点である。

4　「天皇は国事よりも麻雀で遊んでいるという批判が内外部から挙がったのもこのころ」

ビックスの原著を見ると、河井弥八侍従次長日記を引用して、このように書いているが、河井日記の該当ページを見ると、宮内省の事務官と女官四名（実名入り）がマージャンにふけりすぎるので河井が注意したとある。昭和天皇はマージャンは知らなかったというのが定説、それをビックスが悪意ですりかえて書いたのを丸写しにしたものと判定したい。

5　「天皇は国際法の禁じる、毒ガスの使用も裁可していた。毒ガスによる中国人の犠牲者は二七〇万人」

二七〇万人のタネ本がビックス本でないことは確かだが、吉見義明『毒ガス戦と日本軍』（岩波書店、二〇〇四）二九三ページによると、東京裁判に提出された中国政府の資料で死者二〇八六人、中国人民解放軍・紀学仁教授の推計で一万人以上とある。二七〇万人とは根拠不明の途方もない数字である。

6　「天皇は自分が平和主義者であるように演じ始めたが、それは全くの偽りで、戦争開始から終結までずっと好戦主義者だった（インタビュー要旨）」

論評は空しくなるので省略する。

この惨憺たる出来栄えのシナリオはどう直してみても、まともなものに生まれ変る見込みはないと思うのだが、「政治的圧力」とそしられぬ方法で差しとめる妙案はないものだろうか。

（平成十七年二月十六日記）

〔追記〕問題になったBBCの番組は〇五年八月二十三日、『戦争の後――天皇ヒロヒト』と題した一時間番組として放映された。実見した人の話では、当初の脚本が大幅に改変されたせいか、かなり穏健な内容となったようである。再現ドラマ部分では天皇や重臣に日本人の俳優が使われ、コメンターにはキャロル・グラック教授（コロンビア大学の日本近代史専門家）が起用された。グラックは、『ニューズウイーク』日本版の〇五年七月二十日号に感想記を書いている。

原題＝昭和天皇批判のBBCドラマ　目に余る不見識なシナリオ……『神社新報』二〇〇五年二月二十八日

# 五　歴史を読むまなざし

## 歴史家の八月十五日

今年もめぐってきた八月十五日——この数年、新聞やテレビの終戦特集が低調なのは、その日を記憶し語れる人の数が急減しつつあるせいかもしれない。

かく言う筆者は昭和七年（一九三二年）十二月生まれ、十二歳の旧制中学一年生だったから、今や少数派の一人であるが、自信をもってその日はこうだったと言い切る勇気はない。

ひとつには、もっと上の世代の人たちが書いた文章や回想、つまり後知恵と自前の記憶が区別不能なほど入りまじっているからでもある。しかも歴史家という職業柄、関連の本を読みあさり、ヒアリングも重ねてきたので、後知恵が占める比重は一層高くなっているにちがいない。

若い人たちから聞かれるたびに、純粋な記憶と後から混入した情報部分を分離せねばと心がけてきたつもりだが、やはり無理かなぁという思いはつのる一方である。本稿を書くにあたり、あらためて空しい努力を試みたが、その思いは変わらない。

それでも切れぎれになってきた記憶の一端を語り残すのも、老人の義務なのかなと考え、例年になく明けのおそい梅雨空をにらんでいるうち、「あの日はひどく暑かった」という実感めいた記憶がよみがえってきた。中央気象台の観測記録によると、昭和二十年八月十五日正午の気象は「南の風二・三メートル、下層雲一〇、煙霧あり、気温三〇・九度、湿度六四％」である。

名古屋は最高気温が三六度五分、京都は三六度三分だったというから、瀬戸内海に面した山口県H市も似たりよったりの暑さだったのは当然か。

話題作の『日本国憲法の二〇〇日』を書いた知友の半藤一利さんは昭和四年生まれの十五歳、新潟県の長岡で中学三年生としてこの日を迎えた。半藤氏はこの本で八月十五日の印象を詠んだ四人の俳人の句を紹介している。

いくたびか哭《な》きて炎天さめゆけり　　山口誓子

を筆頭に、高浜虚子、中村草田男、山口青邨の句が並んでいるが、四人とも「泣く（哭く）」を、二人が「炎天」「烈日」の語を詠みこんでいることに気づいた。年長者たちにとって、八月十五日のキーワードは涙と暑熱だったのかもしれない。昭和天皇の「玉音」放送の聴取率はおそらく九〇％を超えたものと想像するが、明瞭に聴きとった人は意外に少ないようだ。「堪え難きを堪え忍び難きを忍び」の部分で大意を察したと言う人が多い。逆にソ連参戦の直後でもあったから、激励の呼びかけと早合点した人も少なくなかったらしい。

それほどラジオの雑音がひどかったのだが、軍の抗戦派が妨害電波を流したためという説もあり、真相はさだかでない。私自身はと言えば、通っていた中学が海軍工廠の分所へ改装、勤労奉仕させられていたのだが、操業開始の前に一日だけ夏休みを与えられたのが、その日だった。

だからラジオの前で母や妹たちと玉音を聞いたが、雑音で聞きとりにくかったのを覚えている。鉄道省技師の父は陸軍司政官としてフィリピンにいたから、留守を守る母にとって終戦は救いだったと思うが、九十五歳で一昨年亡くなった母はその時の思いを語ったことはない。父は結局帰ってこなかったのだが、H市へ疎開していなかったら一家は全滅していたかもしれない。

その一年前、私は父の郷里である広島市のT国民学校へ通っていた。原爆の爆心点から一キロ余、出征した父の指示で、朝食前に護国神社までジョギングしてくるのが習慣になっていたが、道すがらに今では原爆被害のシンボルとなっている産業奨励館があった。

昭和十九年夏、H市の母の実家から疎開を勧めてきた。その頃はまだ広島の住民には切迫感がなく、私は親しい友と別れるのが辛くいやだとダダをこねたらしいが、母の決断のおかげで命を拾ったことになる。T国民学校のクラスメートで助かったのは二割前後らしく、学校は終戦後しばらくは廃校のままだったと聞く。仲良くしていたA君、S君、Y君たちの顔を時々思い浮かべるが、彼らの表情はいつまでたっても小学生のままである。

私たち昭和一ケタ生まれの世代は兵士たちの主力となった大正後半の世代とちがい、戦場へ駆り出された者はほとんどいない。しかし、どこかで死の危険とすれちがった経験を持つ。それに戦中から終戦直後にかけ結核などの病患、飢餓と空腹、自然災害のリスクもごろごろしていた。

人間は体験から教訓を引きだそうとする本能を持つとされる。そうだとすれば、各人それぞれに異なる教訓を史実と照合して客観化、一般化するのは歴史家の仕事なのだろうと思う。だが言うは易く、実行は簡単ではない。八月十五日と直後の日本人が敗戦をいかに実感し、どんな教訓をくみとったのかについても、見解は一致しない。一例をあげてみよう。

八月末か九月に入った頃かと思う。中学の生物の老教師が「君たちは仇を討て。日本は科学の力で負けたんだ」と説き、私もそうだと思った。原爆を作って仇を討とうと決意した私は、市立図書館へ行って『原子の話』という本を借り出した。似た経験を持つ中学生は、あちこちにいたと思う。

だが『原子の話』を理解するのは中学一年生には少々むりだったようだ。それでも数回読み返し、おぼろげに輪郭がわかりかけた頃に肝心の復讐スピリットが薄れてしまった。アメリカ民主主義の大洪水に流されて親米派へ洗脳されたこともあるし、京大出の数学教師に「君は数学の才能がなさそうだね」と冷笑され、理系をあきらめたせいもある。ともあれ、日本人の「鬼畜米英」への敵意を見事に解きほぐした秘術の謎はまだ解明されていない。

その頃、広島の親類や友人からの連絡で、原爆の惨状が少しずつ伝わってきた。彼らは原爆を「ピカドン」と呼んでいた。何とも物哀しく滑稽味さえおびた表現だが、彼らは天から降ってきた一種の天災と受けとめていたらしい。一〇万人近くが焼け死んだ東京下町の大空襲をはじめ、全国の主要都市が軒なみ焼失していたときだから、広島だけ特別視する感覚は乏しかった。

それが平和運動、反戦運動の聖地へ転化したのは、米ソ冷戦が激化した一九五〇年前後からである。一九五八年、私が広島に勤務した頃、八月六日の広島はすべての核兵器廃絶を唱える「すべて派」と、アメリカの核兵器だけを対象とする原水禁運動の両派がいがみあっていた。広島は市外、県外から乗りこんできた運動家たちのつどう舞台になっていて、亡友の親に会うと「本当は広島の被災民だけでひっそりと死者を弔いたいのに」とこぼしていた。

唯一の被爆国である日本は非核運動の先頭に立つべきだとする固定観念が生まれ、いつしか定着した。しかし異論は許さないとする空気も、この数年ゆらぎはじめ、日本核武装論を公然と主張する意見も見られるようになった。考えてみれば、唯一の被爆国ならどこよりも優先的に核保有の権利を持つはずとも言えるし、それをあえて放棄するのなら、見合うだけの代替条件を要求してもよいだろう。

敗戦という「アツモノ」に懲りて、要求されてもいないタブーを作り出し、自縄自縛で選択肢を狭めているのが戦後日本の姿ではないかとさえ思えてくる。

今にして思えば、八月十五日は歴史家としての私の出発点だった。軍国少年らしく新聞の大本営発表をノートに書き写し、大戦果の積み上げ勘定をしていた私は、戦後すぐに大嘘だったと知らされ、事実を知りたいという欲求に駆られた。主な戦闘の日付だけは頭に入っていたから、対比計算は誰よりも早かったと思う。

外国の戦争史を読むまでもなく、歴史は「勝敗は兵家の常」であることを教えてくれる。一回の敗戦ですっかり自信を失ったわが国と対照的なのは、今のところ無敗をほこるアメリカであろう。日中戦争までの日本も同様だったが、ローマ帝国も顔負けのアメリカ大帝国がいつつまずくのか、私は興味をもって注視している。衰退ないし崩壊のきっかけは軍事的要因だけに限らない。ソ連がそうだったように、内部要因の可能性もあろう。ドイツ・ロマン派の恋愛詩人ハインリヒ・ハイネは「人間は歴史から何ものも学びえないということを歴史から学ぶ」と皮肉った。

今年の八月十五日のマスコミも、お定まりの偽善的な教訓の押し着せで溢れるにちがいない。反戦・反核・平和といった美々しい標語に、自虐風の陳腐な反省と謝罪の献辞が並ぶことだろう。

私は敗戦体験を絶対化するのではなく、相対化した視角で日本の近代史全体を眺めなおす時期が来たと考える。

『力の意志』二〇〇三年九月号

## ニクソン訪中発表

事前通告なしの頭越し米中接近に日本が受けた衝撃は大きかった。翌月のドル・ショックとたてつづけで奇襲を受け、茫然としていた在米大使館のパニックぶりは今も目に浮かぶ。というのは、大蔵省からの長期出張で、私はワシントンに居あわせたからである。

一九七一年七月十一日、日曜日の朝のことだが、私は大使館財務部へ出勤、ガランとした事務室でのんびりニューヨーク・タイムスを読んでいた。ある小さな記事に目がとまった。

南ベトナムからインド、パキスタンを経てパリへ旅行中のキッシンジャーが、パキスタンの首都イスラマバードで急病となり寝込んだというのだ。その七年前にハーバード大学のゼミナールで教わったという縁もあって、その記事を眺めていると、外務省情報担当の岡崎久彦書記官が顔を見せた。こんな記事があるよと見せたが、すぐに他の話題へ飛んでしまった。この腹痛はもちろん仮病で、ヤヒア大統領の山荘で静養と発表して、その間にキッシンジャーは北京に飛ぶのである。

せっかくのヒントに気づかなかったのは残念、とあとで岡崎氏はくやしがっていたが、『キッシンジャー秘録』を読むと、このシナリオは国務長官にも秘密にしていたそうである。お見事な忍者ぶりでした。

『文藝春秋』二〇〇三年九月号

## 「海軍善玉、陸軍悪玉」は本当か？

ドラマには悪役が欠かせない。ついでに善玉も並ばないと悪役が引きたたないという仕組みになっているようだ。戦前の日本陸軍と海軍の役まわりもそうらしい。と言っても、明治、大正期にはまだこうした役まわりが確立していたわけではなかった。

悪役＝陸軍、善玉＝海軍という図式は昭和期に入ってから徐々に形成され、東京裁判で固定したイメージとなって現在に及んだものと筆者は観察している。

しかし典型的悪役とされてきた足利尊氏、吉良上野介、井伊大老あたりでも、弁護論や見直し論が出たように、陸軍と海軍についても戦後半世紀の間に定説を覆そうとする論者がいなかったわけではない。だが、それは海軍の善玉は怪しいとか、陸軍を強力犯《ごうりき》とすれば海軍は知能犯だった式の同罪論にとどまり、積極的に陸軍を擁護する論調は見当らぬようだ。

「損な役まわりだよなあ」と自嘲する旧陸軍将校に何人も出くわしたが、「女学生がみんな海軍さんにあこがれたから、しかたないか」とつぶやく人もいた。そういえば「スマートで目先が利いて几帳面」という海軍の生徒心得を筆者も耳にしたことがある。そうか、海軍士官の真白な制服に短剣のファッションが人気の決め手だったのか、たしかにカーキ色の陸軍軍服は野暮ったいなあと思い当ったが、実はお洒落《しゃれ》な陸軍軍人もいた。

ロス・オリンピックで愛馬ウラヌスにまたがって大障害を飛越した「バロン西」こと西竹一中尉。制帽を目深にかぶり、裏に赤地の将校マントをひるがえした二・二六事件の中橋基明中尉（死刑）のカッコ良さを思いおこしてほしい。私はこの二人は海軍士官の誰よりも色男ではなかったかと思うのだが、平均点のイメージは覆りそうもない。

だが、「色男、金と力はなかりけり」の格言もある。「昔陸軍、いま総評」と対になった「平家、海軍、国際派」の標語もある。後者はスマートだが争いごとには弱く、「源氏、陸軍、国内派」に負けてしまう日本的風土を皮肉ったもの。

さてイメージはともかく実際にも海軍に金と力がなく、陸軍には両方ともあったという仮説が成りたつものかどうか数字で当ってみることにしよう。指標を三つ択《えら》んでみた。

(1)大将―陸軍一三四人、海軍七七人

(2)首相経験者―陸軍八人、海軍六人

(3)予算額―平均して二（海）対一（陸）

この指標だと、平時の人員比が三分の一程度だった小世帯の海軍のほうが陸軍より優遇されているのはたしかだ。

どの国でも陸軍と海軍は仲が良くない。気風の差もあるが、予算の奪いあいでライバル関係に立つからでもある。それでも主従の順はおのずと決ってくる。たとえば陸主海従はドイツ、フランス、ロシア、中国のような大陸国家、海主陸従はイギリス、アメリカのような海洋国家だが、主従の争いはほどほどですんだ。

ところが島国でありながらアジア大陸の征覇をめざした日本は、陸海軍の並立を建前とした。いわゆる「両翼両輪主義」だが、そうなると貧乏国の限られた予算の奪いあいは激烈をきわめる。だが世論は概して海軍に好意的だった。

日露戦争後に陸軍が内閣を倒す無理をしてやっと朝鮮に二個師団を増設したのに対し、海軍は戦艦八隻・巡洋戦艦八隻を軸とする八・八艦隊の予算をすんなりと獲得した。軍艦製造にはまとまった大金を必要とするが、完成した巨艦の威容を見れば、誰もが満足するというもの。子供向けのカルタで「陸奥と長門は日本の誇り」とあったのを私も覚えているが、世界一の巨艦「大和」ともなればなおさらだろう。

その艦上で、海軍は最後までイギリス貴族流の優雅な儀礼を守った。日米戦争中期の昭和十八年、山本連合艦隊司令長官は「大和」「武蔵」をひきい、前進根拠地のトラック環礁へ進出していたが、長官と幕僚が集まる正午のディナーにはフルコースのご馳走が並び、甲板では軍楽隊が食欲増進のため軽音楽を演奏していた。

同じころガダルカナルをめぐる争奪戦で陸軍兵は餓死者続出の苦闘をしいられていたのだが、

その前線から立ちよった陸軍の辻政信参謀は、山海の珍味を供され「海軍さんはぜいたくですねえ」とイヤ味を言うと「長官からの特命ですから」と軽くかわされてしまう。

### ◆〝同じ釜の飯〟が災いした？

陸軍は将校も兵も同じ釜の飯や草の根を食って戦うのが当然とされていたが、海軍は士官と下士官兵は身分違いのゆえ、同じ食卓を囲む習慣さえなかった。もっとも軍艦は大量の糧食を積みこんで移動するから、身分違いの下級兵でも衣食には不自由していない。ところが戦局が悪化すると、陸兵が飢えるのは補給船団の護衛に失敗した海軍が悪い、いや陸軍が航空隊を出し惜しみするからだと責任をなすりつけ合う泥仕合へ発展する。

昭和十九年早々のことだが、飛行機用アルミニウムの配分をめぐって、陸海軍の間に深刻な対立が生まれた。太平洋正面の激闘で損耗の多かった海軍が配分比率を変えてくれと要求したのを陸軍が拒み、天皇の勅裁を仰ごうとするところまでいったが、陸軍はついに譲らず今までどおり五分五分の比率で決着した。「竹槍では勝てぬ」と悲痛な記事を書いた毎日新聞の記者が、海軍の廻し者と疑われ徴兵権を持つ陸軍に「懲罰召集」されたのも比率問題の余波で、「敵はアメリカにあらず、陸軍だ」と息まく海軍士官も現れた。

陸海軍の相克は終戦の局面で極点に達した観がある。陸軍は本土決戦に固執し、米内海相は早期終戦を唱えた。陸軍は太平洋の離島では敗れたものの主力は健在だと主張したのに対し、海軍はすでに連合艦隊のほぼ全力を失い、最後に残った「大和」も沖縄水上特攻で沈み、刀折れ矢もつきた事情の違いが背景にあった。

昭和天皇の「聖断」が出た御前会議でも、阿南陸相と米内海相は対立した。阿南は割腹自決するが、遺言は「米内を斬れ」だった。陸海軍が割れたのを、阿南は許せないと思いつめたのだろう。特攻の創始者である大西滝治郎中将（海軍軍令部次長）も終戦の日の夜、自決したが、彼は「天皇の手をねじりあげても特攻機に乗ってもらう」と公言していた。政治軍人の少ない海軍には、大西のような一本気の過激派が珍しくなかった。五・一五事件で「問答無用」と叫んで犬養老首相を射殺した海軍士官も同類である。

A級戦犯で死刑になった七人のうち、外交官一人（広田弘毅）を例外とする六人までが陸軍の将官だったことから、海軍はずるいという声があがった。しかし偶然の事情と見ることもできる。死刑が確実にちがいない山本五十六は戦死し、代役を覚悟していた永野軍令部総長は獄死したからである。嶋田海相は「東条の副官」と悪口を叩かれていたのが、終身刑ですんだ理由かもしれない。

ともあれ、政治力に欠ける旧海軍は、戦後も一枚岩となって身内のマイナスを外へ洩らさなかった。逆に、大世帯の陸軍は戦前の派閥抗争を再現して身内を叩きあった。インテリでも陸軍二等兵として内務班でしごかれた作家たちが、「真空地帯」生活の恨みつらみを書きつらねた。

一方、海軍に入ったエリート学生は、短現とか予備学生として最初から士官待遇を受け、そのノスタルジアから旧海軍を礼讃する。こうしたもろもろの要因が重なって「海軍善玉説」は定着したのであった。

陸軍側の反撃も散発的につづいている。日独伊三国同盟締結や日米開戦を煽った海軍の幹部もいたとか、同じ私的制裁でも、陸軍のビンタより海軍精神注入棒のほうが痛かったとか、材料にはこと欠かない。歴史家の評価は以前に比べると陸軍寄りに振れつつあり、筆者も「同罪論」を唱えている身だが、固定したイメージの逆転はないだろうと思う。

『文藝春秋』二〇〇三年十月号

## 昭和天皇とマッカーサー

インテリも大衆も「美談」は好きだが「大美談」は敬遠したくなる心理があるらしい。マスコミもそこは心得ていて、世の大勢とは関わりのないささやかな「美談」を好んでとりあげる。

さて惨憺たる敗北に終った太平洋戦争（一九四一―四五）だが、ドラマの幕は昭和天皇の「聖断」という大型美談で引かれた。「自分は如何《いか》になろうとも、万民の命を助けたい」（下村国務大臣手記）という天皇の真情と気迫が徹底抗戦派をかろうじて圧倒したのである。

昭和二十（一九四五）年八月三十日、連合国最高司令官マッカーサー元帥は、厚木飛行場に降りたった。そして六年半に及ぶアメリカ軍の占領統治が始まる。コーンパイプをくわえて輸送機のタラップ上から睥睨《へいげい》する姿は悠揚迫らないものがあるが、彼の心中は複雑だったにちがいない。

特攻隊までくりだして戦った日本軍は、天皇の号令一下、一斉に銃を置いたかに見えたが、果して新たな統治者の威令に服するだろうか、自爆テロで抵抗する過激分子はいないのか、昨今のイラクにも似た「戦場」に元帥は身を置いていたからである。

お濠端に面する第一生命ビルに総司令部（ＧＨＱ）を設置したマッカーサーは、昭和天皇の出方を窺っていた。しかし呼びつけるまでもなく、先に動いたのは天皇サイドだった。吉田茂外相、藤田尚徳侍従長の訪問で地ならししたのち、第一回の天皇・マッカーサー会見は九月二十七日にセットされた。場所は赤坂の米大使館、お供の藤田侍従長、石渡宮相、フェラーズ准将（元帥秘書）らは隣室で控え、会見に立ちあったのは通訳の奥村勝蔵（外務省参事官）だけである。

会見は、奥村によれば約三十七分つづいた。テープを取ったわけではなく、要点メモもやらなかったらしく、奥村は帰った直後に記憶をたぐりながら「御会見録」をまとめた。それがようやく外務省と宮内庁から公表されたのは、半世紀以上すぎた二〇〇二年十月のことである。

新聞各紙はその全文を掲載したが、焦点になったのは、昭和天皇がこの席で「戦争の全責任は私にある」（以下「全責任発言」と記す）という主旨の発言をしたかどうかであった。

すでに会談の要点を伝える各種の文献が出まわっていたから、読者の関心がこの一点に集中したのは当然だろう。結果的には「全責任発言」は見当らなかったのだが、かねてからこの部分は奥村がわざと削ったという伝聞もあったから、問題がすっきり解決したとも言えず、新たな論議を呼びおこし、決着はついていていない。

そこで、前記の「御会見録」以外で、信頼性の高い四つの文献を紹介し、要点を比較しつつ検分してみたい。いわゆる第一次史料をⅠ、やや確度が落ちる準第一次史料をⅡグループに区分した。

ⅠA〔『マッカーサー回想記』（朝日新聞社、一九六四）〕

（天皇は）「すべての決定と行動に対する全責任を負う者として、私自身をあなたの代表する諸国の裁決にゆだねるためおたずねした」と述べた。明らかに天皇に帰すべきではない責任を引き受けようとする、この勇気に満ちた態度は、私の骨のズイまでもゆり動かした。

ⅠB〔アチソン電〕

マッカーサーから聞いたところでは「天皇は握手が終ると、開戦通告の前に真珠湾を攻撃したのは、まったく自分の意図ではなく、東条のトリックにかけられたからである。しかし、それがゆえに責任を回避しようとするつもりはない。天皇は、日本国民の指導者《リーダー》として、臣民のとったあらゆる行動に責任を持つつもりだと述べた」とのこと。

ⅡA〔藤田尚徳『侍従長の回想』（講談社、一九六一）〕

外務省でまとめた御会見の模様が私のもとに届けられ、それを陛下の御覧に供した……陛下は自ら御手元に留められたようで、私のもとへは返ってこなかった。宮内省の用箋に五枚ほどあったと思うが、陛下は「責任はすべて私にある。文武百官は、私の任命するところだから、彼らには責任はない。私の一身は、どうなろうと構わない」とマ元帥に伝えられていた。

ⅡB〔フェラーズ秘書の家族あて手紙〕（九月二十七日付、東野真『昭和天皇二つの「独白録」』に掲載）

（マッカーサーはフェラーズへ）「彼はその覚悟ができている。処刑されてもしかたがないと考えている」と語った。

さて、以上の四史料をどう読み解くかだが、ニュアンスの違いはあっても「全責任発言」があったという点は共通している。

もっとも重要なのはマッカーサー自身の回想であるIAだが、「かねてからこのマ元帥の伝える天皇の発言に疑問を感じてきた」(故児島襄)と唱える識者は少なくない。回想記全体が自己宣伝調で、信頼性に欠けるという風評もあってのことらしい。

しかしIBのアチソン電は、国務省から政治顧問としてGHQへ派遣されていた外交官のジョージ・アチソンが、会見から一カ月後の十月二十七日付で国務省へ打電したものだから、いわば公文書である。「極秘」指定が解除されたのが一九七四年八月十八日とおそかったため、あまり知られていないが、私は決め手と言ってよい文書と判断している。

## ◈「全責任発言」はあった!

前段で真珠湾の無通告攻撃を東条首相のトリックと述べているくだりにひっかかる人もいようが、事実は事実として説明するという合理主義的発想は、いかにも科学者でもあった昭和天皇らしいと私は考える。

天皇がこだわったのもむりはない。東郷外相ですら無通告攻撃に傾いていたのを「事前通告は必ずやるように」と厳命したにもかかわらず、奥村在米大使館書記官のタイプミスで結果的に通告がおくれてしまったのだから、痛恨の思いは誰よりも深かったであろう。

しかも、この時点では天皇は真相を知らされていなかったので、東条に欺かれたと信じこんでいたのが、言い訳めいた言動になったと思われる。では、なぜ天皇の「全責任発言」が奥村の提出した御会見録から落ちてしまったのか。

藤田侍従長の回想は、御会見録が二種類あったことを示唆している。二〇〇二年に外務省と宮内庁が公開した御会見録は、「外務省用箋に九枚」ある。宮内省用箋で五枚とする藤田回想とは食いちがううえ、後者は通例とちがい天皇の手許から戻ってこなかったという。現在でも昭和天皇の個人金庫に眠っているのかもしれない。

この推測を裏づける有力な傍証もある。朝日新聞は二〇〇二年八月五日付の紙面で、故松井明元大使が残した文書を紹介した。松井は奥村の後任通訳で第八回から第一一回までの会見録（要旨）を記述しているが、第一回の会見について、奥村から「全責任発言」の部分は「余りの重大さを顧慮し記録から削除した」と聞いた事実も書き残していた。

会見録は機密とされていたから「なぜあえて〈削除〉する必要があったのか疑問」（豊下楢彦）とする見解もあるが、東京裁判を控えて「天皇有罪の証拠」とされかねないこのくだりを、奥村があえて削除したのは当然と私は考える。

昭和天皇は別の会見に際し、皇室財産を差しだすから食糧を緊急輸入して国民を飢餓から救ってくれと申し出て、「私は初めて神の如き帝王を見た」とマッカーサーを感動させている。むりもない。第一次大戦で敗れたドイツ皇帝は国民を放りだして早々に隣国へ亡命してしまった。それを知る元帥は、天皇が命乞いにくるのかもと予想していたが、それは外れた。

稀に見る立派な君主を持てた幸運を、われわれは素直に喜び誇りとしてよいのではあるまいか。

原題＝昭和天皇はマッカーサーに何と言った？……『文藝春秋』二〇〇四年一月号

# いかがわしい大義名分

平成十六（二〇〇四）年も、年明け早々に大小の事件が発生または進行中で話題にこと欠かない。そのなかからいくつかを選んで論評してみたいが、筆頭は何といってもイラク、なかでも自衛隊の派遣問題だろう。

眺めわたしてアメリカが仕かけた形のイラク戦争を真っ向から賛美する声はなさそうだと思っていたら、世界は広い。一月三十一日発のロンドン時事によると、ノルウェーの国会議員が本年のノーベル平和賞候補としてブッシュ米大統領とブレア英首相を推薦したよし。「たとえ大量破壊兵器が発見されなくても——独裁者を封じ込め、世界をより安全にした」のが理由だという。

授賞が実現するかどうかは疑わしいが、自衛隊の派遣については、わが国の世論は真っ二つに割れている。この半年ばかり、新聞やテレビが取りあげない日はないくらいの過熱ぶりだが、世論は「笛吹けど踊らず」の感でいまひとつ盛りあがらない。デモもチラホラの程度である。

先日のテレビで田英夫元参議院議員が一九六〇年には国会を十重、二十重に取り巻くデモがあったのに、イラク反対のデモは皆無に近いと憤慨していた。だが勢い余って国民をバカよばわりしていたのは頂けない。聞いていて、元政治家ならイエスともノーとも割り切れぬ国民心理のアヤがわからないのかね、と言いたくなった。

そのあたりを『バカの壁』の著者養老孟司氏は、「個人の気持のなかで、七・三とか六・四という具合に賛否が対立している」と鋭く指摘している。

その通りだと思うが、ここでは便宜上、多様な反対論の根拠を次のような五つのカテゴリーに仕分け、アヤを解きほぐしてみよう。

1　憲法（第九条）違反
2　大義名分の欠如
3　対米追随への反発（国連追随なら可？）
4　テロの危険
5　議論と説明をつくしていない

もっとも、人によっては複数の組み合わせを並べたり、情勢の変化にあわせて乗り移ったり、要するに政治的思惑が先立ち本音は別、という例が少なくないから注意を要する。

さて1の違憲説だが、現実とは無関係の原理主義的護憲論で、2以下ともかみ合わない。つまり大義があろうがなかろうが、危険があろうとあるまいと、主張は微動もしないから論評は省略する。

### ◆いかがわしい大義

次に2の大義論はいかにも肌ざわりがよいので、あちこちで愛用されているが、以前からこれを持論としていた自民党の加藤紘一議員が、自衛隊派遣承認をめぐる二〇〇四年一月三十一日未明の衆議院本会議の採決で棄権してから色あせた感がある。

周知のように、一時は最有力の首相候補と目された加藤氏は政治資金スキャンダルで自民党を離党、議員も辞任したが、昨年秋の総選挙で返り咲き、復党したばかりだった。

党議にさからうのなら、復党すべきではないというのが、政治家としての大義だろうとの反発を生み、大義を口にする人のいかがわしさがクローズアップしてしまったのだ。それに大量破壊兵器は最初からなかったと思う、と米議会で証言したゲイ調査委員長は「フセインは持っていないのに隠しているかのようにふるまった」とも述べている。そうだとするとイラク戦争の大義はフセインが提供したという話にもなりかねない。

3は論理や打算よりも覇権国アメリカへの反感という情緒論なのだが、嫌いでもいざとなれば頼らざるをえないという部分が残ってしまう。そこを素直に受け止めているのは、政治家やマスコミではなく、一般庶民なのかもしれない。

たとえばタクシーの運ちゃんあたりに聞いてみると、イラクくんだりへ出かける理由はないと思うが、日本が北朝鮮の核に脅かされたときに困るから、アメリカに義理を立て最小限の協力を惜しむわけにはいかないでしょうねえ、と言う人が多い。実は小泉首相も、もう少し修飾した言い方ではあるが、実質は同じ論法なのだ。野党やマスコミも内心では理解しているので、日米同盟が大切なことはわかっているが——と歯切れが悪い。

いちばん苦しいのは、野党第一党の民主党と見受ける。派遣承認の国会採決をボイコットする強気は見せているが、国連の枠組内なら自衛隊を出すのは可、とも言っているので自民党との実質差はほとんどないともいえよう。

現在、出兵している三七カ国にフランス、ドイツが加わり、国連が乗り出してきたら戸惑うのは民主党ではあるまいか。

## ◆平成の「八百屋お七」

4のテロ、とくに自爆テロの危険は今のところ阻止手段がないだけに悩ましい。しかも交渉しようにも相手が不明、テロリストのほうはインターネットで募集すれば、いくらでも志願者が出てくるというぐあいだから、終点が見えない。つまり当面戦う以外に選択肢がないのである。

それが判っているから、アメリカはもちろん三七カ国でテロに脅えて撤退した国はない。そのあたりがピンと来ないせいか、わが国では自衛隊派遣が始まった昨年末頃から、各種の反対論はかえって4へ集約されてきているようだ。代表的なのは「そんな危険なところへなぜ自衛隊を出すのか」という言い方だろう。

しかし出て行く本人が言ってくれないと絵にならないから、マスコミは告白者探しになりふり構わずのようだ。隊員の告白はむりらしいとわかるや、隊員の家族に狙いを定め「行って欲しくない」という声を引き出そうとしている。

先日もテレビで顔をかくした隊員の妻が期待どおりの発言をしていたが、最後にイラク行きを「熱望」していた夫が選に洩れた、とさりげなく付け加えていた。普段だと、その瞬間にボツにするところだろうが、あえて放映したのは、よほど企画に合うネタが乏しかったせいか。

昨年十二月十一日付の朝日新聞社会面に出た「彼をイラクに行かせないで」と見出しのついた記事も、きてれつだった。「恋人を奪わないで」と手書きした紙を首から下げ、札幌繁華街の一角で反対署名を訴えている二十三歳の女性を写真入り（ただし後姿）でとりあげた記事である（数日後のTBSテレビにも登場）。「恋人」は札幌の自衛隊員でイラク行きを志願しているらしく、「断れないの？」「めったにない機会だから行きたい」と話がつかないので、思いあまって街頭に立ったものらしい。

好きな人に会いたいの一念で江戸の町に放火した「八百屋お七」を思い出したが、追跡取材した週刊誌によると、本人は一カ月前の朝日新聞「声」欄に実名を出し投書した人で、朝日のやらせじゃないかと疑っていた。取材記者は、弟の旅順出征を知って「君死にたまうことなかれ」と歌った与謝野晶子なみの烈女と思ったのかもしれないが、ネット掲示板によると、くだんの女性はごくごく普通の「バカ女」だということである。

## ◈三五台のカーチェイス

しかし「自衛隊員が危険だからかわいそう」という発想は、矛盾に満ちている。たとえば、

(1) テロリストは自衛隊をイラクに出せば東京でテロをやると宣言しているらしいが、本当だとすれば、イラクより東京の方が危険。

(2) バグダッドで活動していた日本人外交官二人が殺害されたが、丸腰のイラク大使館員を引きあげろと主張する声はない。NGO活動家についても同様。

(3) マスコミは、多数の取材記者やカメラマンをイラクにはりつけている。さして危険だとは思っていないのか。

といったたぐいである。

先遣隊がサマワへ到着する日には、町のホテルで数十人の報道陣が待ち受け、オランダ軍が護衛する先遣隊の車列（三〇人）の後から報道陣が乗る三五台の車がカーチェイスさながらの追いかけをやったらしい。マンガチックとしか言いようのない情景ではないか。

その日夜おそく帰宅した私にテレビ局から電話がかかり感想を聞かれたので、「おそすぎるくらいです」と答えたら、すぐにカメラを差し向けたいという。ついでにもうサマワに着いたのか

と聞くと、予定より二時間おくれていますが、もうすぐ着くはずとえらく詳しい。随行した車列から衛星電話で刻々と情報が入っていたらしいが、テロリストに流れたら記者団が危ないという感覚はないようだった。

翌日の報道番組を見ると、五、六人並んだゲストは司会者をふくめ全員が反対論者で、なかには「小泉は気がふれている」と極言する人までいた。一人ぐらいは賛成論者も入れないと不自然と思って私が起用されたのだろう。しかし、私が「報道陣は自衛隊の足手まといにならない程度の人数に減らしなさい」と注文した部分はカットされていた。

オランダの国防大臣が言明したように、「一〇〇%安全な場所は世界のどこにもない」のは常識だから、自衛隊員の危険を声高に唱える人は、それを承知の上で「責め道具」に利用しているとしか思えない。そうだとすれば、1から5は、いわば責め道具の種類を列挙したのと同じことになってしまう。論議や説明の不足だとする5に至っては、百年つづけても到達できぬ不毛の目標ではあるまいか。

総選挙を経て小泉内閣は、おくればせながら国会でイラク派遣を承認した。民主主義が必要とする手続は、すべてつくした上でのことである。今後の国会で論議してもらいたいのは、自衛隊員の「人道支援事業」を成功させるよう、少しでも安全性を高めるための諸施策だと思う。とくに野党は発想を切りかえ、武器の種類や使用に対する制限を三七カ国並みにゆるめ、同じサマワにいるオランダ軍と相互支援できる体制にせよ、と政府に迫るべきではないか。そうしないと、自衛隊は弱点を狙うテロリストの好目標にされかねない。

私がむしろ心配しているのは、パパラッチ化しかねない報道陣から犠牲者が出ることだ。数を制限するかわりに、自衛隊へ報道陣の保護任務を与えるよう、マスコミは国会へ働きかけてもよいのではあるまいか。

ところが現状では、反対派は自衛隊員に犠牲者が出て世論が動揺するのを手ぐすねひいて待っている気がしてならない。報道陣がやられても、原因は自衛隊がイラクにいるからだとこじつけて、撤退論を盛りあげる可能性さえある。

### ◈第九条の役割は終った

こうした茶番めいたドタバタ劇も、つきつめていけば時代おくれの憲法第九条がもたらした副産物とも言える。戦争放棄の思想は国の内外、事柄の軽重を問わぬ非暴力主義にまで肥大してしまった。

テレビ報道によれば、小学校襲撃犯の増加に対処するため、文科省が防犯ビデオを作って配付するとのこと。そのなかで、刃物を持って教室へ侵入してきた屈強な男に、若い女の先生が飛びついて素手で刃物をもぎとり、他の先生たちもかけつけ男を取り押さえるシーンがあった。

せめて野球のバットでも持ち出して対抗するのかと思ったら、それはない。過剰防衛になるのを心配してか、刃物男にケガをさせぬようにという配慮がにじみでていた。ピストルを持たせた警備員を配置するのが世界の常識だろうが、イラクの自衛隊もどうやらビデオの女教師と同様の対処法を要求されているらしい。

たしかに憲法第九条は、制定後しばらくは内外へプラス・イメージを与え国益増進に貢献したろうが、その役割はもう終った。国民の生命・財産を守るには、マイナス効果のほうが大きくなってしまったのである。幸い民主党も改憲には反対ではなさそうだから、国会は不要不急の雑件は棚上げして、一日も早く改憲作業に入るべきだと考える。

ここで今までの論点を整理して、自衛隊のイラク派遣がもたらすであろうプラス効果をいくつかあげておこう（マイナス効果はその裏返しだから省略する）。

(1) 国際反テロ連合の一員として国際的に認知される。
(2) 中東石油に対する最低限の発言権を確保できる。
(3) ぐずぐずしていたせいで、はからずもアメリカに恩を売った形になった（米政府首脳の大げさな感謝ぶりを想起せよ）。
(4) 北朝鮮などへ、場合によっては自衛隊が出動するぞというシグナルになった。
(5) 自衛隊員に「戦場感覚」を持たせ、体験による精強度の向上が望める。

このうち意外に重要なのは、(4)と(5)だろう。以前から筆者が心配しているのは、北朝鮮が核ミサイルを日本全土へ射ちこみ「実験のつもりが誤爆してしまいました。ごめんなさい」と謝罪する事態である。将軍様は拉致事件にならって「私の許可なしに発射ボタンを押した部下は処罰ずみ」と言い抜けるかもしれない。

おそらくわが国の世論は、「反撃せよ」「許してやれ」の真っ二つに割れて収拾がつくまい。それに反撃といっても、自衛隊には有効な対抗手段はない。米軍も日本政府の要請がないのに反撃してくれるかどうかは怪しい。唯一の策は全滅覚悟で自衛隊が出撃、それを支援するため日米安保条約を発動した米軍が反撃に移ることを期待するしかないのである。

世界の歴史を眺めて、テロリスト集団が最終的に勝利した例はない。イラク戦争および将来出現するかもしれない勢力は必ずや鎮圧されるのは確実だが、そのためには鎮圧側も少なからぬ犠牲を払わざるをえない。半世紀にわたり一国平和主義の楽園ですごせた日本も、その覚悟だけはしておく必要があろう。

### ◆目がすわっていた

ここまで書いたところへ、つけっ放しの「ＮＥＷＳ23」（ＴＢＳ）から、聞き覚えのある声が流れてきた。見ると、元防衛庁高官（教育訓練局長）なのに、自衛隊のイラク派遣に猛反対している論客として、マスコミにひっぱりだこの小池清彦加茂市長である。たしか以前もこの番組に出ていたなあ、また同じ論旨のくり返しかと聞きいっていると、今回はややトーンがちがう気がした。私なりに要約した発言は次のようなもの。

イラク行きは憲法違反、特措法違反のうえ、私のところに来る隊員や家族の手紙は「行きたくない」「行かせたくない」というものばかり。そのうち行き手がいなくなり、徴兵制にせざるをえなくなるが、それも行きづまるだろう。原爆を投下したアメリカなんか頼らず、北朝鮮の脅威には独力で立ち向かう気概を持て。平和憲法の精神を守ろう。

いささか分裂気味の論旨だが、この人とは若い頃防衛庁内局で同僚だったことがあり、多少の思い出がある。当時の小池氏は庁内きっての「右翼」として知られ、自案に反対されると低い声で「刺すぞ」と言い放ち、上司があわててハンコを押したというたぐいの噂があった。

ある時、年度計画のまとめ役だった私の前に座りこんで、精神教育は重要だから原案の一カ所では不足だ、三カ所にしろと迫り、テコでも動かない。目がすわっているので、いつでも逃げられる姿勢で「三カ所は非常識だ」とつっぱね、ようやく撃退した。その後、穏健派へシフトしたらしいことは聞いていたが、こんなに振れたとは思いもよらなかった。そのうち、北朝鮮に独力で対抗するため核武装を急げと言い出すかもしれない。

小池氏がテレビ出演した翌二月四日、NHKテレビは、クウェートへ到着した陸上自衛隊第一陣の隊長の挨拶を映しだした。アラビア語でとつとつと「イラク復興のために来ました」と語るのを見ながら、私は「本土の雑音」は気にせず、頑張ってくれと無条件に応援したい気持で一杯になった。

## ◆ヘンリー・フォンダもびっくり

さて「不要不急の雑件」と書いたが、今国会に上程が予定されている法案のなかには、このたぐいどころか有害、非常識としか言いようのないものさえある。

そのひとつが、裁判員制度に関する骨格案（一月二十九日公表）である。作成したのは政府の司法制度改革推進本部で、本部長は小泉首相だというから、泡沫《ほうまつ》のような議員立法ではない。骨子だけを紹介すると、国民が裁判官と一緒に第一審にかぎり重大な刑事裁判を行うのが主旨で、選挙人名簿からクジ引きで選んだ二十歳以上の国民（六人）が裁判官（三人）と対等の権限で、被告の有罪、無罪や刑期を決める。ここまでは結構ずくめで反対しにくいが、読み進んでいくと、こわーい部分がちらついている。

たとえば参加は義務で仕事や学業や育児など一定の条件で辞退は可能だが、黙ってサボると科料を課せられ、裁判内容については公務員並みの守秘義務を「永遠に」負い、違反者は懲役刑だという。

陪審裁判でただ一人、決まりかけた有罪に疑問を持ったヘンリー・フォンダが粘り強く説得を重ねて、ついに全員を無罪評決に転向させるアカデミー賞映画「十二人の怒れる男たち」を思いおこす人もいよう。

たしかにこの裁判員制度は、アメリカ型陪審制の一種ではあるが、違う点もある。フォンダたちは有罪か無罪かを決めるだけで、量刑の程度は裁判官に任せていた。つまり陪審は死刑判決の心理的負担は免れたのだが、裁判員はそれを宣告せねばならぬ心理的重圧を負ったうえ、カウンセラーに相談でもすれば守秘義務違反で懲役を科せられる過酷な構造になっているのである。

それで日当八〇〇〇円プラス交通費しかもらえないのだから、アメリカと同様（一説には一五%しか応じないよし）に何とか理由を見つけて逃げまわる人ばかりになるのではないか。七十歳以上の老人と学生は辞退できることになっているが、一番ひまのありそうな連中をあてにしないのも矛盾した話ではある。

先日、この制度による模擬裁判をテレビでやっていたが、執行猶予の判決を決めたあと、責任の重圧を訴える声、お礼参りがこわいと感想を述べる人がいた。さもありなん、アメリカではピストルでの自衛ぐらいは可能だが、わが裁判員は誰も守ってはくれないのだ。

かく言う私は法曹資格はないものの法学士の一人だが、クジで指名されたらどうしよう。一度は経験したいと思う気持もないではないが、「刑事訴訟法って何ですか」とか「懲役と禁固はどう違うんですか」とか「相場だと何年ぐらいでしょう」と裁判官を質問責めにするシロウトさんに混じって、一週間のカンヅメ審議はガマンできそうもない。プロの裁判官も最初は丁寧に教えるだろうが、クジ引きだから、次の週にはまた新手のシロウトがやってきて同じ質問を——と考えたら気の毒になる。

「こんな奇想天外な制度は世界的に例を見ない」（毎日新聞一月三十日付）ときめつけられた悪法なのに、反対の声は少ないどころか、友人の弁護士は「興味がないから中身はよく知らない」との仰せ。そこで別の法学者に聞いてみると、「ばかばかしい悪法だよ。いまや法曹のレベルが低下して第一審（地裁）は信頼できない。まともな裁判を受けたかったら第二審（控訴審）に行くしかない。新制度でもここは裁判官だけでやってくれるからね。最高裁はダメになった第一審はどうでもよいと投げているんだよ」と、こわいことをおっしゃった。

せめて議論百出のすえ審議未了か廃案になるのを祈るのみだが、今国会には前国会で流れた「夫婦別姓法案」も上程される動きがあるという。拙著『現代史の対決』（文藝春秋）でとりあげたので詳論は省くが、これは子の姓をどうするか決め手が見つからぬまま、フェミニスト陣営の横車で見切り発車しようとする悪法である。

結婚で姓を失うのは自己喪失みたいでいやだというのが理由になっているが、別姓の効果は一代限りでしかないから、「親子別姓」と言いかえるほうが正確。さすがに世論調査では半数近くが別姓に反対はしていないが、実行すると答えた人は七・六％（野田聖子議員は実際には一％と予想）にすぎない。そうした少数のワガママ族のためでも、巨費を投じて戸籍のコンピュータ・システムを大改定するのが民主主義だと、進歩派マスコミと民法学者が応援しているらしいが、こんな非常識が再浮上しないよう願いたい。

## ◆卒業詐欺にひっかかった?

ところで新春早々、殺伐とした話題に偏ってしまったが、同じ民主主義ゆえの「非常識」現象でも、古賀潤一郎議員の学歴詐称事件は喜劇めいて苦い笑いを誘う。TBS「ブロードキャスター」で、山瀬まみさんが紹介役になる「お父さんのためのワイドショー講座」(その週の放映時間合計で順位をつける)で首位の座を占めたのも、同じ理由だろう。

古賀議員のHPを見ると、問題にされたペパーダイン大学やUCLAなど学歴の他に「海外在住十五年」とある。何をしていたのか不明だが、何度か在米経験のある私から見ると、彼はみかけよりはるかに、したたかな経験を積んだ人だと思う。アメリカとんぼ帰りから地元福岡の早朝街頭演説、国会初登院の過程で、追いすがるマスコミに一度も単独インタビューを許さず平然と押し通したのは、並みの度胸ではない。

アメリカの大学は入るより卒業するのがむずかしいし、日本以上の学歴社会だから、学士号を持たぬ学生にはまともな就職先はない。そこで単位不足の学生にヴィザの延長や卒業証書をとってあげると持ちかけるブローカーがいる。おそらく古賀議員はそうした弁護士(詐欺師?)にひっかかったのだろう。本人を見つけて白状させ故意犯ではないと立証すれば、公選法違反にはならぬと踏んでの渡米かと推察する。

さらに議員を辞めずに、離党すれば山崎拓(「エロ拓」こと前自民党副総裁)の補選出馬を阻止できるので、民主党に恩を売れると打算したのだろう。まさか共謀ではあるまいが、結果的には離党は受けつけず、除名処分にするかわり、議員辞任勧告はしないという線で落着した。この間に、菅代表、岡田幹事長、小沢一郎などの党幹部が見せた不明朗な動きは、民主党への不信感を増幅させてしまった。本人は「粛々」と議員の仕事をつづけるのが、選挙民への「恩返し」になる、と人を食った所感を述べていた。

無所属の議員だと質問する機会さえ与えられない。そのうえで事あるごとに名前が引き合いに出るだろうから、一人で議場に坐っているのは「針のムシロ」にひとしい。獄中にいるほうが気分的には楽だと思われるが、古賀氏はそんなことは苦にしない鉄面皮の人と見受けた。たとえ起訴されても、最高裁まで争っているうちに任期は終ると踏んでいるのではないか。

（二〇〇四年二月十九日記）

〔追記〕古賀議員は、学歴詐称のかどで検察庁の捜査を受け、起訴猶予となったが二〇〇四年九月二十七日議員を辞任した。

原題＝〈新春時評〉イラク・裁判員制・古賀議員……『自由』二〇〇四年四月号

## 天皇制の「赦し」の機能

イスラエルの歴史家で『母なる天皇』（講談社、二〇〇三）の著者ベン＝アミー・シロニー教授は、「他の国々の君主たちを特徴づける軍事的な力も、精神的権威も、裁判の権能も、カリスマ的な人柄も、豪勢なライフスタイルも持ち合わせなかった。それでいて天皇の王朝は、はるかに安定的で持久的だった」と書いている。

過去の数世紀を眺めると、帝制ないし王制は次々に数を減らしてきた。とくに第二次大戦終結の直後には、「最後に残るのはトランプのキングとイギリスの王様だろう」という警句が的中するかに思われた。

だが「安定的で持久的」な社会体制を保つには、時に独裁者を生みだす共和制よりも君主制のほうがすぐれているのではないか、という反省もあってか、スペインをはじめとして王政復古の傾向さえある。

ともあれ、生き残っている王制（数え方にもよるが現在は約二〇カ国）は多かれ少なかれ、政治権力から距離を置く日本の象徴天皇制に近い形態をとっている。そのなかで天皇家は世界で最古最長であり、安定度でも卓抜している。

シロニー教授はその理由を探り、天皇制の女性的、母性的性格に着目した。例外と思える明治・大正・昭和の三代でも本質はあまり変らなかったというのだ。

ではジェンダー・フリーの発想は別として、女性的・母性的価値観の強味は何だったのか。簡単に言えば、子孫繁栄と伝統の継承を願う立場からリスクを避け、環境との調和をはかる姿勢であろう。もっとも、外敵に襲われない島国だからこそ可能だったのかもしれない。

しかし千数百年の歳月を生きのびてきたのだから、それだけで特別天然記念物も同然、「山高きがゆえに貴《たっと》からず」だが「古きがゆえに貴い」ともいえる。

この半世紀、開かれた言論の下でも、天皇制の継続を支持する世論は常に九〇％前後を保ってきた。これまた稀に見る安定度だが、他国の王室に見られるスキャンダルが皆無に近かったのも一因であろう。そのかわり、皇室の一員であるかぎり、自由で個性的な生き方は封じられてきた。国民の平均的水準よりはるかにストイックな生活に耐えていることへ、われら民草はひそかに「おいたわしや」という同情心を禁じえない。

天皇家がもっとも衰微したのは江戸時代の末期だったとされる。京都御所の土塀にペンペン草が生え、衣食にもこと欠いて町民がお粥を差し入れしたという伝説さえある。敗戦の衝撃でうろたえている女官たちへ、「御維新の頃を思えば、これくらいは何でもありませんよ」と励ました貞明皇后は、この種の故事を伝承していたのであろう。

伝統の継承とは、古典芸術や儀典の分野にとどまらない。当然のことながら、長い一家と国家の盛衰を通じて蓄積された多彩な知恵や技巧もふくんでいる。「清貧」もその一つだが、「赦し」の機能も見落せない。たとえば明治維新の動乱は日本人を官軍と賊軍に二分した。そのわだかまりを解くために、明治天皇は早い段階で旧会津藩主松平容保の罪を赦し、西南戦争の叛臣西郷隆盛の名誉を回復させている。

昭和天皇が二・二六事件で反乱軍の黒幕とされた真崎大将の息子を通訳として重用したことをいぶかる人は多かったが、筆者は暗黙の「赦し」を示す天皇の配慮だったかと想像する。

女性天皇問題をふくめ皇室の「近代化」や改革を提言する意見は少なくない。もっと自由化をというのが主流かと思うが、筆者は時勢の波に足をすくわれることなく、伝統文化と環境の守護役に、と勝手な願いを暖めている。


原題＝「赦し」の機能……『諸君！』二〇〇四年七月号

# ワニに餌をくれてやるとは！

## ◈ホラ謝っていますよ

平成十七年（二〇〇五年）の年賀状に皇紀二六六五年、明治百三十八年、大正九十四年、昭和八十年と併記した友人がいた。お見事！　と感じいった換算作業だが、「戦後六十年」とくるといささか気が重い。お隣の中国が六十周年記念の反日イベントを準備中と聞いているからだ。

今年はトリ年でもある。元日のテレビでは長鳴き鶏のコンテストをやっていた。色合いといい、体形といい申し分ない立派な鶏が、二十一秒つづくコケコッコーで優勝した風景はのどかそのものであったが、ふと鶏さんにはお世話になり放題だなと気づく。

考えてみると、十二支に出てくる動物のうちわが家で飼った経験があるのは鶏だけ（猫は残念ながら十二支に入っていません。念のため）、戦中戦後の困窮時代に文句ひとつ言わず毎日のように卵を供給してくれた大恩を忘れかけているところだった。

長鳴き鶏は何となく憲法第九条をかかえている戦後日本のイメージに重なる気もするが、総花式に当面の課題をとりあげる年頭の社説で改憲に触れた新聞は見当たらなかった。

ついでに見出しだけを拾ってみると、「アジアに夢を追い求め」（朝日）、「〈脱戦後〉国家戦略を構築せよ」（読売）、「もっと楽しく政治をしよう」（毎日）、「歴史の大きな流れに思う」（産経）といったところで、難問は多いが一刀両断の解決策はなくお手上げという印象である。

一例は、「アメリカと仲良くしたいがサマワに自衛隊を送るのはいやだ、子どもはのびのびと育ってほしいが学力低下は許せない、靖国神社は参拝するが中国が文句を言うのはおかしい、もっと便利な暮らしをしたいが原子力発電はいらないし……」と並べたてた毎日新聞である。

しかし、そのあと「政治とはこうした国民のあい矛盾する、しかしそれぞれ当然の主張と要求をかなえていくからこそ、その手法と存在が尊敬される……」と責任を政治家に丸投げしてしまったのはいただけない。

産経は、もはやとうとうたる流れを妨げるのは「戦後左派や既成野党」よりも「内なる敵」、すなわち保守政権に内在する腐敗や汚職だろうと、「勝利宣言」めいた楽観論を述べていたが、本当かなと心もとなくなった。

「へえー」とうならされたのは朝日社説の変調ぶりだった。なにしろ書き出しが「ロシア軍の司令官ステッセルが日本に降伏を申し入れたのは、一〇〇年前の今日、一九〇五年一月一日のことだ。激闘五カ月、中国・旅順の攻防はこうして結末を迎え」だから、目を疑った。昨年と今年は日露戦争百年目に当たり、各種の行事や刊行物が賑わったにせよ、朝日が日露戦争における日本の勝利をプラス・イメージでとらえ、アジア主義を讃え、今年を「東アジア共同体元年」と名づけようとは思いもよらなかった。

そのあとも「北朝鮮の異常さは変わらず……膨れ続ける中国の軍事力は不気味だ。バネとなる愛国エネルギーは〈反日〉となって時に噴出する」とタカ派風論調がつづくが、さすがにまずいと思ったのか「日本はといえば、自分たちの過去を顧みず、中国をなじるばかりの言論も横行」と急ブレーキをかけるのでつんのめりそうになった。

どうやら朝日は「東アジア共同体」を実現したいという夢にとりつかれているらしく、そのための我田引水かと見受けた。気になったのは「中国をなじるばかりの言論」が横行しているのか、という疑問だった。あまり見かけた記憶がないので、ひょっとしたらインターネットの掲示板にでも出ているのかなと想像したが、掲示板の雑言なら中国のほうが大先達で「殺せ」「懲罰しろ」「許すな」のたぐいが飛びかっている。

「過去を顧みず」のほうも水掛け論のような話で何を指すのか大方の日本国民はけげんな思いだろうが、一月五日付毎日新聞の「記者の目」で「戦後六〇年　日本の対中姿勢」と題したコラムを読み、思いあたるところがあった。執筆者の上村記者は中国人から「日本はどうして過去の侵略戦争の歴史を謝罪しないのですか」としばしば聞かれるので、最近は「村山（富市）首相、中国人民に謝罪」とある『人民日報』の切り抜きを見せ、「ほら、謝っていますよ」と言うと逆に反発されるという。

「小泉首相は靖国神社を参拝した。尖閣諸島を返さない。それでは謝罪したことにならない」というメチャクチャな言い訳なのだが、待てよ。わが国の親中派にも「何度謝っても誠意がこもっていないから利き目がないのです」と同調する人士が少なくない。上村記者は「かりに中国が謝罪を求めたくなるような状況を〈精算〉と想定していたのなら、日本はそれに失敗したことになる」と投げやりだが、筆者は歴史教育を正し、中国に「内通」「内応」するかのような日本人の運動体を無力化するのが早道だと考える。日本をゆさぶる政治カードにならないとわかれば、中国も手を引くはずだからだ。

## ◆ワニに餌をやる

目を少し転じて北朝鮮の拉致問題・核問題になると、らちがあかぬまま時がすぎていくのみの観がある。金日成（正日）政権が近々のうち自潰しそうだという声は十数年前からあったが、予想というより願望にすぎなかったことが証明された。今や、政権はつづくという前提で考えざるを得ないが、金正日の「弱者の恐喝」策は成功して、対抗する五カ国の足並みは乱れがちだ。

それでも六カ国協議のメンバーで米中露の三国は核保有国だから気は楽だが、非核国の日韓両国は一〇個前後の核を持つとされる北朝鮮におびえる日々がつづく。「自分を食べるのは最後にしてくれるものと期待しつつワニに餌をやる」とは、ヒトラーの興隆期に右往左往する西欧諸国を諷したチャーチルの名言だが、韓国の現政権はせっせと餌を運んでいる最中に見える。

小泉首相も負けずに餌を渡そうか迷っている気配で、経済制裁なんかはとんでもないと考えているようだ。

また北と南が協同して実施できるイベント探しもスポーツや学術から他の領域へ広がりつつあるが、最近は日本を共同「仮想敵」とするプロジェクトが次々に登場している。

昨年三月にはピョンヤンに南北の学者が集まり、「日本海」の表記を「東海」にせよとか、英文表記のKOREAをCOREAに変更することを国連に申請しようとか、日本が略奪した文化財の返還を要求するといった動きがあった（『朝鮮時報』二〇〇四年三月十二日付）。

韓国の高校歴史教科書の記述が北朝鮮寄りになっている事実を黒田産経新聞ソウル支局長が伝えている。リポートによると、日本の朝鮮統治を指弾する表現は過激の度を高めているが、自国の政治を米日従属と否定的に記述する一方、北朝鮮の社会主義を民族的、自主的として肯定しているよし。奇抜としか言いようがないのは、植民地統治に協力した韓国人の親日行為を調査する「親日行為究明特別法」なるものが与野党一致で成立したことだ。

〇四年九月の法施行前からネット上で「親日派探し」が始まっていたが、あちこちで悲喜劇が生まれているようである。元来は徴用や慰安婦動員に手を貸した判検事や中佐以上の軍人、警察官や憲兵を対象にしていたが、改正法で軍人の範囲を「少尉以上」に広げ、言論界や教育界にも広げたため混乱はさらに拡大した。

最大野党ハンナラ党は、故朴正熙大統領（日本軍の元陸軍中尉）の娘で次期大統領候補と目される朴槿恵党代表を狙い撃ちするものだと反発した。ところが同法成立の推進役だった与党ウリ党議長の父親が元憲兵伍長だったと週刊誌に告発されて辞任に追い込まれたり、「抗日英雄」の息子であることを売りにして親日派七九人の名簿を発表していた別の議員の場合、父親が日本軍の指揮下にあった満州国の警官だったと暴露され、「裁判で争う」と息まいているよし。

私に言わせれば、ウリ党議長の事例はヌレ衣だろう。なぜなら、日本の憲兵隊は最後まで朝鮮人を採用していなかったからである。ただし憲兵隊で軍属として働いていた朝鮮人はいたので、父親がその部類だった可能性はあるが、いずれにせよ六十年以上前に死んだ父親がどんな職務についていたかを知る息子は少ないだろう。

噂のレベルで中傷されても、息子ばかりか韓国政府の調査官でも真偽を立証するすべはないと思われる。親の「罪」は子に及ばずというルールは明治以降の日本では確立されているありがたさを、あらためて私はかみしめているところだ。

### ◈へんてこな日本語が

そのありがたい国の日本で、毎年末の流行語大賞なるイベントは、すっかり定着した観があるが、斎藤孝『声に出して読みたい日本語』シリーズをきっかけに、一種の日本語ブームが起きているようだ。

たしかに学生の答案やリポートを読んでると、日本語力の低下は否定しがたく、何とかならぬものかと悩んでいるところだし、ブームのおかげで少しでも彼らの語学力が向上するのはありがたいとは思う。

他方、視角を少し変えると、プロの物書きの間でも「奇妙な日本語」があい変わらず横行していることに気づく。この分野でもファッションと同じで流行があるから、有為転変も激しく、十年前にすたれた流行語を使って書いていると、かげで笑いものにされるにちがいない。

頻用度の高い業界を大別すると、官庁用語、マスコミ・芸能用語、特定のイデオロギー用語といったところか。共通するのは英語の訳語をそのまま使うカタカナ表記が多いこと、出現したときは品の良いイメージがしだいにダウンしていくことだろうか。さらに差別用語と誤解されるのを心配してか、聞きなれぬ言い換えの新造語が次々に参入してくる。

最近の例をあげてみると、精神分裂病が統合失調症、らい病をハンセン病に言い換えたのは数年前からだが、急速に普及している感がある。目下は痴呆症を認知症に置き換える運動が始まっているが、反対の声も出ている。先日、新聞で「認知症に対する社会の認知が欠かせない」という奇妙な言いまわしを見かけたが、ピンと来ないなあと思っていたら投書があった。

変えるのならむしろ「不認知症」とすべきではないかというのである。そして投書者は代案として「ボケ」をおすすめしたいと書いていた。考えてみると、当の患者たちはこの種の論争に参加するはずもないが、そういう言い方はタブーらしい。

私のような歴史家も「差別用語」には悩まされてきた。うっかり書くと、新聞社や出版社から変えてくれと談判され、結局は従わざるをえなくなる。先方のマニュアルによって寛厳さまざまでかつては「満州」はだめとされ「中国東北部」に直されていたが、そのうちカッコで併記すればいいでしょうとゆるやかになり、最近では「満州」だけでも大丈夫らしい。

困るのは北朝鮮の表記で、以前は「朝鮮民主主義人民共和国」にせよと要求されるのが、珍しくなかった。ところが民主主義と人民の順序をすぐ忘れてしまい、そのつど辞書を引いていた経験がある。最近になってこの国名はすべて語源（英語の訳）が日本語だというので、将軍さまが怒っているという風評を耳にした。

ところで流行語の寿命は短いものもあれば長いものもある。上り坂もあれば下り坂もある。官庁の白書などで一時やたらに使われ今や下火の行政用語に、アカウンタビリティー（説明責任）、アセスメント（評価）、グローバル・スタンダード（国際水準）、熟年（中高年？）、ニーズ（需要）などが浮かぶ。今も人気継続中がインフォームド・コンセント（患者の同意）、ジェンダー（性差）など、新興語ではコンプライアンス（法令順守）が目につく。

やや古い手許の辞書をめくっても出ていないことが多く、スペルで見当はつくが、和製英語も多いから、むしろ就職用の用語事典をのぞくのをおすすめしたい。

マスコミ、芸能用語のはやりすたりは概して早いが、元気印やギャルはすたれ、いやし系、イケメン、温度差、天然ボケ、等身大はそろそろ下火、セレブ（リティ）、フリーター、リセットは現状維持、上り坂は韓流、ニート（フリーターと同義？）、勝ち組対負け組というところか。

「セクハラ」は次々に事件が起きるせいか健在だが、派生したアカハラ（教授対女子学生）、パワハラ（上司対下僚）となると知らぬ人には何のことやら見当もつかぬだろう。ナイス・バディーに出くわした時は私もとまどったが、ボディーの言い換えですよと解説してもらい納得した。

最後のイデオロギー用語も、業界人以外にはわかりかねるものが多い。「強制連行」は一九六五年の造語だが、昨年の大学入試センター試験に出題されて踏み絵だと怒った学生が訴訟中。国民徴用令（一九三九）によって日本人は工場、鉱山などへ「徴用」されたが、当時は日本人だった朝鮮人の場合は「強制連行」と使いわけるのが正解ということらしい。

この分野でもっともわかりにくいのがフェミニスト用語で、エンパワーメント、ジェンダー・フリー、セクシュアリティなどをきちんと説明できる男がいたらぜひお目にかかりたい（私もわからないので訳語は省略）。やさしいようで理解困難なのは、彼女たちが使うカムアウトまたはカミングアウトだ。慰安婦が名乗りでることを指すらしい。

泣く子も地頭も勝てぬ「印籠」が市民、人権、プライバシーといった本来は中立、今や左翼用語だろう。女性国際戦犯法廷を題材とした慰安婦番組の改変問題で、ＮＨＫとバトル中の朝日新聞は、朝日の仲間を市民団体、番組反対を唱えた右派市民は右翼団体と使い分けしていた。国民、人民、大衆、民衆は町民、村民をふくめすべて市民に昇格したかと思っていたが、こうした差別がいつの間にか生まれていたわけである。

逆に相場が下落したのは「エリート」だろう。六大学クラスや卒業生のサラリーマンがエリートと呼ばれるようになって久しいが、先日は「ハレンチ体育会エリート」なる用法を見かけた。箱根駅伝を走るぐらいのランナーは、今や体育会エリートなのだろう。
蛇足だが、私はここに登場したへんてこな日本語は、やむをえないかぎり使わないことにしている。

原題＝〈新春随感〉対中姿勢、ワニに餌、日本語……『自由』二〇〇五年四月号

## あとがき

この本は、ここ数年私が執筆した現代史に関する諸論稿を択んで一冊にまとめたものである。長短はあるが、計二〇篇を大テーマ別に五つのサブグループに仕分けした。タイトルの一部を変更したが、初出のタイトル、掲載誌、日付は各篇の末尾に付記した。

同じスタイルの論文集としては、『現代史の争点』(文藝春秋、一九九八、のち文春文庫)、『現代史の光と影』(グラフ社、一九九九)、『現代史の対決』(文藝春秋、二〇〇三、のち文春文庫)がある。

今回、あえて『歪められる日本現代史』というやや刺激的な標題にしたのは、多少の理由がある。

近代史学の祖とされるランケは、歴史学の任務を「そもそも何が起こったのか、そしてそれは何故起こったのか」を説明するにあると規定した。私なりに解釈すると、前段は正確な事実を過不足なしに記述すること、後段は因果関係、それも「風が吹けば桶屋がもうかる」式に広げず、直接的な因果関係だけを指すと考えている。前段が確定すれば、後段での解釈はおのずと決まってくるというもの。

だが実際には、歴史を政治的武器に利用しようとする人びとが事実を歪め、都合のよい解釈を引き出そうとしがちである。二百年近く前にヘーゲルが「歴史とは異なるイデオロギーがくりひろげる闘争」と見抜いたとおりの事態は、われわれはしばしば目撃している。

しかも、その傾向は近時ますます強まっているような気がしてならない。かつては歴史の事実や因果を故意に歪める所業は旧石器時代の石器を捏造した発掘者と同じように、きびしい批判の的となった。だが「恥の文化」（ルース・ベネディクト）を失ってしまった最近のわが国では、歴史の歪曲者たちが「犬は吠える。されどキャラバンは行く」とばかり、闊歩しつづける風景が珍しくない。

それでも、歪みを少しでも正すための報われぬ作業をつづけるのが、歴史家の仕事だと私は信じている。この本に収録した論文のなかに、前向きというより後ろ向きめいた作品が多くなってしまったのは、こうした事情による。

プロ、アマを問わず歴史の愛好者たちが、イデオロギー性抜きで楽しく議論しあえる日が来てほしいというのが私のささやかな希望である。

最後に、編集を担当し適切な助言を惜しまれなかったＰＨＰ研究所の大久保龍也氏に感謝したい。

二〇〇五年十二月

東京・目黒にて

秦　郁彦

〈著者略歴〉
**秦　郁彦**（はた　いくひこ）

1932（昭和７）年山口県生まれ。1056年東京大学法学部卒業。ハーバード大学、コロンビア大学留学、大蔵省財政史室長、プリンストン大学客員教授、拓殖大学、千葉大学教授、日本大学法学部教授を歴任。法学博士。

著書に『昭和天皇五つの決断』（文春文庫）、『南京事件』（中公新書）、『慰安婦と戦場の性』（新潮選書）、『盧溝橋事件の研究』（東大出版会）、『現代史の対決』（文藝春秋）などがある。

『昭和史の謎を追う』上下（文春文庫）で1993年度菊池寛賞を受賞。

**歪められる日本現代史**

2006年２月３日　第１版第１刷発行

著　者　秦　郁彦
発行者　江口克彦
発行所　ＰＨＰ研究所

東京本部　〒102-8331　千代田区三番町３番地10
開発出版局　☎03-3239-6236（編集）
普及一部　☎03-3239-6233（販売）
京都本部　〒601-8411　京都市南区西九条北ノ内町11

PHP INTERFACE　http://www.php.co.jp/

制作協力
組　　版　ＰＨＰエディターズ・グループ
印刷所
製本所　図書印刷株式会社


ISBN4-569-64616-6

PHPの本

# ゼロ戦20番勝負

秦 郁彦 編

戦記ファンに絶大な人気を持つ〝ゼロ戦〟。その魅力を最も伝える戦いのドラマ・名場面を20厳選し、ノンフィクションタッチで再現する。

〈文庫判〉定価六五〇円
（本体六一九円）
税五％

PHPの本

# ドキュメント　太平洋戦争への道

「昭和史の転回点」はどこにあったか

半藤一利　著

昭和五年の統帥権干犯から満州事変、二・二六事件、真珠湾攻撃など、戦前の昭和のターニングポイントを克明に描く歴史ドキュメント。

〈文庫判〉定価七二〇円（本体六八六円）税五％

PHPの本

# 遠い島 ガダルカナル

半藤一利 著

米軍を侮り、誤断を繰り返す日本陸海軍のエリートたち。太平洋戦争の〝転回点〟となった日米の死闘を、当代一流の戦史家が描いた力作。

〈文庫判〉定価七六〇円
（本体七二四円）
税五％

PHPの本

写真集
# 日本陸海軍航空機ハンドブック

多賀一史 著

日本陸海軍に正式採用された航空機の概要を、鮮明で貴重な写真とともに解説する、ファン必携のハンドブック。

〈文庫判〉定価八六〇円
（本体八一九円）
税五％

PHPの本

写真集
# 日本海軍艦艇ハンドブック

多賀一史 著

戦艦、空母、巡洋艦、駆逐艦、潜水艦などの主要なものから、潜水母艦などの艦艇まで、鮮明な写真とともに、一目でわかるように解説。

〈文庫判〉定価八二〇円
（本体七八一円）
税五％